J. Rudolph Richter

Bibelstunden aus der Offenbarung St. Johannis

J. Rudolph Richter

Bibelstunden aus der Offenbarung St. Johannis

ISBN/EAN: 9783741193729

Hergestellt in Europa, USA, Kanada, Australien, Japan

Cover: Foto ©Lupo / pixelio.de

Manufactured and distributed by brebook publishing software (www.brebook.com)

J. Rudolph Richter

Bibelstunden aus der Offenbarung St. Johannis

Bibelstunden aus der Offenbarung St. Johannis.

Kurzgefaßte
Auslegung der Offenbarung St. Johannis

im

biblisch- und kirchlich-gläubigen Sinne

für

gelehrte und ungelehrte Leser des göttlichen Wortes

von

J. Rudolph Richter,
evangel.-luth. Pfarrer in Kotitz in der K. S. O.-Lausitz.

Leipzig & Dresden,
in Commission von Justus Naumann's Buchhandlung.

1864.

Vorwort.

Jesus Christus gestern und heute und derselbe auch in Ewigkeit. Hebr. 13.

In dieser Schrift soll im Einklange mit dem ersten Kapitel der Offenbarung Johannis das wahre Thema, die wahre Disposition und der Sinn dieses herrlichen Buches dargestellt sein. Die Offenbarung Johannis ist das Zukunftsbuch der Kirche Christi auf Grund des göttlichen Heilsplanes und der Geschichte des Reiches Gottes, zur Erweckung und zum Troste, in visionär=scenerischer Darstellung und Ausführung, nach einer logischen Disposition. Allen Christen, besonders allen Brüdern am Amte des Wortes in der Kirche und in der Schule sei diese Schrift gewidmet und empfohlen.

Der Name des Herrn sei gelobet und gebenedeiet in Ewigkeit. —

Vor dem Gebrauche des Buches wolle man die am Ende angegebenen wenigen Fehler berichtigen.

Kotitz, im Februar 1864.

Der Verfasser.

Einleitung.

1. Vorbedingungen.

Die Bibel ist das erhabenste Buch auf Erden und die Apokalypse, oder die Offenbarung Sct. Johannis ist einer ihrer herrlichsten Theile. Aus den meisten Auslegungen der Apokalypse wird hoffentlich zu ersehen sein, daß die Verfasser von ihrer Beschäftigung mit diesem Buche der Bibel Glaubensstärkung, Christenmuth und Beseligung am inwendigen Menschen zum Gewinne gehabt haben. Man findet von den Verfassern ausdrückliche Bekenntnisse darüber. Christliche Leser pflegen auch nur solche Auslegungen der Apokalypse gern und mit Vertrauen in Gebrauch zu nehmen, die aus jenem Gewinne erwachsen sind und die andern zu demselben Gewinne verhelfen wollen. Mit Freuden und mit Dank gegen den Herrn bekennt der Verfasser vorliegender Schrift, jenen Gewinn aus der Offenbarung Johannis gezogen zu haben.

Diese hier dargebotene Auslegung der Apokalypse ist für Theologen und für Nichttheologen, für ungelehrte und gelehrte Leser der Bibel bestimmt. Sie soll aus dem Schatze der betreffenden gelehrten Untersuchungen das Allernöthigste entnehmen, jedoch im Ganzen eine praktische, oder erbauliche Tendenz innehalten, Fremdwörter möglichst vermeiden, zur Ehre und Lehre der Kirche halten, um, wo möglich, durch die Gnade des Herrn ein Handbüchlein über die Offenbarung Johannis für's Volk zu werden. Mit Hülfe der johanneischen Christologie und andrer zu Gebote stehenden Mittel soll, dafern der Herr Gnade giebt, in Liebe der schwärmerischen Zerflossenheit entgegengetreten werden, von welcher in den immer mehr sich häufenden Erklärungen der Apokalypse nicht wenig beunruhigende Spuren sich finden.

Bibelstunden heißt die Ueberschrift dieser Auslegung, weil aus der christlichen Benutzung dieses Büchleins, wenn die heilige Schrift dabei aufgeschlagen und nach Befinden nachgelesen wird, hoffentlich gesegnete Bibelstunden für den Leser hervorgehen werden.

Es soll hier der eigentlichen Auslegung eine Einleitung vorausgehen und, wenn auch auf Fragen der Wissenschaft eingehend, in gemeinverständliche Sprache gefaßt und in der Absicht, im Glauben andre zu stärken, geschrieben sein. Eine solche Einleitung ist bei diesem Buche der heiligen Schrift schon deshalb erforderlich, weil viele ehrliche Bibelleser die Offenbarung Johannis aus Muthlosigkeit, oder aus einem geheimen Grauen vor manchen ihrer Visionen lieber ungelesen und unbenutzt lassen.

Wer eine neuere Auslegung wünscht im kirchlich=gläubigen Sinne und zugleich ausgestattet mit großer Gelehrsamkeit, findet eine solche in dem Werke von Dr. Hengstenberg: Die Offenbarung des heil. Johannes. Berlin 1861. 2. Ausg. Große Beachtung fanden auch die Auslegungen von Vitringa, Bengel, Herder, Züllig, Ebrard, Auberlen, welche alle sammt Hengstenberg tiefe Blicke in die Herrlichkeit dieses Buches der heiligen Schrift gethan haben und ihre Leser thun lassen.

Da aber die Acten über die Erklärung der Apokalypse noch nicht geschlossen sind und wohl auch nie ganz geschlossen werden dürften, bis der Erchomenos, der Herr der da kommt als das A und O selbst sie schließen wird, da eine von der Kirche angenommene und festgestellte Auslegung der johanneischen Visionen bisher noch gar nicht vorhanden, so ist es jedem gläubigen Christen erlaubt, über gewisse Stellen und Visionen der Offenbarung eine andere Meinung zu haben, als die der Vorgänger in der Auslegung, wenn sie mit der Wahrheit und mit den klaren Ergebnissen der Wissenschaft sich verträgt (2. Kor. 13, 8.), wenn sie ferner dem „Glauben ähnlich" ist (Röm. 12, 7.) und Christum noch mehr als den Anfänger und Vollender unsers Glaubens, als das A und O im Sinne der Offenbarung selbst hervorhebt.

Lieber Leser! Wir stehen an der Pforte eines alten ehrwürdigen, aber für uns, wie es scheint verschlossenen christlichen Tempels. Wir haben ein Recht hineinzugehen. Wir stehen da und überlegen. Dazu ist der Himmel trüb geworden. Verschiedene dunkle Wolken nöthigen uns, nach einer Zuflucht uns umzusehen. Wir halten es für Sünde, die wir so gern in andere Gotteshäuser eintreten und mit Andacht und Segen in ihnen verweilen, an diesem wunderbaren Gebäude blos vorüber zu gehen. Und, horch! da vernehmen wir von Innen heraus verschiedene Stimmen, bald sanfte, wie Aeolsharfentöne, wie verhallendes Echo von Lobgesängen der Seligen im Himmel, die schon überwunden haben, bald starke Stimmen, wie Posaunenstöße vom jüngsten Tage. Deutlich und wiederholt vernehmen wir auch die Stimme des Liturgen, besonders das Wort „Kommen, kommen," drinnen gesprochen von der bekannten Stimme eines lieben greisen Predigers, wie des allerletzten noch übrigen Apostels, daß es uns durch Mark und Bein geht, ohne wehe zu thun; jetzt ruft er grüßend: „Gnade sei mit euch und Friede von dem, der da ist und der da war und der da kommt, Jesus Christus, das A und das O"; jetzt spricht er die Worte: „Und der Geist und die Braut sprechen: Komm. Und wer es höret, der spreche, komm, und wen dürstet, der komme und wer da will, der nehme das Wasser des Lebens umsonst!" (K. 22, 17.) Um so mächtiger zieht es uns hinein, wir schauen rechts, wir schauen links, ob keine Schlüssel da sind, ob keine Hülfe erscheinen will; unser Vorsatz gestaltet sich zum Gebet und weil, wer da Gutes sich erbittet, empfängt, so müssen Engel kommen, Gottes dienstbare Geister und die Schlüssel bringen, ja selbst behülflich sein beim Aufschließen. Nur eins verlangen sie von uns beim Eintreten: „Ziehe Deine Schuhe aus, denn hier ist heiliges Land!" (2. Mose 3, 5.)

Diese Engel sind die Vorarbeiter und Vorgänger in der Erklärung der Offenbarung und die Schlüssel sind die Hülfsmittel, die uns bei der Auslegung des Buches durch Gottes Gnade zu Gebote stehen.

2. Hülfsmittel.

a. Das allernöthigste Hülfsmittel zum Verständniß und zur Auslegung der Offenbarung Johannis, wie der heil. Schrift überhaupt, ist der Beistand des heiligen Geistes, welcher in alle Wahrheit leitet (Joh. 16, 13) und das Gebet um denselben. Laßt uns beten: — — (Ach, bleib' mit deinem Glanze bei uns, du werthes Licht; die Wahrheit uns umschanze, damit wir irren nicht. Ps. 36, 10. 119, 18.) Der heilige Geist muß unser Herz beim Lesen, oder Auslegen der heil. Schrift frei machen von unheiligen Beweggründen, von vorgefaßten menschlichen Meinungen und von schwärmerischem Gedankenfluge. Nur mit Hülfe des heiligen Geistes vermag man herabzusteigen zur Demuth und erhoben zu werden zum Glauben an Jesum Christum, welcher Glaube die Welt und unser Fleisch und Blut überwindet. Da wird man bei der Offenbarung Johannis auch genügsam mit dem Lichte, das vorläufig über dieselbe, über ihre Hauptsachen uns aufgeht, man wird ehrlich und verträglich und verzichtet mit Fleiß auf allen eitlen Ruhm, so auch als Mensch auf den Ruhm der Unfehlbarkeit. Alle gute Gabe kommt nicht von Menschen, sondern von oben vom Vater des Lichtes, wenn auch durch Menschen.

b. Die heilige Schrift alten und neuen Testaments, besonders die betreffenden klaren Worte Jesu, die durch die Evangelisten uns zugekommen sind, und namentlich das Evangelium und die Briefe Johannis, näher: die Theologie des Apostel Johannes.

c. Die Harmonie mit dem Glauben, oder die analogia fidei nach Röm. 12, 7, wie solche in den Bekenntnißschriften unsrer lutherischen Kirche so klar und rein zum Ausdruck gekommen.

d. Die Kirchen- und Weltgeschichte.

e. Grammatik, Poetik, Hermeneutik, Logik, namentlich Bekanntschaft mit der bildlichen und visionären Lehrweise der Propheten des alten Testaments.

f. Antheil, oder wenigstens wahre herzliche Theilnahme an den Leiden und Kämpfen des Reiches Gottes auf Erden, die dasselbe erfährt, sowohl nach Innen gegen die uns immer anklebende und uns träg machende Sünde (Hebr. 12, 1), als auch nach Außen gegen den Antichrist. Sonst fehlt der rechte Sinn für dieses Buch und man interessirt sich dann für dasselbe nur, entweder aus Pflicht, oder als für ein Curiosum, am meisten aber gar nicht.

g. Die Arbeit der Vorgänger.

3. Ueber Offenbarung und Vision.

Der Leser der Offenbarung Johannis ist berechtigt, im Voraus zu fragen, was Offenbarung und Vision sei. Hier ist nicht der Raum zu einer umfassenden Abhandlung über diese psychologische und theologische Frage. Es kann hier das Nöthige nur in kurzen Sätzen angegeben werden. Was ist Offenbarung in der christlichen Religion, namentlich hier in diesem Buche der heil. Schrift? Der h. Apostel Paulus sagt 1. Kor. 2, 14: „Der natürliche Mensch vernimmt nichts vom Geiste Gottes, es ist ihm eine Thorheit und kann es nicht erkennen. V. 11: Niemand weiß, was in Gott ist, ohne der heilige Geist Gottes." Petrus sagt: „Die heiligen Menschen Gottes haben geredet, getrieben von dem heiligen Geiste." 2. Petri 1, 21.

Offenbarung in der Religion ist also Enthüllung, Mittheilung von Etwas, das in Gott ist, durch Gottes Geist an den Menschengeist, das die Menschen erfahren und wissen sollen und das die Menschen ohne den Geist Gottes weder erfahren noch fassen können. Zwar ist das Mittel der göttlichen Offenbarung das Wort, das klare Wort Gottes in menschlicher Sprache, wie wir es auch zu unsrer Seligkeit hinreichend in der heil. Schrift finden. Wenn nun der Geist Gottes daneben sich auch der Bilder, dunklerer Gleichnisse und gar allegorischer Visionen bedient, um göttliche Wahrheiten mitzutheilen, so scheint dies zuvörderst mehr eine Verhüllung als Enthüllung zu sein. Allein unter dem Beistande des heiligen Geistes (1. Kor. 2, 14), mit Hülfe des übrigen deutlichen Wortes Gottes und mit noch weiterer Beihülfe gestaltet sich jene Mittheilung in Bildern doch auch zu einer Offenbarung. Folglich besagt der in der Ueberschrift sich findende Name unsres Buches dies: Willst du ein Christ sein, so ruhe auch nicht, „bis dies Buch aufhört dir eine Verhüllung zu sein", bis es dir zur Offenbarung, zur Enthüllung wird, wenn auch nicht auf einmal, oder in jeder Zeile, doch allmälig und in seinen Hauptsachen, namentlich da, wo der heilige Geist dich durch dasselbe strafen, lehren, leiten und trösten will. „Dein Zustand, wenn du an dieses Buch kommst, um es zu gebrauchen, muß ein gehobner sein" durch Buße, Glauben, Gebet und durch Kummer um deine Seele, wie um's Reich Gottes auf Erden überhaupt.

Vision. Visionen hatte der heil. Seher Johannes. Visionen hatten die meisten heiligen Menschen Gottes, durch welche uns Gottes Offenbarungen zu Theil wurden. Im biblischen Sinne sind dies Erscheinungen, welche jene Frommen im Geiste, im Zustande der Ekstase (Entzückung) hatten, wodurch ihnen auf bildliche Weise, in einer Art Bilderschrift, theils wichtige Wahrheiten der Religion, theils für das Reich Gottes wichtige künftige Begebenheiten geoffenbart werden sollten. Außer der Offenbarung Johannis finden sich in der heil. Schrift solche Visionen unter andern Jes. 6. Hesek. 1. Dan. 7. Sach. 1. 2. 3. 4. 5. Apostel-Gesch. 10. 2. Kor. 12. Man könnte sagen, Vision ist eine in der heiligen Ekstase empfangene Bilderschrift, oder traumartige Allegorie. Im weitern Sinne des Wortes könnte man alle lebhaften, wichtigern Träume und Fieberphantasien Visionen nennen. Es läßt sich in diesen verschiedenartigen psychischen Erscheinungen nicht immer eine feste Grenzlinie ziehen. Von wichtigen, der Vision ähnlichen Träumen erzählt uns die heilige Schrift 1. Mose 28. — 37. — 40. — 41. — Richt. 7. — 1. Kön. 3. — Dan. 2. — 4. — Matth. 2. — 27, 19. Vrgl. Ap.=Gesch. 2, 17. Die Visionen oder Gesichte der „heiligen Menschen Gottes" haben aber mehr auf sich, als alle Visionen und Träume andrer Menschen. Denn erstens waren es eben heilige Menschen Gottes, welche in jenen Zuständen der Entzückung, in den sie bei wachem Zustande gelangt waren, ganz unter der Botmäßigkeit des heiligen Geistes standen, was bei andern Visionären und Träumenden wohl nie ganz der Fall ist, und dann zweitens empfingen sie in jenen Ekstasen die heiligsten und wichtigsten Offenbarungen für die ganze Menschheit, nicht blos für einen kleinen Winkel der Erde. Johannes konnte daher Offenb. 1, 10 von sich in Bezug auf diesen Zustand sagen: „Ich war im Geist." — Jemand sagt und gewiß mit Recht, in Bezug auf die höhere unsichtbare Welt und das Jenseits sei jener Zustand der Ekstase zu vergleichen mit dem Zustande des Wachens, unser gewöhnlicher Zustand der Nichtekstase aber sei eine Art Schlafen. „Wir wandeln im Glauben und nicht im Schauen," sagt der Apostel Paulus 2. Kor. 5, 7. Das einzige Visionähnliche, was unter Menschen öfterer vorkommt, sind die lieblichen Gesichte, die manche fromme, in dem Herrn zur seligen Vollendung Reisende kurz vor ihrem Entschlafen haben, wenn der sündige Leib, so zu sagen, schon aufgehört hat und der Geist nun schaut, hört und genießt, was jener höhern Welt angehört, jedoch unter uns immer nur mehr persönliche Beziehung und Bedeutung hat für den, der nun bald dahinscheiden soll und für die, welche in seiner unmittelbaren Nähe sich befinden, oder davon hören. Ein Beispiel hiervon haben wir an Stephanus, Ap.=Gesch. 7, 55.

Die Glossolalie, oder das mit neuen Zungen reden (Ap.=Gesch. 2. — 1. Kor. 14) war auch eine Art Ekstase und vielleicht auch Vision. Bei der eigentlichen Vision verhielten sich aber die heiligen Seher nur passiv und schrieben erst nachher, was sie geschaut hatten. Apokal. 1, 19. Die mit Zungen redeten, waren aber in der Ekstase zugleich activ, thätig im Lobe und Preise Gottes und ihrer Seligkeit mittelst einer wunderbaren Sprachengabe. Ap.=Gesch. 2, 11—13.

Wiederum der Nachtwandler, oder Somnambule, der auch im Geiste zu sein scheint, wenigstens erhaben über manche Beschränkung des Geistes durch den Körper, leidet an einem ungewöhnlichen Zustande seiner Nerven, also an einem krankhaften Zustande, der weit verschieden ist von jener heiligen Ekstase und Vision. Nicht blos daß die Nachtwandler wandeln, oder sprechen, also activ und nicht passiv sich verhalten; bei diesen Erscheinungen sucht der böse Feind gern etwas Diabolisches mit hineinzuspielen, was ihm auf dem Wege des Ehrgeizes, des Eigennutzes, oder der frechen Neugierde sehr leicht wird, so viel auch sonst dabei Frommes und Offenbarungsähnliches vorkommen mag. Der böse Feind hat schon viel erreicht, wenn er das fromme Wesen eines Menschen mit etwas Diabolischem besudeln kann. Mein Christ, dagegen sei Du bei Dir auf der Hut und verwahre Dich davor durch Demuth, Buße und Gebet, namentlich durch das Erbitten des heiligen Geistes!

Endlich kommen bei Dichtern in ihren Gedichten auch fingirte (erdichtete) Visionen vor, von denen aber hier nicht weiter zu reden ist. Ueber Gleichniß vergl. zu Kap. 21.

4. Die Aufgabe an den Apostel Johannes.

Der Apostel Johannes befand sich zu der Zeit, als er den Auftrag erhielt, die Offenbarung zu empfangen und aufzuschreiben, in seiner Verbannung auf der kleinen griechischen Insel Patmos, im letzten Jahrzehnt des ersten christlichen Jahrhunderts unter dem grausamen römischen Kaiser Domitianus, welcher vom Jahre 81 bis 96 nach Chr. G. regierte. Dieser Kaiser wollte selbst als Gott angesehen und verehrt sein und da die Christen dies nicht thaten und offen bekannten, es nicht thun zu können, so war dies dem Kaiser Grund genug, eine Verfolgung und, wo möglich Ausrottung des Christenthums anzuordnen. Die ungeheure, große gottfeindliche römische Weltmacht lag also im offnen Kampfe mit der kleinen Heerde Jesu Christi. Verbannung, Verlust aller Güter, oder des Lebens, waren die Strafen, die Domitian über die Christen verhängen ließ. Johannes, der letzte noch lebende Apostel, wurde (von Ephesus) nach Patmos verbannt. Unter diesen trüben und bangen Aussichten für die Christen empfing Johannes auf Patmos in den Visionen, außer dem Troste für ihn selbst, den Auftrag:

A. zu weissagen, wie aus Kap. 1, 3. — 10, 11 zu ersehen: „Er sprach zu mir: Du mußt abermal weissagen," dies Wort tönte fort und fort im Geiste des Johannes. Er sollte und konnte auch in diesen Greisenjahren und in der Verbannung sich nicht als emeritirt im Aposteltamte ansehen. Er sollte fortfahren in der Prophetie, im Weissagen. Und wie hätte ein Johannes schweigen können, nachdem mit diesem Auftrage zugleich so wichtige Visionen ihm zu Theil geworden waren? Daher beginnt er auch sein Buch mit der Ermahnung an Dich und mich und an alle Christen (V. 3): „Selig ist, der da lieset und die da hören die Worte der Weissagung und behalten, was darinnen geschrieben ist, denn die Zeit ist nahe."

Weissagen heißt nach dem im neuen Testamente ausgebildeten Sprachgebrauche: aus prophetischem Geiste predigen, oder als ein mit dem Geiste Gottes gesalbter Prediger des göttlichen Wortes künftige Dinge den Zuhörern vorhersagen, besonders von Christo und vom Reiche Gottes auf Erden und dabei theils die Gläubigen stärken und trösten (Jes. 40, 1), theils die Menschen zur Buße ermahnen. (Apokal. 10, 11. — 1. Petri 1, 10. — 1. Kor. 14, 3. 4. 24. 25. 31. — Ap.-Gesch. 2, 16—18. Vergl. Büchners Concordanz.) Auch jetzt noch und bis an's Ende der Welt muß jede christliche Predigt eine Perspective der Zukunft zeigen, einerseits der „zukünftigen Gnade" für die Gläubigen, andrerseits des zukünftigen Zornes Gottes für die Ungläubigen. Und siehe da, wie treu ist der greise Johannes diesem erhaltenen Auftrage, „abermals zu weissagen," nachgekommen! Gleich in den ersten drei Kapiteln

4. Die Aufgabe an den Apostel Johannes.

der Offenbarung, welche Trostpredigt von Christo für die Gläubigen und welche Bußpredigt für die Wankelmüthigen, Heuchler und für die Ungläubigen ist da enthalten und zugleich wie logisch und rednerisch disponirt! Hier sind zugleich unerschöpfliche homiletische Winke für jeden christlichen Prediger, er sei alt oder jung, besonders für die, welche als bestellte Hirten und Seelsorger bei ihren Gemeinden in Amt und Würden stehen. Vergl. Neander: Gesch. d. Pflanzung u. s. w. 1. Bd. 3, 5. „Verstehest Du auch, was Du liesest?" So frug jener Evangelist Philippus den Kämmerer aus Mohrenland (Ap.=Gesch. 8), welcher in seinem Reisewagen soeben die Weissagung des Propheten Jesaias von Christi Leiden und Sterben las. Weil nun manche Weissagungen und Visionen der Propheten, mit Einschluß der Apokalypse, schwierig zu deuten waren, oder verschieden gedeutet werden konnten und weil die von Gott gegebene Erfüllung den Weissagungen in so manchen Stücken der letztern nicht ganz zu entsprechen, oder über sie hinauszugehen scheint, so fühlt man sich von Seiten des prüfenden und grübelnden Verstandes zu der Frage versucht: ob auch die Propheten selbst speciell verstanden haben, was sie, „getrieben von dem heiligen Geiste," schauten, zu offenbaren, in ihren Predigten mitzutheilen und auszulegen hatten. Dieses kritische Fragegelüst fühlt sich bestärkt, wenn Dan. 8, 15, Sach. 4—6 zu lesen ist, daß die Propheten selbst ehrlich gestehen, daß sie die dortigen bezüglichen Visionen von selbst nicht verstanden hätten. Vergl. auch, was Luk. 10, 23. 24. Eph. 3, 5. 1. Petri 1, 10 zu lesen. Es könnte also von dieser Seite her von den Feinden des geoffenbarten göttlichen Wortes, wie es scheint, eine Waffe ausfindig gemacht werden, nicht blos gegen den Werth gewisser Weissagungen, sondern auch gegen den ganzen, mit der alttestamentlichen Weissagung so eng verbundenen Heilsplan Gottes in Christo. Daher haben auch gläubige Theologen mit jener spitzfindigen Frage sich beschäftigen müssen, um die heil. Schrift und ihren Inhalt bezüglich des im neuen Testament erschienenen Reiches Gottes möglichst zu rechtfertigen. Bis jetzt ist diese Rechtfertigung noch nicht völlig gleichlautend erfolgt, in Rücksicht auf das Maß des fraglichen Verständnisses, und der heilige Geist muß endlich und wird auch hier immer mehr auf das Richtige und Wahre leiten. Letzteres kann ja nimmer ausbleiben, wo Jesus Christus ist das A und O. Einige sagen, die Propheten seien sich der symbolischen Hülle wohl bewußt gewesen, unter welcher sie ihre Weissagungen von der großen neutestamentlichen Zukunft gegeben hätten. Freilich bleibt hier immer noch die Frage, warum sie als Zeugen der Wahrheit diese Zukunft dem Volke nicht hier und da angemessener, wenn auch in Bildern, beschrieben, warum sie nicht deutlicher von dem Jesus von Nazareth und von seinem blos geistlichen Reiche geweissagt haben, wenn sie es doch gewußt haben, daß eine äußerliche chiliastische Wiederherstellung von Israel auf Erden durch Christum nicht zu denken sei? Vergl. z. B. Hesek. 40 ff. Daher, und weil die oben angeführten fünf Stellen der heil. Schrift eine andere Annahme zulassen, sagen andere gläubige Theologen: „Nicht das Bewußtsein der einzelnen Propheten, sondern der Geist der Offenbarung ist es, der schon innerhalb des alten Testaments auf jeder höhern Stufe der Weissagung das abstreift, was als zeitliche Form an der Weissagung der frühern Stufe haftete, bis in der Erfüllung vollends erkannt wird, wie weit die symbolische Hülle reichte." Hätten die Propheten bei ihren Weissagungen eine unbeschränkte specielle Anschauung von der Zukunft und Einsicht in dieselbe gehabt, so hätten sie auch noch mehr Einzelheiten vorgebracht und hervorgehoben, z. B. Jesaias bei dem so herrlichen 53. Kapitel Gethsemane, die Gefangennehmung, Petri Verleugnung u. s. w., da hier sonst so **ausführlich** gehandelt wird vom Leiden und Sterben des „Knechtes Gottes." Denn Christi Ruhm in seinem Thun und Leiden wissen und theilweise verschweigen, das vertrüge sich nicht mit der Ehrlichkeit, noch mit dem Glauben. Daher ist wohl Folgendes über Prophetenthum und Weissagung im Einklange mit der heil. Schrift anzunehmen und fest zu halten:

Ein falscher Prophet, auch wenn er heilige Wahrheiten in seine Lehren und Vorträge mischt, ist ein Anmaßer, „ein reißender Wolf im Schafskleide" und woran er zu erkennen, das findet sich angegeben 5. Mose 18, 22. Matth. 7, 16. Offenb. 13, 11—16.

Jedoch kann auch durch Gottes Zulassung und Fügung ein gottloser, im Volke höher Gestellte einmal eine Weissagung bezüglich des Reiches Gottes wie unwillkürlich aussprechen, ohne die Ehre des Reiches Gottes im Auge zu haben, wie Bileam, Kaiphas, Pilatus. Das ist dann so ein weissagendes Wort, aus dem später „Etwas wird" zur Ehre des Reiches Gottes.

Wie viel mehr gelten nun alle Weissagungen der heiligen Männer Gottes, welche, „getrieben vom heiligen Geiste," mit Vorsatz und Bewußtsein zur Ehre des Reiches Gottes weissagten! Wer wollte es aber dem heiligen Geiste wehren, wenn er sich vorbehielt: a) zu bestimmen, wie viel jeder von seinen Propheten schauen und weissagen sollte; b) die Zulassung der symbolischen Hülle, welche von der Individualität des Propheten und seiner Zeit abhängig war; c) das Maß der klaren Einsicht in die neutestamentliche Zukunft und in ihre Begebenheiten. Folglich wäre es von uns große Anmaßung, wenn wir über diese drei Puncte etwas Definitives angeben, oder darüber lange kritisiren wollten.

Die Weissagungen der Propheten waren ja hauptsächlich nicht für sie, auch nicht ausschließlich für ihre damaligen Hörer, sondern — für den, der das A und O ist, für den Messias der Welt und für sein Volk. (Jes. 40.) Folglich darf man auch nicht die Weissagungen einzeln hernehmen, um an ihnen zu mäkeln, sondern sie müssen alle als integrirende Theile eines Ganzen angesehen werden und nur, wenn dem ganzen alten Testamente das neue Testament nicht entspräche, dann — wäre aus der Weissagung „nichts geworden." Das neue Testament entspricht aber dem alten Testament so vollkommen, daß dadurch das alte Testament erst zur rechten Ehre gelangt. Denn laut des neuen Testaments war das alte Testament als Ganzes:

1. eine Heilsthatsache Gottes, nämlich ein vorläufiges Kommen des Messias, des Erlösers und Weltheilandes (Erchomenos Offenb. 1) mittelst Gesetz und Verheißung, beides bald in eigentlicher, bald in bild-

licher Rede, bald in Wort, bald in symbolischen Formen. Dies steht fast wörtlich Psalm 40, 8. Daher bewegt sich die ganze alttestamentliche Weissagung, oder Predigt der Propheten, um diese Objecte: Schuld, Gericht, Erlösung, Erlöser, seliges Volk Gottes. Daher gehört das alte Testament mit Christi Leben, Wirken, Leiden und Sterben gleichsam zur Schöpfungswoche des Erlösers und nach seiner Sabbathsruhe im Grabe ist nun durch den Tag der Auferstehung Christi und der Ausgießung des heiligen Geistes der neue Anfang da, der Anfang der „Ruhe" für's erlöste Volk Gottes unter der ewigen Gnade Jesu Christi und seines Vaters. Vergl. Hebr. 4, 1—16. Daher mußte die Christenheit aufhören den siebenten Tag als „den Feiertag" zu feiern und dazu den achten nehmen, wie denn auch im alten Testament der „achte Tag" als Signatur des neuen Anfanges vorkommt. Wer den siebenten Tag nach jüdischer Rechnung mit Fleiß noch feiert, verzichtet dadurch auf die verheißene und durch Christum theuer erworbene Gnade und auf die neutestamentliche Ruhe des Volkes Gottes und stellt sich zurück unter das Gesetz und unter seinen Anspruch auf vollkommene Erfüllung der Gebote Gottes und auf absolute Heiligung des Feiertages behufs des Seligwerdens. Hinsichtlich beider Ansprüche ist aber der Mensch, der Sünder ohne Christum verloren. Gal. 3, 1—14. 4, 22—28. Kol. 2, 16 ff.

2. ein wiederholtes, Gnade verheißendes Vorherverkündigen vom bevorstehenden Kommen des Messias in leiblicher Gestalt. Darum feiert jetzt die Christenheit alljährlich die Advents- und Weihnachtszeit. Römer 4.

3. eine Beglaubigungsurkunde für den Messias, damit er als solcher erkannt werden konnte. Joh. 5, 39.

4. als Perspective, oder sich fortsetzende Weissagung vom Reiche Gottes der Haupttext für die Propheten zur Predigt der Buße und des Trostes. Daher werden sie mit Wächtern auf dem Thurme verglichen. Jes. 62, 6. Hes. 3, 17. Hebr. 2, 1. Jes. 21, 11.

Letzteres bei 4 ist beziehentlich auf die Seelenhirten der Kirche des neuen Testaments übergegangen. Darauf deutet auch der Engel, welchen Johannes in der Vision vom neuen Jerusalem über jedem Thore der Stadt gesehen hat.

Warum haben wir jetzt in der Kirche keine Propheten mehr, sondern blos ein Kerhssein, Predigen? Solche Propheten haben allerdings aufgehört, welche in Visionen von Gott Offenbarungen erhielten, weil diese Offenbarung nun längst geschlossen ist. Ihr schöner und sattsamer Abschluß ist die Apokalypse. Wenn man aber auf Grund von Joel 3, 1 und 1. Kor. 14 unter Weissagen auch dasjenige Predigen und Auslegen des göttlichen Wortes versteht, welches, es sei von Laien, oder amtlich berufnen Lehrern in besondrer Kraft und Salbung des heiligen Geistes, oder gar in Momenten geistlicher Entzückung geschieht, so giebt's auch jetzt noch ein Weissagen in der Kirche, ob auch die griechische Bezeichnung Prophet mit Recht solchen Predigern versagt wird, weil Eph. 4, 11. 12 nicht gesagt ist, daß die dort genannten fünf Klassen von Lehrern alle neben einander fortbestehen werden. Die letzten drei Klassen sind aber noch unbestritten vorhanden in den Missionaren, Seelsorgern und

Lehrern christlicher Schulanstalten und reichen hin, zumal da die heiligen Propheten und Apostel durch ihre Schriften jetzt noch unter uns fortleben und wirken, vor allen der größte aller Propheten, Jesus Christus, das A und das O, hochgelobet in Ewigkeit. Matth. 28, 20.

Ein weiterer Auftrag lautete:

B. zu schreiben. Kap. 1, 11. 19. — 2, 1. 8. 12. 18. — 3, 1. 7. 14. Die Weissagung sollte schriftlich ausgeführt werden, weil er verbannt war, weil er noch kurze Zeit auf Erden zu weilen hatte und weil er „Völkern, Heiden und Sprachen und vielen Königen" weissagen sollte. Kap. 10, 11. — 1, 3. Daraus folgt von selbst, daß die sieben Sendschreiben im zweiten und dritten Kapitel nebst der Einleitung dazu im ersten Kapitel nicht blos für die betreffenden sieben kleinasiatischen Christengemeinden bestimmt waren, sondern eine viel größere Tendenz hatten, ähnlich wie die Sendschreiben des Apostel Paulus. Ganz starr nach dem Buchstaben der Adressen gefaßt, wären nur einige wenige Verse für jede Gemeinde bestimmt gewesen. Aus dem Character der bildlichen, visionären Redeweise ergiebt sich aber, daß die im zweiten und dritten Kapitel enthaltenen sieben Sendschreiben einer fortwährenden schriftlichen Kirchenvisitation Jesu Christi gleich zu achten sind und der ganzen damaligen und spätern Christenheit auf Erden im Einklange mit Kap. 1, 3 und 10, 11 angehören. Weiter folgt daraus, daß wegen solcher universellen Tendenz auch das, was nach den sieben Sendschreiben folgt, vom vierten Kapitel bis zu Ende des Buches, ebenfalls mit für jene Gemeinden bestimmt war und mit jenen Sendschreiben zugleich an sie gelangen sollte. Sie werden zwar im Verlaufe der Visionen namentlich nicht mehr erwähnt, aber im 22. Kapitel B. 16 heißt es: „Ich Jesus habe gesandt meinen Engel, solches euch zu bezeugen an die Gemeinden." Man könnte einwenden: Wozu aber dann die speciellen Adressen an bestimmte Gemeinden? Nun, das gehört theils zum Character der Vision, theils lagen jene Gemeinden zunächst dem Apostel auf seinem treuen liebenden Seelsorgerherzen, weil er nach Pauli Abschiede (Ap.=Gesch. 20) ihr Bischof geworden war. Wichtiger und von größerem Interesse ist aber die Frage, wie hier in die Reihe der Visionen, die der Apostel zu beschreiben soeben (Kap. 1, 11. 19) beauftragt war, ganz unvermutheter Weise sieben richtige Sendschreiben, oder sieben kurze Kirchenvisitations=Predigten hineinkommen? Visionen und eigentliche Predigten bleiben doch zwei verschiedene Dinge. Dazu kommt, daß diese sieben Ansprachen über die Zukunft der Kirche nichts zu enthalten scheinen, obwohl dem Johannes gesagt war, er solle schauen und schreiben, „was geschehen soll darnach" (Kap. 1, 19). Diese Schwierigkeit hinsichtlich des logischen Zusammenhanges schwindet, wenn wir diese sieben Ansprachen nehmen einestheils als wirkliche Sendschreiben, welche schon vor den Visionen im Gemüthe und Geiste des Johannes auf Patmos gekeimt waren, nun aber durch die Vision im ersten Kapitel zur Reife gediehen und zu einem Auftrage, ja zu einer Eingebung Jesu Christi wurden, und wenn wir anderntheils diese Sendschreiben als Theil der über die Zukunft ihm zugesagten Visionen betrachten. Insofern haben sie außer ihrem nächsten buchstäblichen Sinne auch eine bildliche Bedeutung (ähnlich wie Luk. 10, 30—36). Welches könnte diese bildliche Bedeutung sein? 1., in diesen sieben Ansprachen vollführt der Herr eine fortwährende Visitation seiner kirchlichen Gemeinden und einzelner Christenherzen, zumal da auch die Hauptschattirungen im christlichen Glauben und Wandel hier alle erwähnt sind, und 2., in diesen Ansprachen gab der Herr auch Vorbilder zukünftiger Gestaltungen innerhalb der Kirche. Wie die Kirchengeschichte dieses Letztere bestätigt, das ist zu merkwürdig, als daß man diese Deutung, die schon früher von Auslegern der Apokalypse versucht worden ist, für bloße Willkür halten kann. Darüber später mehr an seinem Orte. Also sind auch die sieben Sendschreiben, obwohl klares Predigtwort, dennoch zugleich visionäre Prophetie über die Zukunft und für die Zukunft, nur betreffen sie das Innere der Kirche Christi, während die Visionen vom vierten Kapitel an vornämlich das Verhältniß Christi und der Kirche nach Außen zu den gegen die Kirche ankämpfenden feindlichen Mächten behandeln.

5. Der Weg der Offenbarung Johannes.

Wir erfahren aus dem Buche selbst, daß die Offenbarungen des heiligen Johannes einen besondern Weg, gleichsam gewisse Stationen zu durchlaufen gehabt haben. Auch dieser Umstand muß uns beachtenswerth sein, wie Alles, was uns in der heil. Schrift, namentlich auch in diesem Buche mitgetheilt wird.

Kap. 1, 1. 4 sagen uns, daß Gott diese Offenbarung Jesu Christo gegeben hat, Jesus Christus seinem Engel, um sie dem Johanne zuzusenden, Johannes hatte das Betreffende den „Engeln" der Gemeinden und diese Engel den Gemeinden zuzustellen und von diesen Gemeinden ist die Apokalypse nun zur ganzen Christenheit gelangt, ja in alle Welt ausgegangen.

Der Weg, den die Offenbarung zu gehen hatte und der dem Zusammenhange nach noch nicht in's Bildliche oder Visionäre gehört, wird uns ohne Zweifel deshalb so ausführlich angegeben, damit wir mit desto mehr Ehrfurcht und heiliger Begierde diesem Buche nahen, zumal, da es das letzte in der Bibel sein sollte. Wenn dies Buch bei Gott so viel auf sich hatte und Himmelskräfte und heilige und geheiligte Kräfte in Anspruch nahm, was wären wir für Christen, wenn wir uns nicht zur größten Ehrfurcht vor diesem Buche der heil. Schrift verpflichtet fühlen wollten?

Daß es im ersten Verse heißt: „Offenbarung Jesu Christi, die ihm Gott gegeben hat," als ob Jesus Christus und Gott zwei verschiedene Wesen seien, darf uns bei Johannes nicht auffallen, weil mit dieser Ausdrucksweise, so wie auch im Evangel. Joh. 12, 48. 49 und 16, 14. 15, nur darauf hingedeutet wird, daß der Sohn Gottes Alles hat, was der Vater hat und eben so nichts hat, das er nicht vom Vater hat; also bleibt es doch dabei: Der Sohn und der Vater sind Eins. Joh. 10, 30.

Daß hier im ersten Kapitel und später in der Offenbarung eines Engels gedacht wird, welcher die Ekstase und die Visionen vermittelt hat, das ist nicht bloße Ausschmückung, sondern beruht auf psychologischer Wahrheit. Gute Engel, jene „dienstbaren Geister" Gottes gehörten in der Regel dazu, um einen Menschen Gottes in den Zustand der Entzückung und der Vision zu erheben. Vergl. 2. Mose 32, 34. Daniel 8, 16. — 9, 21. 1. Mose 28, 12. ferner beim Propheten Sacharja. Auch bei den oben erwähnten Visionen, die manche Frommen kurz vor ihrer Vollendung gehabt haben, sind gewöhnlich Engelserscheinungen vorgekommen.

6. Die Form des Buches.

Dieses letzte Buch der heiligen Schrift ist uns in der Form eines größern Sendschreibens gegeben, wie aus folgenden Stellen hervorgeht: Kap. 1, 1—4. 11. 19. Kap. 2 und 3, Kap. 22 zu Ende. Zwar vermißt man im Verlaufe der Schrift die freundlichen Anreden: „Kindlein, meine Kindlein, lieben Kindlein, ihr Lieben" und dergleichen, was in den Briefen Johannis vorkommt. Es war aber bei der Offenbarung der Zweck der Eingebung ein höherer noch als bei den drei Briefen des Johannes und die Art der Eingebung unmittelbar vom Throne Gottes her eine, so zu sagen, erhabnere. Der eigentliche Briefstil mußte hier noch viel mehr zurücktreten, als er in allen Sendschreiben der Apostel schon, wie es der Sache angemessen ist, zurücktritt. Jedoch entsprechen der Anfang und das Ende der Offenbarung noch mehr der Briefform, als der Anfang und das Ende des ersten Briefes Johannis. Gruß und Aufschrift dieses Buches der Offenbarung als eines Sendschreibens stehen beisammen Kap. 1, 4 und lauten: „Johannes den sieben Gemeinden in Asia: Gnade sei mit euch und Friede von dem, der da ist und der da war und der da kommt." Im zweiten und dritten Kapitel folgen specielle Adressen und der übrige Theil der Schrift bekommt nachträglich seine Adresse Kap. 22, 16: „Ich Jesus habe gesandt meinen Engel, solches euch zu zeugen an die Gemeinden" und Kap. 22, 21 folgt zum Schlusse der letzte Gruß: „Die Gnade unsers Herrn Jesu Christi sei mit euch allen. Amen."

Daß die Apokalypse die Form eines Sendschreibens an sich trägt, ist gewiß nicht ohne Bedeutung, noch von Ungefähr. Damit erhalten wir am Ende der Bibel noch einen Wink, eine Erinnerung, daß die ganze Bibel nichts Anderes ist, als ein Sendschreiben, ein Brief Gottes, unsers Vaters in Christo, den wir, weil er zugleich ein doppeltes Testament an uns seine Kinder und Erben enthält, um so lieber und fleißiger lesen und hochhalten sollen, als Erben und Nutznießer, nicht als krittelnde Sachwalter. Auch sollen wir, so viel nur möglich, durch die Bibelverbreitung und durch die Mission diesen Brief Gottes an andere Menschenbrüder und Schwestern befördern, die noch ohne ihn leben. Wer die Offenbarung Johannis liest und zu verstehen sich bemüht, der wird gewiß in solcher Verehrung und Benutzung der Bibel nicht zurückkommen, sondern dazu verstärkten Antrieb erhalten. Z. B. Kap. 22, 1. 2 wird uns gesagt, daß wir, die wir Gottes Kinder in Christo sein wollen, mit dem Briefe unsers himmlischen Vaters in der Hand und im Herzen, ähnlich sein sollen Blättern vom Holze des Lebens, welche dienen zur Gesundheit der Heiden. Fast jedes Kapitel der Offenbarung kann in Missionsstunden zu Missionstexten benutzt werden.

Die Ausdrucksweise selbst in diesem Buche ist durch und durch die einer begeisterten Stimmung, wie Geisterwort, was uns um so mehr ein Zeugniß ist für die Wirklichkeit der johanneischen Visionen und Ekstasen. Im Evangelio Johannes ist mehr nach 1. Kor. 14, 15 „ein Psalmensingen mit dem Sinn," in der Offenbarung mehr „ein Psalmensingen im Geiste." Da ist nun hier die Stimmung und der Ausdruck so begeistert, so hoch, daß viele großen Geister, wie Luther, Göthe und andere dem nicht gewachsen waren, sondern einigen Anstoß nahmen. In einer Vorrede zur Offenbarung Johannis vom Jahre 1522 kritisirt Luther dieses Buch noch sehr scharf, weil es Christum nicht „so hell und rein dargiebt," wie die andern Bücher des neuen Testaments. In einer andern Vorrede vom Jahre 1534 hat sich dieser Unmuth gelegt und wird gesagt, wie die Visionen mit Hülfe der Geschichte auszulegen sind.

7. Das Thema.

In der Offenbarung Johannes findet sich ein bestimmtes Thema abgehandelt und zu Anfange auch deutlich angegeben. Schon um ihres Thema's willen muß sie uns ein überaus liebes Buch werden und bleiben. Dieses Thema lautet zum ewigen Troste aller Gläubigen: **Jesus Christus, als der Kommende ist der Erste und der Letzte, oder: Jesus Christus ist das A und das O als Erchomenos (der Kommende),** oder in der Umschreibung: Jesus Christus, der da ist und der da war und der da kommt, der Allmächtige. So finden wir es angegeben Kap. 1, 8 und Kap. 6, 4. 7. 11. 17. 18. Vergl. 22, 13. Matth. 28, 18. 20. Hebr. 12, 2 und 13, 8.

Der kürzern Fassung des Thema's in V. 8 und 11 geht in V. 4 der johanneisch apostolische Gruß, oder die Anrede voraus, lautend: „Gnade sei mit euch und Friede von dem, der da ist und der da war und der da kommt." Aus dieser Parallelstelle geht klar und deutlich hervor, daß in der kürzern, prägnanten Bezeichnung des Herrn als A und als O zugleich seine unaufhörliche Offenbarung als eines Kommenden (Erchomenos) gemeint ist. Wir sollen ihn nicht blos als den Elehsomenos, nächstkünftig oder später Kommenden vor Augen haben, sondern auch sein früheres Kommen im Herzen behalten und seine gegenwärtige Offenbarung, ihn als den Erchomenos, den Kommenden oder als A und O, kurzweg gesagt. Darum steht auch hinter der da ist und der da war, nicht Esomenos, der da sein wird, sondern das vielbezeichnende Erchomenos.

Umschreibende Wiederholung des Thema's findet sich auch Kap. 2, 8. Kap. 5, 9—13. Kap. 19, 11—16.

Einige Ausleger haben aus Kap. 1, 7 als Thema der Apokalypse angegeben das kurze Wort: „Jesus kommt." Allein wenn dieses Thema weniger besagen soll, als: Jesus Christus, das A und das O, ist gekommen, kommt und wird kommen und das Feld behalten, wenn man wegen des Wortes Weissagung, oder wegen des sogenannten prophetischen Characters der Offenbarung in der Apokalypse bloß vom künftigen Kommen des Herrn geweissagt finden und Alles darauf beziehen und deuten wollte, so wäre erstlich dies gar nicht möglich, z. B. Kap. 2. 3. 12, und dann würde so das Kommen des Herrn unnöthigerweise nur von einer Seite, gleichsam im letzten Viertel betrachtet, während zur rechten Anschauung und Erkenntniß Christi als das A und O schlechterdings gehört, daß man sein A und O=Sein in seinem vollen Kommen, sein Kommen in seinem Vollsein im Auge behält. So thut eben die Apokalypse und darauf deutet das erste Kapitel deutlich hin, damit die Leser und Erklärer in diesem Buche nicht bloß das letzte Viertel, sondern den vollen Mond, ja die herrliche Sonne erkennen, nicht blos einen Hauptast erblicken, sondern den ganzen herrlichen Baum, an dem dann der eine Hauptast, der die Zukunft vorstellt, nicht im Mindesten fehlt. So ein herrliches Buch hat uns die Weisheit und Liebe Gottes am Ende der Bibel geben wollen.

Wer mit dem Thema der Apokalypse nicht vorerst in's Reine kommt, wer es so eng annehmen wollte, als blos auf die Zukunft gehend, der müßte dann auch alle Visionen, die nicht zu deutlich auf Vergangenes gehen, auf die Zukunft deuten, so wenig er sich auch damit Rath weiß und so viel Tautologieen auch dabei herauskommen, wo eine und dieselbe Sache mehrmals gesagt wäre. Allerdings bleibt in der Apokalypse das Omega (das O), oder das noch bevorstehende Kommen des Herrn insofern der vorwaltende Gesichtspunct, als ja eben vom Lichte der ganzen Herrlichkeit Christi die Zukunft der Kirche beleuchtet und so geoffenbart werden sollte. Im christlichen Religionsunterrichte ist ja auch von einem verschiedenen Kommen des Herrn (Advent) die Rede, je nachdem der Eintheilungsgrund verschieden angenommen wird. So z. B. sagt man: Es gab ein Kommen des Herrn in der Verheißung und es gab und giebt eins in der Erfüllung. Ferner sagt man: Der Advent des Herrn ist ein dreifacher: ins Fleisch (zur Menschwerdung), ins Herz der Gläubigen und zum Gericht. Letzteres Kommen zum Gericht schließt auch sein vorläufiges Kommen zum Gericht mit ein, als mittelst seiner Züchtigungen und wenn er einen Menschen sterben läßt, selig oder unselig.

Am allermeisten aber irren sich Diejenigen, welche behaupten, Johannes habe sich geirrt und in der Apokalypse nur das allerletzte Kommen Jesu zum jüngsten Gericht gemeint und als ganz nahe bevorstehend dargestellt. Da hätte sich ja Johannes im 20. Kapitel mit der Angabe einer tausendjährigen Frist vor dem Weltende selbst widersprochen. Vor so einem wichtigen Versehen wird der heilige Geist schon den heiligen Seher Johannes bewahrt haben. Eher könnte es wohl umgekehrt der Fall sein, daß die, welche sehr Mangelhaftes, Unleidliches in einem Buche der heil. Schrift finden, sich irren und den heiligen Geist nicht recht bei sich haben. Es geht einmal nicht ohne das demüthige Gebet: Herr öffne mir die Augen, daß ich sehe die Wunder an deinem Gesetz.

Der Erchomenos, Jesus Christus der Kommende, dies Wort, diese Bezeichnung hat eine große, große Bedeutung. In der Apokalypse vor Allem hat es eine ganz besondere Betonung durch den Beisatz: Jesus Christus das A und O und diese muß in der Auslegung der Apokalypse zu ihrem Rechte kommen.

8. Inhalt des Buches.

Lieber Leser! Wenn dir mehr an der Ehre deines Heilandes Jesu Christi und an deiner Erbauung gelegen ist, als an der Befriedigung deiner Neugierde bezüglich der Zukunft und der sonderbaren johanneischen Visionen, da, wenn die Ehre Jesu, unsers Herrn gesichert bleibt, auch unser Heil gesichert bleibt; so suche in der Apokalypse nicht etwa, so zu sagen, einen illustrirten Zukunftskalender, nicht lauter Prophezeiungen specieller künftiger Ereignisse und Persönlichkeiten, auch nicht einen chronologischen Abriß der ganzen Kirchengeschichte. Die Apokalypse ist ein viel erhabneres Buch. Sie enthält die Visionen des heil. Apostels Johannes, welche sich zwar in der Perspective hauptsächlich auf die Zukunft der Kirche Jesu Christi bezogen, jedoch zugleich das ganze Evangelium von Christo als eine Kraft Gottes vor dem Leser ausbreiten sollten. Man erwarte in der Apokalypse nicht ein in Bildern gegebenes, chronologisch geordnetes Panorama der gesammten Kirchengeschichte, auch nicht einen chronologischen Abriß derselben nach den auf einander folgenden Hauptepochen, noch weniger eine Vorausverkündigung gewisser individueller Begebenheiten, oder Persönlichkeiten. Man gewinnt wohl durch die Offenbarung Johannis im Ganzen eine Art Panorama über die ganze Zeit des Reiches Gottes auf Erden bis an's Ende dieser Welt, aber das Buch bringt die Gemälde nicht in chronologischer Reihenfolge. Auch beziehen sich nicht alle Visionen und Offenbarungen auf die Geschichte des Reiches Gottes und Jesu, sondern auch auf die christliche Theologie und Ethik, auf den Unglauben und die diabolische Verdorbenheit der Welt. Was die Geschichte des Reiches Gottes anlangt, die darin verwoben ist, so kommen auch Wiederholungen, Ergänzungen und Erläuterungen vor, z. B. hinsichtlich der Bezwingung des Satans und seiner Gehülfen. Daraus folgt, daß der Apokalypse als neutestamentlicher „Weissagung" nicht eine geschichtliche, sondern eine rhetorische (rednerische) Disposition zum Grunde liegt, zu deren Verarbeitung aber hauptsächlich der geschichtliche Stoff aus dem Reiche Gottes aus der Vergangenheit, Gegenwart und Zukunft benutzt worden ist. Zergliedert man sich die Apokalypse nach einer solchen Disposition, so gewinnt nicht nur das Ganze schnell an Deutlichkeit, Ordnung und Zusammenhang, sondern man findet auch noch alsdann zu seiner nicht geringen Ueberraschung eine gewisse logische und homiletische Regelmäßigkeit in der Anlage und Ausführung. Einzelne hervorragende Persönlichkeiten und Data aus der Kirchen- und Weltgeschichte sind alle in der Offenbarung Johannis insofern erwähnt, oder vorausverkündigt, als sie entweder für, oder wider den Herrn sind und entweder zu den Licht- oder zu den Nachtpartieen dieses oder jenes Gemäldes gehören. Ausschließlich aber z. B. den Trajan, den Arius, den Muhamed, Napoleon I. u. s. w. hier und da geweissagt finden wollen, das beruht auf irrthümlicher Voraussetzung. Am allerwenigsten beabsichtigt die Apokalypse, in Widerspruch mit Ap.=Gesch. 1, 7 uns ein Mittel an die Hand zu geben, um den Eintritt, oder das Datum des jüngsten Tages voraus zu berechnen.

Wenn man sein Vorurtheil überwunden und die Annahme einer zu Grunde liegenden Zeittafel in der Apokalypse aufgegeben hat, dann könnte man, ohne die Consequenz zu verletzen, bei der Betrachtung und Erklärung der Visionen die letzteren in gewisse Gruppen, die von selbst in die Augen fallen, abtheilen und diese Schrift so einfach stückweise erklären. Allein durch diese blos äusserliche Eintheilung des Buches könnte seine Herrlichkeit sehr unerschöpft bleiben, wie wenn sie keine Uebersicht der Disposition und des inneren Zusammenhanges des Ganzen gewährte. Auch behält die Aufstellung und Scheidung in Gruppen ihre Schwierigkeiten, da z. B. die ersten beiden Gruppen der Siegel und Posaunen zufolge Kapitel 8, 1. 2 zusammen fallen, auch in die sieben Posaunen die drei Wehe und die zwei Zeugen hineinversetzt sich finden. Daher ist man genöthigt von einer räumlichen, wie von einer geschichtlichen Disposition des Buches abzusehen und nach einer rhetorischen oder homiletischen zu forschen. Letzteres stimmt auch mit der Thema=Aufstellung und mit dem Auftrage „zu weissagen", d. h. zu predigen im biblischen Sinne des Wortes. Ja, die Apokalypse ist eine der schönsten Erfüllungen dessen, was Jes. 40, 9—11 der Herr geboten hat: „Zion, du Predigerin, steige auf einen hohen Berg. Jerusalem, du Predigerin, hebe deine Stimme auf mit Macht, hebe auf und fürchte dich nicht; sage den Städten Juda: Siehe, da ist euer Gott. Denn siehe, der Herr Herr kommt gewaltig und sein Arm wird herrschen. Siehe, sein Lohn ist bei ihm und seine Vergeltung ist vor ihm. Er wird seine Heerde weiden wie ein Hirt, er wird die Lämmer in seine Arme sammeln und in seinem Busen tragen und die Schaafmütter führen."

Es hat im Plane der göttlichen Weisheit gelegen, dass der Sinn mancher apokalyptischen Visionen erst im Laufe der Zeit, besonders durch Hülfe des geschichtlichen Lichtes aufgehellt werden sollte. Einstweilen haben die funkelnden Juwelen einzelner klarer Stellen, Kraftworte und Trostsprüche das Ihrige gethan, namentlich eine Anziehungskraft bewiesen, welche die christlichen Ausleger der Bibel immer mehr für die Apokalypse gewonnen hat.

Eine ausführliche Aufstellung der der Apokalypse zum Grunde liegenden Disposition mit Weglassung aller bildlichen Redeweise findet sich am Ende dieser Schrift. Hier werde in der Kürze zur Inhaltsangabe Einiges daraus erwähnt. Das Buch der Offenbarung Johannis enthält:

1. eine Einleitung und zwar eine doppelte: a) zur ganzen Schrift in den ersten drei Versen, wo die Bedeutung der Schrift nachdrücklich an's Herz gelegt wird; b) zu den sieben Sendschreiben insbesondere Kap. 1, 4—20, was aber, z. B. wegen Kap. 22, 16 auch zugleich als speciellere Einleitung zum ganzen Buche zu nehmen ist. Kap. 1, 9—20 erfuhr Johannes in einer Vision des Herrn, worum es sich handelte und so theilt er es uns einleitungsweise V. 4—20 mit. Hier findet

8. Inhalt des Buches.

sich auch das Thema seiner Schrift mehrfach angegeben: Jesus Christus das A und das O (der da war, der da ist und der da kommt).

2. Die sieben Sendschreiben an die sieben kleinasiatischen Christengemeinden: zu Ephesus, Smyrna, Pergamos, Thyatira, Sardes, Philadelphia und Laodicea. In diesen Sendschreiben wird der innere geistliche Zustand der Gemeinden ans Licht gezogen, es wird gesagt, wie es nach dem Urtheile des Herrn nach Innen ist und wie es sein soll, um den kommenden Herrn zum Heil empfangen zu können, um Theil nehmen, Theil haben zu können an seinem Siege, welcher dann vom 4. Kapitel an in vielen Stellen verkündigt und in Bildern beschrieben wird. „An den sieben Gemeinden in Asien wird nur exemplificirt, was der Sache nach an die ganze Kirche aller Zeiten gerichtet ist. — — Die Erscheinung des Herrn trägt einen doppelseitigen Charakter, einen drohenden für die Ungetreuen und einen tröstlichen, so daß die (7) Briefe nur den Kommentar zu der Erscheinung bilden." (H. II., 374.)

Also bilden die sieben Sendschreiben den ersten Theil der Ausführung und zeigen, wie Jesus Christus das A und das O nach Innen bei seiner Kirche sein und als solches verherrlicht sein („kommen") will, und so auch bei jedem einzelnen Christen. Lieber Leser! Wie weit ist denn der Herr damit bei uns beiden gediehen? Ach wenn wir ihm doch immer weniger und endlich gar nichts mehr in den Weg legten! Siehe, er kommt!

Vom vierten Kapitel bis zum Ende des achtzehnten geht der zweite Haupttheil der Ausführung und handelt davon, wie Christus nach Außen gegen seine Feinde zum Troste und Heile seiner Gemeinde sich verherrlicht hat und als der Erchomenos sich weiter verherrlichen will, als A und O. Daß dieser zweite Theil einen viel größeren Raum einnimmt im Buch, als der erste, das liegt in der Natur der Sache. Der zweite Haupttheil hat auch zwei genau begrenzte Untertheile. Der erste Untertheil handelt von den Siegen und Errungenschaften des Herrn als A und O im Allgemeinen, Kap. 4—11. Der zweite Untertheil behandelt diese Siege im Speciellen durch Namhaftmachen und Vorführen seiner besiegten Feinde, welche sind Satan, antichristische politische Machthaberei, falsches Prophetenthum und die Welt und das neuentstehende Heidenthum.

3. Die Vision des mit sieben Siegeln versiegelten Buches und seine Eröffnung durch das Lamm, Kap. 4—8, 1. Diesem Tablo wird gleichsam als prachtvoller Rahmen im vierten und fünften Kapitel eine Einleitung vorausgeschickt, zum Zeichen, daß die hier in der Einleitung vom heil. Seher geschaute Herrlichkeit des dreieinigen Gottes, namentlich auch Jesu Christi als A und O uns ein Fingerzeig sein soll, damit wir bei der Deutung der sieben Siegel nicht auf etwas Untergeordnetes gerathen. Hier spendet der Herr seiner Kirche Erbauung und besonders für die Zukunft Trost, nicht in Bildern, die direkt die Zukunft darstellen, sondern in solchen Bildern, die einen geschichtlichen Ueberblick der ganzen Menschenwelt, ihrer Sündennoth, des göttlichen Heilsplanes und der Kirchenzeit einschließlich des Missionsberufes der Kirche gewähren und indirekt die Zukunft enthüllen, wodurch in uns Stärkung des Glaubens, Trost in Leiden und freudiges Siegsgefühl erweckt werden soll. Zugleich

2*

ist dieser Theil eine Erweckungs- und Bußpredigt für Gläubige und Ungläubige, denn das Hauptthema hier lautet: Der Tod ist der Sünde Sold, aber die Gabe Gottes ist das ewige Leben in Christo Jesu, unserm Herrn.

4. Es folgt die Vision der sieben Posaunen, Kap. 8, 2—11. 19. Da wird ebenfalls Erweckung und Erbauung bezweckt und auf indirektem Wege Trost für die Zukunft gespendet, indem in Bildern aus der Geschichte gezeigt und gelehrt wird: Gott, der da reich ist an der Barmherzigkeit in Christo, ist aber auch reich an Zucht-, Läuterungs- und Strafmitteln. Ist Jesus das A und O, so muß gegen die Widerspenstigen und gegen die Feinde seines Reiches sich auch das erfüllen, was im zweiten Psalme ihnen allen gedroht worden war, von dem eisernen Scepter. Dieser Theil der Offenbarung gab ganz natürliche Veranlassung, auf das dreifache große Wehe zu kommen, das in der Welt- und Kirchengeschichte überhaupt vorkommt, das ist: a) der Sündenfall, b) der Fluch Gottes, der auf der Sünde ruht, c) das letzte Weltgericht. Kap. 9. Kap. 11, 14—19. Weil somit die Posaunen in der Geschichte zurückgreifen, darf es uns nicht auffallen, daß bei der fünften Posaune gar bis zum Falle der bösen Engel zurückgegangen wird. Denn der Fall Satans und seiner Engel ist ja der Ursprung aller Sünde und ihres Verderbens in der Welt. Der Sohn Gottes ist aber gekommen daß er die Werke des Teufels zerstöre, das heißt: die durch des Satans List sündig gewordene, gefallene Menschheit erlöse und selig mache, wer sich erlösen und selig machen lassen will. Dies stimmt mit 1. Joh. 3, 8 und Matth. 23, 37 und mit der ganzen heil. Schrift.

Die Posaunen sind zum größten Theile Vorläufer der letzten großen Gerichtsposaune Gottes (1. Thess. 4, 16) und sind demnach Bußposaunen, oder bildliche Andeutungen der Erweckungs- und Bußpredigten, die Gott der Herr jedesmal durch seine traurigen, oft sehr erschrecklichen, unbegreiflichen Zulassungen selbst gleichsam hält und durch die Prediger seines Wortes gehalten haben will. Dies ist ein Wink für Prediger, aber auch für die Zuhörer, damit die Weckstimme nicht fort und fort in den Wind geschlagen wird, welche ruft: „Thut Buße für eure Sünden und kommt zu Christo!"

5. Es folgt im zwölften, dreizehnten und vierzehnten Kapitel die Vision des speciellen Kampfes, den Jesus Christus, das A und O siegreich bisher geführt hat und siegreich ausführen wird gegen seine Feinde, das ist der Satan und seine Gehülfen, das sind die gottfeindliche Weltmacht, die gottfeindliche Weltweisheit und die Welt überhaupt. Diese Feinde erscheinen hier in den grausigen Bildern des Drachen, des siebenköpfigen Thierungeheuers aus dem Meere, eines einem Lamme ähnlichen Thierungeheuers aus der Erde und der Stadt Babel. Letzteres Bild wechselt später mit dem Bilde einer Hure. (Vergl. Kap. 11, 8. Kap. 14, 8. Kap. 17. 18.) Der Satan selbst, oder der große Drache (wegen 1. Mose 3 so aufgeführt), die alte Schlange wird zuerst von Christo durch sein Erlösungswerk auf Erden, besonders auf Golgatha überwunden, was im zwölften Kapitel vorkommt. (Später im Epilog noch einmal Kap. 20.) So ist der Schlangenkopf, in wahr-

8. Inhalt des Buches.

haftiger Erfüllung der 1. Mose 3, 15 gegebenen evangelischen Verheißung, zertreten. Indirekt kämpft der zornige Drache noch durch seine feurigen Pfeile (Eph. 6, 16), besonders schadet er denen, welche durch Forthegen fleischlicher Gedanken und Begierden sich ihm „dem Gebundenen" nähern (Joh. 16, 11. Offenb. 20, 1). Gegen die Kirche des Herrn kämpft er noch indirekt fort, gleichsam mit seinem sich noch regenden Schweife, das sind die zwei Ausgeburten der sündigen Welt, nämlich die gottfeindliche Weltmacht und die gottfeindliche Weltweisheit, ingleichen durch die Mutter dieser beiden, das ist die Welt, auch des Teufels Braut, oder Hure genannt.

Denken wir uns die im zwölften Kapitel im Bilde eines Kampfes zwischen dem Engel Michael und dem Drachen gegebenen Contraste nach der Geschichte des Reiches Gottes und mit logischer Genauigkeit, so muß der einen feindlichen Spitze, nämlich der gottfeindlichen und Seelen verderbenden List und Macht des Teufels die überlegene himmlische Weisheit, Liebe und Allmacht gegenüberstehen, folglich muß man unter dem Sonnenweibe die Liebe und Erbarmung Gottes in Christo verstehen und eben so unter dem Erzengel Michael und dem Engel im zwanzigsten Kapitel, V. 1, unsern Herrn Jesum Christum, das A und O. — Zur Erquickung gereicht im vierzehnten Kapitel die Richtung unseres Blickes von den kämpfenden und unterliegenden gottfeindlichen Mächten in den Himmel auf die Schaaren der Erretteten und Auserwählten. Dies gehört zur Vollständigkeit des Gemäldes vom siegreichen Kampfe Jesu Christi, des A und O. — Dem ist noch beigefügt ein Bild von der künftigen Vernichtung der Feinde Gottes, doch immer wieder mit einem Seitenblicke auf Jesum, das A und O, der für die Seinen einst den Kelter des Zornes Gottes getreten. Kap. 14, 20.

6. Die Vision der sieben Zornesschalen, Kapitel 15 und 16, bringt eine Ergänzung der vorigen auf's Endgericht sich beziehenden Visionen und greift deshalb wieder im Verlaufe des Ganzen zurück. Damit dieser Theil uns recht wichtig sei, deshalb geht eine Einleitung im 15. Kapitel voraus, ein himmlischer Lobgesang, gleichsam zur Rechtfertigung Gottes, ehe die Aeußerungen seines Zornes dargestellt werden. Die Hauptlehre in dieser Vision scheint die zu sein: Vor dem Schlusse und Weltgerichte werden schon strafende Endkatastrophen vorausgehen. Da wird Christus ebenfalls das A und O sein, denn was er selbst in dieser Beziehung einst Matth. 24 geweissagt hat, das wird dann zur Ehre seines Namens in Erfüllung gehen.

7. Die im 17. und 18. Kapitel enthaltenen Visionen vom Untergange der satanischen Gehülfen, besonders der Hure Babel, das ist der Welt, sind Ergänzung und Erweiterung zu Kapitel 14, 8—11.

8. Die letzten vier Kapitel, 19—22, bilden den Epilog der Predigt, oder der Weissagung. Sie enthalten zum Beschlusse kurze Wiederholungen der Botschaft vom steten Siege Christi und seiner treuen Mitkämpfer, auch Ergänzungen, besonders durch die Vision der glorreichen Kirche des Herrn im dreifachen Bilde, als geschmückte Braut, als neues Jerusalem und als Strom des Lebens, oder als neue geistliche Jordans-Aue. Dies sind gleichsam Resultate der vorigen Vision, oder

zum Theil auch Befestigungen der vorhin gewährten Gemälde. Hier werden die besiegten Feinde Christi in umgekehrter Reihenfolge noch einmal aufgeführt: die Welt, die antichristischen Mächte und Gehülfen des Satan, zuletzt der Satan (Kap. 20, 1—6). Diese umgekehrt wiederholte Reihenfolge soll uns ein Wink sein, daß die Apokalypse im 20. Kapitel nicht etwas ganz Neues bringt. Wer Letzteres behaupten wollte, daß hier eine neue Endkatastrophe vorausangekündigt werde, der brächte damit außer der Verwerfung der bisher in der Apokalypse innegehaltenen Disposition zugleich Willkür und unendliche Streitigkeiten auf den Plan, wie die Geschichte der Auslegung dieses Buches bestätigt. Um nur einen Punkt des Anstoßes hier voraus zu erwähnen: Wär der Satan nach Christi Leiden, Sterben, Auferstehen und Himmelfahrt, wie jene dann annehmen, noch ungebunden wie früher, so hätte Jesus Matth. 12, 29 von seiner damaligen Wirksamkeit zu viel behauptet, weil er an dieser Stelle sich ausdrücklich als den Stärkern bezeichnet, der auf die Erde gekommen sei, den Satan zu binden. Dann hätte er auch nicht am Kreuze ausrufen können: „Es ist vollbracht!" wenn er den Satan ungebunden gelassen hätte. Dann müßte Johannes im 1. Briefe Kap. 3, 8 auch gesagt haben: Dazu wird der Sohn Gottes erscheinen, daß er die Werke des Teufels zerstöre; dann würde auch von uns an jedem christlichen Osterfeste eine Heldenthat Christi in den schönsten alten Osterliedern besungen als eine vollbrachte, während sie erst vollends zu vollbringen wäre. Alles bleibt aber in der schönsten Ordnung, die Disposition der Apokalypse und die Ehre des Herrn, wenn man die Verse Kap. 20, 1—6 nimmt als epilogische und erläuternde Wiederholung und Ergänzung zu Kap. 12, 7—9, zu Kap. 6, 9—11 und zu anderen Stellen. Daß Kap. 20 hinter dem Satan noch der Gog und Magog und dessen Vernichtung vorkommt, ist nicht im Geringsten eine Störung der Symmetrie, weil diese antichristische kopflose Volksmasse aus dem neu entstandenen künftigen Heidenthume sich zusammenrottiren wird, folglich zu den eigentlichen alten besiegten Feinden Christi gar nicht gehört, welche im Verlaufe der Kirchenzeit dem Herrn zu schaffen gemacht hatten.

Das Binden und Besiegen des Satans durch Christum, wie es ja vollkommen erfolgt ist (1. Kor. 15, 55—57), hätte für's Reich Gottes zunächst den Offenb. 20, 3 angegebenen glorreichen Erfolg, nämlich daß der Satan aufhörte, der bis dahin so glückliche Antimissionär der armen verführten Heidenwelt zu sein, wie er damit, daß alle Reiche der Welt und ihre Herrlichkeit ihm gehörten, sogar vor Christo bei der Versuchung prahlte (Matth. 4, 8) und leider Grund genug dazu hatte. Jetzt aber, seit der Sohn Gottes als der Missionär Gottes, ja Gott selbst in Christo erschienen war, da vermehrte sich das Volk Gottes durch bekehrte und erlöste Heiden, da konnte der Satan die Heiden nicht mehr verführen und verderben, wie er wollte. Und wie viel wirkt das Christenthum ungesehen als Sauerteig in den Massen der noch unbekehrten Heiden! Muß uns nicht das ganze Herz froh werden und in Pauli Lobpsalm ausbrechen 1. Kor. 15, 55—57, wenn wir an diesen Erfolg vom Binden und Besiegen des Satans denken, aus der Kirchengeschichte

3. Inhalt des Buches.

und aus Missionsberichten fort und fort davon hören, vorausgesetzt, daß wir selbst ganz dem Satan entsagt haben und auf Seiten unsers Herrn Jesu Christi stehen. Wie stehts?

Kap. 20, 7—15 bringt die Nachtseite vom Weltende, den letzten Sturm gegen das Reich Gottes durch den Gog und Magog und das letzte Gericht. Kap. 21 bringt die Tagseite, die aber natürlicherweise jene überragt, weil das neue Jerusalem, das Johannes schaute, das ist die Kirche oder Gemeinde des Herrn, die sich immer mehr completirende und doch auch allzeit schon fertige Kirche des Herrn, als herrliches Resultat der Siege des Herrn schon seit Johannis Zeiten da war und bleiben wird, eine Abspiegelung des ewigen himmlischen Jerusalems. Beides existirt wahrhaftig, kann aber nur im Glauben erkannt werden. Die Kirche des Herrn, oder das neue Jerusalem ist=herrlich, aber es ist „sichtbar unsichtbar." Um die Herrlichkeit zu erkennen, dazu gehört geistliche Sehkraft. (1. Kor. 2, 14. Joh. 9, 39—41. Joh. 1, 14. Jes. 53, 2. 3); diese Sehkraft gewährt der heilige Geist, dem Einen durch den Glauben, dem Andern durch Glauben und Erfahrung, einem Andern durch Ekstase oder Vision, wie beim heiligen Johannes. Unser theure Dr. Luther hatte auch diese Sehkraft, denn er glaubte und hielt fest an der Herrlichkeit der Kirche Christi, obwohl sie zu seiner Zeit namentlich durch die päpstliche Hierarchie äußerlich so sehr entstellt worden war. Mit fleischlichen Augen sieht man in der Christenheit nur elende Christen, oder widrige Menschen, in ihren kirchlichen Religionsurkunden nur unvollkommene, langweilige, oder gar elende Schriften, in ihren Religionsgebräuchen Liebhabereien, oder gar „Tändeleien," in ihren Hoffnungen Aberglauben, in den Siegen der Mission Nachtheil für die Menschheit u. s. w. Jedoch, der das A und O ist und bleibt, der lebt noch und dieser spricht: Ich will zu nichte machen die Weisheit der Weisen und den Verstand der Verständigen will ich verwerfen. Und hat nicht Gott die Weisheit dieser Welt zur Thorheit gemacht? 1. Kor. 1, 19. 20. Wo ist Täuschung und wo nicht? Bei Jenen finden wir Abfall vom Glauben, und, trotz Selbstweisheit und Hochmuth, Lasterknechtschaft und schließlich Verzweiflung und Selbstmord; diese jubeln mit der Kirche des Herrn und singen: Eine feste Burg ist unser Gott u. s. w.

Johannes schaut im Geiste die sieghafte und herrliche Kirche des Herrn, wie schon gesagt, in dreifacher Vision; als Gemeinde Kap. 21, 2, als Heilsanstalt Kap. 21, 3—27, und als Lebensquell Kap. 22, 1—5.

Wenn wir bei jedem an uns gerichteten lieben und wichtigen Briefe mit besonderem Interesse auf die Schlußworte achten und vermuthen und gewahren, daß in die letzten Worte noch ein besonderer Nachdruck, Fleiß und Liebe hineingelegt ist, so darf es sich bei den letzten Worten der Apokalypse und der ganzen heil. Schrift nicht anders verhalten. Welcher Mensch vermöchte auch in der That einen schöneren Schluß des Ganzen zu schreiben, als er sich hier von Kap. 22, 6 an findet? V. 6—9 vermitteln zugleich zur Abrundung eine Anknüpfung des Endes an den Anfang und Hauptinhalt der ganzen Bibel, durch das Wort des Engels: „Bete Gott an," Gott allein, den Ursprung aller guten Dinge und allen wahren Trostes. V. 10—16 enthalten die letzte in der Bibel erwähnte Vision. V. 10—15 enthalten die letzte sehr ernste Bußpredigt Christi in der Bibel mit beigegebenen evangelischen Tröstungen. V. 12 und 13 wiederholen noch einmal das Thema. V. 14 und 15 beschreiben zum Locken das Drinnen bei Christo und zur Warnung das Draußen. V. 16 fügt der Herr selbst der Offenbarung Johannis den Schlußvers hinzu und giebt in ihm zugleich dem geistlichen Hirtenamte einen Wink, bezüglich dieser Offenbarung und seiner selbst als des einzigen rechten Morgensternes. So ist dieser Schlußvers ähnlich dem 1. V. im 1. Kap. V. 17 enthält den Wiederhall, welchen die Offenbarung Johannis in unsern Herzen zurücklassen soll. V. 18 und 19 enthalten Warnungen vor Fälschung und Verstümmelung der wahren christlichen Weissagung. V. 20 giebt ein liturgisches Responsorium zwischen Christo dem Oberbischofe unserer Seelen und Oberliturgen und Priester und seiner erlösten, gläubigen, kampfesmuthigen und siegesfreudigen Menschenseele und Gemeinde; Liturgus: Ja, ich komme bald. Amen. Antwort: Ja, komm, Herr Jesu. — Der letzte Vers enthält einen apostolischen Gruß zum Schlusse der Offenbarung als eines Sendschreibens von Gott und zugleich zum Schlusse der Bibel als eines Briefes von Gott, unserem himmlischen Vater in Christo.

9. Zweck der Offenbarung Johannis.

Im Allgemeinen war der Zweck des Buches Weissagung im Sinne, wie Par. 4 oben angegeben worden. „Dies Buch hat es nirgends mit einzelnen menschlichen Individuen zu thun, es legt überall die Zukunft nur in ihren allgemeinen Umrissen dar. Es ist ein Fehler, wenn die Erfüllung in solchem gesucht wird, was nur als einzelne Erfüllung betrachtet werden kann, statt zu erkennen, daß wir der Sache nach eine ganze Gattung vor uns haben. Der Zweck des Buches ist ein durchaus praktischer. Darauf weist gleich der Eingang hin 1, 1—3. Die Stellung, die jeder zum Inhalte des Buches nimmt, entscheidet über die Seligkeit und Verdammniß. 22, 18. 19. Der Zweck des Evangeliums Johannis ist, (nach Ev. 20, 31) zum Glauben und dadurch zum Leben zu führen. Der Zweck der Apokalypse ist, den Gefahren zu begegnen, welche dem Gläubigen und somit dem Leben drohen. Sie giebt nach Kap. 21, 7 Anweisung zu überwinden. Vor wem die Nöthe und Aengste der Zukunft aufgedeckt liegen, dem muß auch das Streben einwohnen, in ihnen Rath und Trost zu geben. Wäre blos auf die ersten Leser gerechnet, so hätte es auch ziemlich fern gelegen, in der Verkündigung der Zukunft so in's Detail einzugehen, so Manches mitzutheilen, dessen volles Verständniß erst durch die Erfüllung bedingt war."

Die Offenbarung Johannis will Allen, den Gläubigen und Ungläubigen sein eine Bußpredigt. Sie wiederholt deutlich und eindringlich genug den Weckruf Christi und seines Vorläufers: „Thut Buße, denn das Himmelreich ist nahe herbeigekommen." Diese Weckrufe zur Buße finden sich in diesem Buche der heil. Schrift theils direkt, theils in Bildern, namentlich in der Vision der sieben Posaunen. Die Offenbarung will auch sein eine evangelische Trost-

9. Zweck der Offenbarung Johannis.

predigt für die Gläubigen, um sie zu stärken und fähig zu machen, den Blick von der den Sündenfluch tragenden Erde zu erheben zu dem durch Christum wiedererworbenen Paradiese, mit geistlich sehendem Auge Etwas davon schauen zu können, namentlich in der Kirche des Herrn als in dem Vorhofe dieses zweiten Paradieses. Da die Kirche ihn, den Herrn selbst nach seiner Verheißung Matth. 28, 20 fort und fort bei sich hat, so birgt sie in ihrer irdischen Knechts- oder Magdgestalt auch eine gewisse Herrlichkeit, die auch vom schrecklichsten Antichrist nie zu vertilgen ist und welche, wenn des Vaters „Zeit und Stunde" da ist (Ap.-Gesch. 1, 6—8) je und je in ihrer Eigenthümlichkeit, z. B. in der leidend triumphirenden Zeugenschaft auch vor der Welt zur Erscheinung kommt und welche die darüber wüthige Welt unschuldiger Weise zugleich richtet. Es ist dies eine unsichtbar-sichtbare Herrlichkeit der Kirche, die von geistlich sehenden Augen (1. Kor. 2, 14. 15) zu jeder Zeit erkannt, geschaut, wahrgenommen wird und zu Zeiten im christlich-gläubigen Herzen auch empfunden und genossen wird.

Der Zweck der Offenbarung Johannis ist also bei uns erreicht, wenn wir durch ihre Beihülfe an den Drangsalen der Kirche, wie an ihrer verborgenen Herrlichkeit, wie an der Verfolgung Christi, so auch an seinem Siege, wenn wir am Beschützer, am Segen und am Heile der Kirche Antheil haben, wenn wir im Geiste nicht blos Theil daran nehmen, sondern auch Antheil haben. Dazu bedarf es nicht erst eines besonderen irdischen Siegs- und Freudenreiches Christi, das erst kommen sollte. Es giebt nach der Offenbarung Johannis vielmehr jetzt schon für jeden gläubigen Christen trotz Angst, Kampf und Noth solche beseligende Wahrnehmungen und Erfahrungen und, wenn des Vaters „Zeit und Stunde" da ist, auch Empfindungen, die in jenen alten Psalmen ihren Ausdruck finden, nämlich im 80., 2. und 118. Psalme, oder in neuen Psalmen, wie im Lutherliede: Ein' feste Burg ist unser Gott, oder in jenen Worten: Der Herr ist näh' und nimmer nicht von seinem Volk geschieden. Er bleibt der Seinen Zuversicht, ihr Segen, Heil und Frieden. Mit Mutterhänden leitet er die Seinen stetig hin und her. Gebt unserm Gott die Ehre! Wie bin ich doch so herzlich froh, daß mein Schatz ist das A und O, der Anfang und das Ende. Er wird mich doch zu seinem Preis aufnehmen in das Paradeis, deß klopf' ich in die Hände. Amen, Amen. Komm du schöne Freudenkrone, bleib' nicht lange, deiner wart' ich mit Verlangen.

Und wenn wir nun so hienieden schon, selbst als Märthrer, in dem Herrn „Leben und volle Genüge" (Joh. 10, 11) haben, und wir haben einst überwunden, haben jene Freudenkrone erlangt und bereits die „weißen Kleider" (Offenb. 7, 13—17), so würde sich das tausendjährige irdische Freudenreich, in das wir nachmals hinab müßten, vor jener Herrlichkeit um und um doch nur als eine gewisse störende Versetzung, wo nicht als Degradation ausnehmen. Nicht wieder hinab, sondern ewig „himmelan geht unsere Bahn," wenn wir einmal mit Christo auferstanden sind und fortan suchen, was wir sollen, „was droben ist." Kol. 3, 1.

10. **Die größere Zuneigung zu diesem Buche der heil. Schrift, welche sich in neuerer Zeit kund giebt.**

Früher war die Abneigung gegen dieses Buch wegen seiner Dunkelheiten bei Vielen so groß, daß man sogar seinen kanonischen Ursprung vom heiligen Geiste bezweifelte. Jetzt, wo der Herr der Kirche selber auf mehrfachen Wegen mehr Licht in diese Dunkelheiten hat fallen lassen und wo man namentlich den praktischen Werth des Buches und das Buch als ein herrliches Trostbuch erkannt hat, wird es nur wenige Theologen geben, welche noch über die kanonische Würde des Buches Zweifel hegen. Je mehr die Kirche Christi zu unserer Zeit vom anrückenden Antichrist zu leiden und von der unter dem Namen Republik und Majoritätenherrschaft sich einschmuggelnden Pöbelherrschaft zu fürchten hat, je mehr die Kirche gewahr wird, daß sie nach der Lehre der sieben Sendschreiben Ursache hat, Buße zu thun; je mehr die einzelnen Gläubigen und Treuen an und in sich selbst Ursache finden, über langsamen Fortbau des Reiches Gottes im eigenen Herzen und Leben Leid zu tragen und über das noch „Sünde haben" mit dem heil. Johannes (1 Joh. 1, 8) sich zu grämen; desto mehr wird dieses Trostbuch, das Johannes uns hinterlassen hat und zu hinterlassen gewürdigt war, aufgeschlagen und benutzt werden. Welchen Traurigen, wenn nicht diesen gilt jenes Wort Kapitel 5, 5: „Weine nicht, siehe, es hat überwunden der Löwe, der da ist vom Geschlechte Juda?" Matth. 5, 4.

Ein Theologe, welcher unter gegenwärtigen Umständen in der Welt- und Kirchengeschichte und bei den vorhandenen trüben Aussichten auf den Antichrist, aus Liebe zur höheren und niederen Kritik bezüglich der biblischen Bücher, wenn auch angeblich blos aus Wahrheitsliebe, erst dann in die Rüstkammer der Apokalypse sich begeben und in Reihe und Glied mit den anderen Treuen sich einfinden will, wenn er mit seiner Aufgabe mathematisch genau zu Stande ist, der gleicht jenem Archimedes, der über seinem interessanten schweren Exempel fortbrütete, als die Feinde schon über die Stadtmauern stiegen.

Wenn endlich hier und da Prediger und Seelsorger sind, die selbst an dieser Rüstkammer vorübergehen, da ist kein Wunder, wenn auch noch Andern verborgen bleibt, welchen Schatz wir in der Offenbarung Johannis haben.

Laßt euch Jerusalem im Herzen sein, ihr Christen! (Jer. 51, 50) den Zustand der Kirche, ihren Nothstand äußerlich, ja ihren Jammerstand hier und da, die Zunahme des Unglaubens, der Frechheit, der Bosheit, der Laster, der Verbrecher, der Zucht- und Strafhäuser, der Selbstmörder inmitten der Christenheit, ja die Zunahme der Finsterniß neben einzelnen heller werdenden Lichtpartieen, verschließt eure Augen nicht vor den ungeheuerlichen Massen und Reihen, die laut mit einstimmen in das Begehren, daß hinfüro Stimmenmehrheit auch in allen kirchlichen Dingen entscheiden soll, doch gewiß zum großen Theile hinter dem Höllischen, ob auch gebundenen Goliath kampfbereit stehen, seid überzeugt, daß vor ihm her auch sein geheimer Vortrab bereits schwärmt, in der Gestalt eurer Schwächen, eurer sündlichen Gedanken, eurer schlechten

10. Die größere Zuneigung zu diesem Buche der heil. Schrift ⁊c. 27

Beweggründe zu manchem äußern Thun und Lassen, eurer sündlichen Gefühle und Affekte, und die Offenbarung Johannis wird euch eine nothwendige Bußpredigt und ein wahres Trostbuch sein von dem, der euch durch diese Schrift zuruft: „Kommet her zu mir alle, die ihr mühselig und beladen seid, ich will euch erquicken."

Daher sagt ein Ausleger: „Die Offenbarung ist von Einem geschrieben, der gelitten hat und kann nur von solchen verstanden werden, die selbst leiden."

Möchten nur alle, welche sich zur Erforschung und Ausbeutung der Offenbarung Johannis im christlichen Sinne hingezogen fühlen, dabei vor Einseitigkeit, oder Schiefheit der Geistesrichtung und vor Schwärmgeisterei bewahrt bleiben, was zu hoffen ist, wenn die Par. 2 genannten Hülfsmittel gehörig benutzt werden. Des rechten Wegs verfehlen würde aber, wer den Flug des Erkennens hier, so zu sagen, auf eigenen Schwingen versuchen, oder fortsetzen wollte. Er würde sehr bald über das vorhandene und mögliche Licht hinaus in das Dunkel des ungezähmten eigenen Ausgrübelns der Zukunft gerathen. Zu diesem Grübeln gehört auch durchaus die vermeintlich aus der Offenbarung geschöpfte Berechnung des jüngsten Tages. Solches Wagniß von Seiten des Menschen wollte weder die heil. Schrift im Allgemeinen, noch die Apokalypse insonderheit veranlassen. Es ist auch damit der Ehre der Wahrheit und der Kirche mehr geschadet als genützt worden. Man respektire doch, was 2 Petri 3, 10 gesagt ist, ingleichen Luc. 12, 35 ff. — In unseren Tagen haben sich manche gläubigen Freunde der Offenbarung statt dessen einem anderen bedenklichen Gedankenfluge hingegeben. — Wohl sieht mancher biblische Prophetie, d. h. Vorausbestimmung der Zukunft, noch ihrer Erfüllung entgegen und uns geziemt, diese, gleich den schon erfüllten weissagenden Stellen, mit gläubiger Ehrfurcht hinzunehmen. Aber es wäre eine zu sehr am Buchstaben haltende, mißverstehende, schiefe Verehrung oder auch unserem Dafürhalten noch unerfüllter Prophetieen, wenn wir uns wollten durch die Apokalypse und andere biblische Weissagungen in judaisirende goldene Träume von der Zukunft einwiegen lassen. Viele ehrliche Christen, selbst unter Theologen, neigen sich dahin und rechnen noch auf eine besondere künftige Glorie des noch vorhandenen Judenvolkes auf Erden nach seiner gänzlichen Bekehrung zu Christo, während aus Apokal. 11, 2 eher das Gegentheil gefolgert werden könnte. Manche glauben aber, das gelobte Land werde einst den Juden nach ihrer Bekehrung wieder zu Theil werden mit der neuen christlichen Hauptstadt Jerusalem, mit einem neuen christlichen Haupttempel und mit verchristlichtem, alttestamentlich-normalen Gottesdienste und Opferkultus. — Die Juden würden dann wieder das wahre Volk Gottes darstellen und das übrige Christenvolk ihrer Oberherrlichkeit gegenüber nur eine Gemeinde von Proselyten, oder von Gästen und Fremdlingen, doch desselben Glaubens an Christum. In solchen Erwartungen und Deutungen apokalyptischer Prophetieen liegt etwas Extremes und Einseitiges, ja Widerspruch gegen andere Stellen der heil. Schrift, wie Luk. 24, 47, Galat. 3, 28, Eph. 2, 19—22. Allerdings giebt es eine merkwürdige ausführliche Prophetie im alten Testamente, welche jener judaisirenden Hoffnung ganz zu entsprechen scheint,

das ist die kolossale Vision vom neuen Tempel und vom neuen Cultus
zu Jerusalem, die in den letzten neun Kapiteln beim Propheten Hesekiel
sich findet. Diese lange Prophetie kann freilich nicht umsonst in einem
kanonischen Buche der heil. Schrift stehen. Wenn aber die Heilsoffenbarung Gottes im Großen im ganzen alten Bunde, wie jeder Christ
weiß, auf typischem, oder vorbildlichem Pfade sich bewegt und den
Menschen sich genähert hat, wenn der heilige Geist durch den Propheten
dort etwas sehr Großes und Wichtiges bildlich weissagen und beschreiben
wollte, so reuete es ihn nicht, neun ganze Kapitel auf eine prophetische
Allegorie verwenden zu lassen. Manche Ausleger glauben, jener visionäre
Tempel und Cultus habe einstweilen den Juden in der babylonischen
Gefangenschaft den verlorenen und zerstörten Tempel in Jerusalem im
Geiste ersetzen sollen. Diese Deutung ist nicht zu verwerfen, aber der
eigentliche Sinn jener langen Prophetie ist gewiß ein viel tieferer. Wie
der Prophet zu Anfange seines Buches uns beschreibt die Visionen, in
denen er die Herrlichkeit Gottes geschaut hatte, so weit ein Mensch, ein
heiliger Seher sie schauen kann, so beschreibt er zu Ende seines Buches
in den Visionen vom neuen Tempel die Herrlichkeit der Kirche des neuen
Bundes, ja dadurch die Herrlichkeit ihres Stifters, des Sohnes Gottes
indirekt. Christus selbst vergleicht sich Joh. 2, 19 mit dem Tempel;
ingleichen heißt es Offenbarung 21, 22: „Und ich sahe keinen Tempel
darinnen, denn der Herr, der allmächtige Gott ist ihr Tempel und das
Lamm." Und wie Johannes in der Offenbarung im 21. Kapitel in der
Vision vom neuen Jerusalem uns einen ähnlichen Bauriß desselben liefert,
ohne daß wir eine buchstäbliche Verwirklichung des Bildes erwarten,
sondern eine allegorisch-geistliche, ebenso konnte auch der Prophet Hesekiel
in der Ekstase über das künftige neue herrlichere Gebäude einen solchen,
oder noch größeren Wortreichthum entwickeln, und doch ist Alles nur
Bild oder Typus. So findet man ja in der That jene ausführlichen
Angaben zum Baurisse des neuen Tempels auch allegorisch ausgeführt,
oder in der Realisirung begriffen in dem Reiche Jesu Christi, in den so
mannigfachen verchristlichten Abtheilungen und Verhältnissen der Menschenwelt. Diese Deutung entspricht folgenden Stellen der heil. Schrift: Joh.
4, 19—24, Eph. 2, 21, 1. Petri 2, 5, Offenb. 21, 24, Jes. 2, 2, Micha
4, 1—4, Sach. 14, 16—21. Eine buchstäblich genaue Erfüllung dieser
alttestamentlichen Stellen ist ja physisch und absolut unmöglich. Die
Erfüllung ist auf geistlichem Gebiete zu suchen und, Gott Lob, bereits
längst eingetreten und wird fortgehen, bis der geistliche Tempelbau
Christi wird zu Stande gebracht sein. Vergl. Hes. 43, 10, 47, 2—12,
Offenb. 22, 1—5, Hes. 48, 35. Auch Hos. 3, 4. 5 steht nichts von
einem neuen Tempel in Jerusalem. — Hes. 47 zeigt übrigens doch zu
deutlich, daß die Kapitel vom neuen Tempel allegorisch zu nehmen sind.
Gegen jene Wiederherstellung spricht zu deutlich Jer. 3, 16. 17.

So gewiß es einerseits ist, daß nach Gottes Barmherzigkeit und
Treue dem Israel nach dem Fleische immer noch der Eintritt in's Israel
Gottes, oder in's Israel nach dem Geiste (Gal. 6, 16) offen steht, denn
Gottes Gaben und Berufung mögen ihn nicht gereuen (Röm. 11, 29),
eben so gewiß ist es nach der Lehre des Herrn, seiner Apostel und seiner

Kirche, daß dem Christenthume nicht eine einstige Verwandlung in ein christliches Judenthum bevorsteht und daß die Zukunft der Kirche nicht etwa in einem neuen irdischen Jerusalem und daselbst im jüdisch=christlich erneuerten Tempel= und Opferdienste zur Blüthe kommen wird, sondern in andern geistlicheren himmlischen Dingen. „Hin ist hin!" Was von Israel den gekreuzigten, von ihren eigenen Propheten ihnen bezeugten Christus verworfen hat, ist verworfen. Und was vom abgöttischen Rom, oder sonst unter abgöttischen Christen den biblischen Christus verwirft, es sei aus Aberglauben, oder Unglauben, wird auch verworfen werden. Darum, o Mensch, verwirre dich nicht weder in dogmatische, noch in abgöttische Träume, etwa mit Berufung auf deine Vernunft, denn auch den Allervernünftigsten unter uns träumen manchmal eine Weile närrische Dinge, noch mit Berufung auf den Buchstaben prophetischer, oder dunkler Bibelstellen. Suche nur für's Erste nicht Träume! Matth. 11, 16. 17, Eph. 5, 14. Suche Jesum, deinen Erlöser, Versöhner und Seligmacher und sein Licht, alles Andere hilft dir nicht!

11. Johannes, der Theologe.

So heißt der Verfasser unseres Buches in der Ueberschrift. Man vermuthet, daß, da der erste Vers schon einer Ueberschrift ganz ähnlich ist, jene kürzere: „Die Offenbarung Sct. Johannes des Theologen," später erst hinzugekommen. Wenigstens ist anzunehmen, daß diese Ueberschrift nach den ersten Worten des ersten Verses zu verstehen ist, wo die Offenbarung eine Offenbarung Jesu Christi genannt wird, also nicht so, als ob Johannes etwas habe offenbaren wollen, sondern Jesus Christus durch den Johannes.

Den Beinamen des Theologen erhielt Johannes bei den Kirchenvätern als derjenige Evangelist, dessen Evangelium im Vergleich zu den drei anderen Evangelien einen noch geistigeren Charakter hat, wegen des tieferen Blickes in die Gottheit Christi und in die Tiefen Gottes und seiner ewigen Liebe überhaupt.

Hier soll dieser Beiname zugleich versichern, daß dies Buch keinen anderen Johannes zum Verfasser hat, als Johannes den Evangelisten. Viele hat es gegeben, die dies bezweifelten. Was wäre wohl nicht alles in der Welt von Zweiflern bezweifelt und benagt worden. Die redlichen Zweifler, die lieber glauben als zweifeln wollen, beugen sich endlich wie der Apostel Thomas vor der Wahrheit und vor Christo, dem Könige der Wahrheit. Obgleich viele Kritiker sich förmlich bemüht haben, Andere von der Unechtheit der johanneischen Schriften zu überzeugen, als ob sie nicht von Johannes dem Apostel geschrieben wären, so ist es ihnen doch nicht so gelungen, wie sie es vielleicht bezweckten, sondern es giebt heutigen Tages genug Gottesgelehrte, welche den wahren Apostel Johannis in allen seinen biblischen Schriften wiederfinden und noch dazu einen schönen Zusammenhang und Einklang zwischen Evangelium, den Briefen und der Offenbarung. Im Allgemeinen kann man sagen, daß das Evangelium mehr auf Erweckung des Glaubens, die Briefe Johannis mehr auf Belebung der Liebe und die Offenbarung mehr auf Stärkung der Hoffnung angelegt sind. Vergl. Ev. Joh. 20, 30. 31. 1. Joh. 1, 4. 5. 2, 9. 10. Offenb. 1, 7. 8.

Daß eine gewisse Verschiedenheit in der Sprache und Ausdrucksweise in den Schriften Johannis vorkommen, darf uns gar nicht auffallen, da ja doch eine Reihe von Jahren zwischen den einzelnen Abfassungen verflossen waren, wo schon der äußere Standpunkt des Apostels sich geändert hatte. Bei der Offenbarung ist die Sprache weniger gut griechisch, wie bei dem Evangelio und bei den Briefen und es wäre auffällig, wenn dem nicht so wäre. „Die Schrift eines früheren galiläischen Fischers, die von seinen Ekstasen herrührte, mußte mehr in dem Kolorit der alten vaterländischen Prophetieen des alten Testamentes erscheinen und kümmerte sich weniger um eine gute griechische Ausdrucksweise." Dieser Umstand ist gerade ein Zeugniß für die Wirklichkeit der angegebenen Ekstasen.

Gottes Weltplan ist Mittheilung der Seligkeit. Dies ist auch Absicht Christi, seines Sohnes, Absicht seiner Kirche daheim, wie bei den Heiden durch die Mission, auch Absicht seiner rechten Diener am Worte und Ausleger seines Wortes. Diese Absicht spiegelt sich in den dreierlei Schriften unseres Johannes ab. Sogar, was Einige dem Evangelio zufolge in der Offenbarung vermißt haben, findet sich dennoch darin und so auch umgekehrt. Z. B.: „Wie das Evangelium, so kennt auch die Offenbarung ein doppeltes Gericht der Sünde; a) im Innern des Menschen, Joh. 3, 18. 19. Offenb. 3, 1. 18; b) am jüngsten Tage, Joh. 5, 28. 29. 6, 40. 12, 48. 1. Joh. 4, 15. Ferner vom geistigen Siegen Christi redet die Offenbarung 17, 14. Vom äußeren Siegen Ev. Joh. 16, 33. 1. Joh. 5, 4. Manche haben gesagt, das Evangelium kenne nur geistige Siege, die Offenbarung nur äußere. Ebenso finden sich im Evangelio die von Einigen vermißten Andeutungen einer sichtbaren Vergeltung des Guten und Bösen Ev. Joh. 5, 14. 8, 21. 24. 34. 35. Wiederum stellt auch die Offenbarung den Versöhnungstod Jesu eben so hoch wie das Evangelium, z. B. Offenb. 5, 13. 7, 14. 14, 1. 12, 11. Und das Evangelium Johannis redet von Jesu Siegsgewalt eben so gut wie die Offenbarung, z. B. Ev. 1, 50. 2, 19. 18, 36. 37. Endlich kennen auch beide Schriften eine doppelte Seligkeit der Gläubigen, eine innere im Menschen schon diesseits und eine auch äußerliche jenseits des Grabes. Manche behaupten, das Evangelium rede nur von einer rein innerlich bedingten Seligkeit, die Offenbarung von einer äußerlich bedingten. Aber so lange es bußfertige gläubige Christen geben wird, die auch noch Sünde haben (Röm. 7. 1. Joh. 1.), so lange wird hienieden Niemand die volle Seligkeit als eine innere besitzen und eine solche hat auch Johannis nicht gehabt, noch hat er sie im Evangelio verkündigen und mittheilen wollen. Joh. 16. Dagegen stellt auch die Offenbarung Johannis die mögliche diesseitige Seligkeit hoch, z. B. 7, 14. 12, 11. 1, 5. 6. 5, 10. 3, 20."

Bezüglich der Form haben die johanneischen Schriften auch insofern alle eine bemerkenswerthe Aehnlichkeit, als in allen eine gewisse tabloartige Abwechselung der Abschnitte vorkommt.

Dafür, daß der Verfasser der Apokalypse der wahre und richtige Johannes der Evangelist und Apostel gewesen sei, spricht noch ein äußerst wichtiger Umstand." Im Evangelio Johannes hatte der Herr vor seinen Aposteln dem Johannes indirekt, aber deutlich zugesagt, daß er die andern Apostel überleben und bleiben solle, bis er, der Herr, kommen werde. Kap. 21, 20—22. Dies Wort, diese Verheißung lebte und tönte in der Seele des Apostels fort. Er wußte gewiß, daß der Herr diese seine Verheißung auf eine zweifache Weise realisiren konnte: einmal durch sein Kommen zum letzten Gerichte der Welt, dann auch, wenn er so wollte, durch ein Kommen in vorläufigen Weltgerichten. Nun war ein solches vorläufiges Gericht bereits erfolgt durch die Zerstörung Jerusalems und das Weltende kam noch nicht, obgleich die Christen aller Zeiten auf den Eintritt des jüngsten Tages nach Christi Gebot (Matth. 24, 42) jederzeit gefaßt sein sollen. Johannes und viele Christen hatten dieses Gericht über die Juden überlebt und zugleich neue trübe Aussichten für's Reich Jesu äußerlich erlebt. Es war also schon die Fortdauer seines irdischen Daseins dem Johannes eine stete Bürgschaft dafür, der Herr wird kommen, er wird noch stärker kommen als über die Juden. Johannes der Täufer frug Jesum: „Bist du, der da kommen soll?" Jesus verwies ihn auf frühere Data. Johannes der Evangelist frug auch Jesum im Geiste: „Bist du noch, der da kommen soll nach der mir gethanen Zusage?" Auch jeder bekümmerte gläubige Christ hat dieselbe Frage an seinen Heiland auf seinem Herzen. Wie gnadenreich hat Jesus sein Wort dem Johannes erfüllt, er zeigt ihm in Visionen nicht nur sein ganzes und stetes vorläufiges Kommen zum Segen wie zum Gerichte, sondern auch sein letztes Kommen zum letzten Gericht und so war denn diese Offenbarung Jesu Christi auch eigentlich ein Kommen des Herrn zu Johannes. — Somit war nun die gläubige, harrende Seele des Apostels himmlisch getröstet und mehr als befriedigt, daß er nun wie einst der greise Simon sagen konnte: „Herr, nun lässest du deinen Diener in Frieden fahren, denn meine Augen haben den kommenden Heiland gesehen." Daher ist die Offenbarung Johannis augenscheinlich eine nothwendige Ergänzung des Evangeliums wegen Joh. 21, 20—22. Sie ist die Erfüllung einer von Christo dem Johannes und in Johannes der ganzen Welt gethanen Weissagung und Zusage und folglich zugleich für alle um die Zukunft der Kirche bangenden Christen ein köstliches Trostbuch, eine zur Buße und zum Troste gegebene Offenbarung.

So sind denn die Worte Jesu: „Siehe, ich komme bald und mein Lohn mit mir!" von Johannes durchaus nicht ausschließlich von seinem letzten Kommen zum Weltgericht verstanden worden. Wenn Johannes den Herrn nennt das A und O, den Erchomenos, so kannte er ein Kommen des Herrn in einem gar anderen Maßstabe. Die Kirche des Herrn stimmt in dieser Beziehung ganz mit Johannes und mit der Apokalypse, denn sie feiert alljährlich die heilige Adventszeit zu Ehren dieses von der Apokalypse gemeinten vorläufigen Kommens des Herrn und erfreut sich da auch eines neuen vorläufigen Kommens des Herrn in's Herz der Gläubigen, in den Schooß christlicher Familien, in die Welt, wie nachher besonders in den lieben heiligen Weihnachtstagen sich solches ja offenbart. Christen, fahret fort, mit einem Johannesherzen auf das Kommen des Herrn zu warten und zu bauen, d. h. so, daß die Spötter von euch keine Ursache bekommen zu sagen: „Wo bleibt die Verheißung seiner Zukunft?" 2. Petri 3, 3. 4. Der Aufschub des jüngsten Tages findet im 7. Kapitel der Offenbarung seine Erklärung.

12. Zeit der Abfassung.

Die richtigste Annahme dürfte sein, daß das Buch um's Jahr 95 nach Christi Geburt verfaßt worden ist. Viele setzen die Abfassung in eine frühere Zeit. — Namentlich weil im 11. Kapitel der Tempel zu Jerusalem erwähnt wird, V. 1 und 2, so schließen Manche daraus, dieser Tempel müsse noch gestanden haben und die Zerstörung Jerusalems (70 n. Chr.) sei noch nicht vorüber gewesen. Allein in einer Vision konnte der bereits zerstörte Tempel dem Johannes wohl noch als stehend vor die Augen treten und dann ist auch der im 21. Kapitel vorkommende Name „das neue Jerusalem" ein Grund mehr zu der Annahme, daß das alte Jerusalem schon dahin war. Ueberhaupt wäre es zweideutig gewesen, die Kirche Christi Zion, oder Jerusalem zu nennen, wie Johannes in der Apokalypse thut, wenn das jüdische Zion und Jerusalem nicht zerstört war. Da hätten viele Christen erwarten können, Christi sichtbare Wiederkunft werde sich mit der Zerstörung verbinden. In der Offenbarung findet sich aber keine Spur dieser speziellen Annahme. — Vielmehr, „wenn man das Bild nimmt, welches das 20. Kapitel der Apostel-Geschichte und der Brief Pauli an die Epheser uns gewähren, wo alles in der Gemeinde zu Ephesus ziemlich normal aussieht und wenn man dieses Bild vergleicht mit dem, welches uns das Sendschreiben an diese Gemeinde Offenbarung 2 gewährt, so ergiebt sich aus dieser Vergleichung, daß ein längerer Zeitraum zwischen Pauli Abschiede und der Abfassung der Apokalypse verflossen war, weil in einem kürzeren Zeitraume eine solche Verschlechterung der Gemeinde wohl nicht hätte eintreten können," wie Offenb. 2, 4. 5 sich angedeutet findet.

Die Vision des rothen Thieres mit dem Namen der Lästerungen paßt unter andern am meisten auf den römischen Kaiser Domitian. In ihm verkörperte sich die Gotteslästerung und der Antichrist, weil er als Gott angebetet sein wollte und das Christenthum auszurotten versuchte. Domitianus regierte vom Jahre 81 bis zum Jahre 96, wo dieser Wütherich, am 18. September auf seinem Zimmer überfallen, dahinsank, durchbohrt von den Dolchstichen derer, die vorhin Diener seiner Abscheulichkeiten gewesen waren. Das gefährlichste Jahr für die Christen unter diesem Kaiser war das Jahr 95, wo viele Christen den Märtyrertod erlitten haben.

13. Geschichte der Auslegung dieses Buches im kurzen Ueberblicke.

In der Offenbarung Johannis wird geweissagt, daß das Reich Christi auf Erden nicht als ein Reich von dieser Welt, sondern als ein Reich der Wahrheit, d. h. der wahren Glückseligkeit für die erlöste

13. Geschichte der Auslegung dieses Buches ꝛc.

Menschheit wird aufgerichtet werden, wird herrlich sein und sieghaft sich erweisen. Auch bei denen, die solches erleben, gehört immer das geistlich sehende Auge, das Auge des Glaubens dazu, um solches im Ganzen wahrzunehmen und je und je auch selig zu empfinden. Im Anfange, als nach der Apostelzeit das Häuflein Christi noch klein war und von der Herrlichkeit des Reiches Christi außer dem seligen Märtyrerthum wenig in die Augen fiel, da schaute das Auge des Glaubens durch das Fernglas der Hoffnung in die Zukunft und rechnete mit Bestimmtheit darauf, die beste Erfüllung jener Verheißung von der Reichsaufrichtung Christi liege im Schooße der Zukunft. So hofften und lehrten die lieben Kirchenväter nach der Apostelzeit im ersten, zweiten und dritten Jahrhunderte. Diese ihre Erwartung ist nun auch im Laufe der Zeit unter dem Schutze und dem Segen des guten Hirten, der das A und O ist, nach Außen in Erfüllung gegangen. Manches davon haben wir in unsern Tagen erlebt, als z. B. daß fast alle größeren irdischen nichtchristlichen Machthaber gleichsam unter die Vormundschaft der christlichen Großmächte gerathen sind. Heidnische und sogar muhamedanische Fürsten haben die Beschützung des Christenthums in ihren Ländern übernehmen müssen. — So müssen auch auf diese Weise die Reiche der Welt dem Satan abgenommen und „unseres Herrn und seines Christus werden." Offenb. 11, 15. Daneben hat die geistlich vermittelte Ausbreitung des Reiches Jesu durch die Mission ihren, im Ganzen ungestörten, gesegneten Fortgang. — Freilich das tausendjährige irdische Macht- und Freudenreich Christi, welches einige der Kirchenväter aus Mißverständniß der Stelle Offenb. 20, 1—6 auch von der Zukunft erwarteten und sich höchst verschieden dachten und ausmalten, ist nicht gekommen. Jene Stelle bringt aber, wie aus der Disposition der Apokalypse hervorgeht, nicht eine Endweissagung von der späten Zukunft, sondern bezieht sich auf die ganze Kirchenzeit. Jene chiliastische Färbung der christlichen Hoffnung in den ersten so trüben Jahrhunderten, welche auch die lieben Kirchenväter jener Zeit theilten, schadet den letzteren auch nicht im Geringsten an ihrer Ehrwürdigkeit. In Bezug auf die seit Christi Zeit vorhandene Herrlichkeit der Kirche des Herrn fiel es im Allgemeinen in der ersten Zeit den Christen schwer, dem Worte des Herrn nachzukommen: Selig sind, die nicht sehen und doch glauben. Deshalb standen sie aber nicht bei ihrem Herrn in Ungnade. Die ersten Kirchenväter, die gegen den Chiliasmus und gegen chiliastische Auslegung der Apokalypse auftraten, waren Cajus, ein römischer Presbyter, Origenes, Dionysios von Alexandrien und besonders auch Augustinus.

Die Hoffnung der Reichsaufrichtung Christi erfüllte sich immer mehr und mehr durch die Ausbreitung des Christenthums, die Christenheit zählte nach Tausenden, bald auch nach Millionen; vom vierten Jahrhundert an gab es ein christliches römisches Kaiserthum und immer mehr christliche Fürsten. Man erkannte, daß mit dem siebenköpfigen Thiere der Antichrist, näher die gottfeindliche Weltmacht, wo irgend eine vorhanden gewesen, gemeint sei und daß, da die Reichsaufrichtung Christi im guten Gange war, auch die Weissagung vom tausendjährigen Reiche ihrem geistlichen Sinne nach in innerer und äußerlicher Erfüllung begriffen sei. Von da an hat die Gesammtkirche durch ihre Hauptlehrer und ihre Bekenntnißschriften gelehrt, daß die Stelle Offenb. 20, 1—6 als Vision zu nehmen und nicht buchstäblich zu deuten sei und der Chiliasmus zu den judaisirenden Meinungen gehöre. (Confess. Aug. A. 17.) Anhänger dieser Meinung hat es jedoch wohl immer gegeben, besonders aber in unseren Tagen mehren sich unter den Freunden und Verehrern der Apokalypse die Zahl der Chiliasten. Der Herr allein weiß es, welche von ihnen wegen mißverstandener Apokalypse zum Chiliasmus und welche von ihnen wegen des Chiliasmus zur Apokalypse sich hingezogen fühlen. (Vergl. den dritten Anhang.)

Nachdem man nun im Einklange mit der Kirchenlehre die begonnene Reichsaufrichtung und den Beginn des tausendjährigen Reiches, also die Erfüllung dieser Weissagung geschichtlich nachzuweisen suchte und nachdem hier die bildliche Deutung der Offenbarung einen festen Anhalt gewonnen hatte, suchten die Lehrer der Kirche auch die anderen Visionen bildlich, wo möglich zugleich geschichtlich zu deuten, theils auf die Vergangenheit, theils auf die Zukunft. Hierbei ist nun vielfache Willkür, Folgewidrigkeit und demzufolge die größte Buntheit in den Deutungen zum Vorschein gekommen. Noch in unseren Tagen disputirt man in Schriften über eine Hauptfrage: Ob die Visionen der Apokalypse sämmtlich, wenigstens im Ganzen, blos auf die Letztzeit sich beziehen (wie die katholischen Ausleger meistens annehmen), oder ob sie auf die ganze Kirchenzeit sich beziehen, oder ob auch auf die ältere Geschichte des Reiches Gottes sich Einiges in der Apokalypse bezieht. Wie die Chiliasten, so sind auch die Antichiliasten unter sich nicht einig, weil einige von den letzteren den Beginn des tausendjährigen Reiches früher, andere später in die Vergangenheit setzen. Wahrscheinlich liegt die Wahrheit in der Mitte zwischen Chiliasmus und Antichiliasmus. Gesetzt, die Angabe: „tausend Jahre," wäre wegen des Charakters der Vision nicht buchstäblich zu nehmen, sondern könnte auch zweitausend, oder mehrere tausend Jahre bedeuten und die Kirchengeschichte datirte nun bereits in die Tausende der Jahre hinein, könnte jene Streiterei nicht dadurch beigelegt werden, indem man erkennte und zur Ehre Christi als A und O im Sinne der Apokalypse bekennte: Die Christen aller Zeiten auf Erden leben im tausendjährigen Macht- und Ehrenreiche Jesu Christi und herrschen und regieren mit ihm, so gewiß als er das mächtige, sieggekrönte Haupt und wir seine Glieder sind, so lange wir es durch den Glauben an ihn sein wollen? Auch jene Worte Apok. 20, 7 „und wenn tausend Jahre vollendet sind, wird Satanas los werden" besagen nun und nimmer, daß das Macht- und Ehrenreich Christi dann eine Zeit lang wird suspendirt sein. Wo kann man zuletzt überall hingerathen, wenn man beim Ausgange sich hat bewegen lassen, eine falsche Richtung zu nehmen! Daher kommt es auch, daß es schließlich mit der allerbesten Ausrechnung des Anfanges und Endes der tausend Jahre nicht recht gehen will, auch immer wieder andere Rechenmeister kommen, die die aufgestellte Berechnung ohne Umstände verwerfen. Nach der einen Rechnung sollten die tausend Jahre um's Jahr 1300 zu Ende gehen und der Gog und Magog wurde erwartet. Statt dessen kam die Kirchenreformation. Nach einer anderen

13. Geschichte der Auslegung dieses Buches rc.

Rechnung sollten die tausend Jahre um's Jahr 1800 zu Ende gehen. Aber statt des Gog und Magog haben wir in der Kirche zu unserer Freude und Wonne gegen frühere Zeiten neu erwachtes Glaubensleben, erhöhte Thätigkeit für Bibelverbreitung, Heidenbekehrung, Kirchenbauten, außerhalb der Kirche Besiegung der heidnischen politischen Machthaber durch christliche Großmächte zum Vortheile für die Ausbreitung des Christenthums. — Also am besten, wir hören ganz auf, „Zeit und Stunde" des tausendjährigen Reiches nachzurechnen, oder für die Zukunft zu berechnen und freuen uns als gute ehrliche Christen, daß wir drin sind im Macht- und Ehrenreiche Jesu Christi, welches bestanden hat, besteht und wird bestehen. Viel Herrliches haben wir ja schon von ihm unserem theueren Haupte: Wie herrlich ist's, ein Schäflein Christi werden! Wie wohl ist mir, o Freund der Seelen, wenn ich in Deiner Liebe ruh'! Und das mangelnde Herrliche, das wir unsererseits vermissen an uns und um uns, das fehlt doch nicht, laßt uns glauben, in seiner gnadenreichen und starken Jesushand, da liegt's. Jesus Christus gestern und heute und derselbige auch in Ewigkeit. Hebr. 13, 8.

Die münsterschen Wiedertäufer im 16. Jahrhunderte wollten nach ihrem Sinne buchstäblich das tausendjährige Reich Christi etabliren. Daher verwarf die Kirche sowohl in den lutherischen, als auch in reformirten Bekenntnißschriften den Chiliasmus, der da glaubt, daß „vor der Auferstehung der Todten eitel Heilige, Fromme ein weltlich Reich haben und alle Gottlosen vertilgen werden." Augsb. Conf. A. 17.

Die Reformatoren meinten, Antichrist und Babel in der Apokalypse sei Eins und der Antichrist sei im römischen Papstthume nun da, obgleich in der katholischen Kirche sehr wohl wahre christliche Gemeinden vorhanden sein könnten.

Die katholische Kirche nimmt ziemlich einstimmig an: Der Antichrist und Babel seien Eins, aber der Antichrist in der Apokalypse sei eine einzelne christusfeindliche Hauptpersönlichkeit der letzten Zeit und die Apokalypse weissage im Ganzen nur letzte Dinge, nichts über die Zeit von Christi Himmelfahrt bis zum Antichrist. Aber die Kirchenväter zum Theil haben doch gelehrt, daß das tausendjährige Reich Christi längst seinen Anfang genommen habe.

Die Rationalisten der neueren Zeit seit Hugo Grotius und Wetstein glaubten, wenn sie Etwas von der Apokalypse hielten, daß Johannes geschehene und erlebte Ereignisse seiner Zeit in Bildern beschrieben habe. Einige deuteten das Babel auf Jerusalem und die fünf gefallenen Häupter des siebenköpfigen Thieres auf fünf herodianische Fürsten, andere auf die ersten fünf römischen Kaiser. Noch andere Rationalisten hielten die Apokalypse für einen Irrgarten und für ein unkanonisches Buch, ihnen mochte es lieb sein, daß sie scheinbar an Luther einen Vorgänger hätten. — Luther hatte bei dem damaligen Mangel an Schrifterklärungen vollauf zu thun, mit klarem Schriftworte gegen die päpstlichen Irrlehren zu kämpfen. Das hat er redlich auch gethan und somit dem Ansehen der heil. Schrift, der Kirche und des evangelischen Glaubens nicht das Geringste vergeben. Er hatte weniger Zeit und Hülfsmittel, in den Sinn und in die Deutung der Apokalypse einzudringen. Er blieb mit noch anderen Gottesgelehrten seiner Zeit bei der Ansicht, daß die Apokalypse eine geschichtliche Disposition enthalte und eine fortschreitende Kirchengeschichte in gleichnißartigen Bildern oder Visionen weissagend gewähre. Für ihn war eine Hauptaufgabe, das im Mantel des Papstthums verborgene Kind zu erkennen, beim richtigen Namen zu nennen und an das Licht zu ziehen. Die heil. Schrift und namentlich die Apokalypse war ihm das Licht, in welchem sein Glaubensauge dort den Antichrist erkannte. Von da an war es bei ihm aus mit aller Schonung gegen das römische Babel. Art. Smald. 4. Derselben Ueberzeugung war der schottische Reformator John Knox.

Die Chiliasten der neuesten Zeit, denen wohl allen das Zeugniß treuer Gläubigkeit, christlicher Frömmigkeit, zum Theil auch großer Gelehrsamkeit gebührt, dürfen, ob sie auch als Beförderer des Chiliasmus nicht als Söhne der Kirche angesehen werden können, weil die Gesammtkirche nie den Chiliasmus adoptirt hat, sie dürfen sich mit Recht darauf berufen, daß sie berühmte christliche Männer zu Vorgängern haben. — Seit 1700 kam der Chiliasmus wieder zum Ansehen, als zu ihm sich bekannten Männer wie der ehrwürdige Prälat Johann Albrecht Bengel in Würtemberg, Oetinger, Stilling, die Verfasser der Berleburger Bibel und andere. Bengel bleibt demungeachtet ein ehrwürdiger Gottesmann und großer Theologe, wenn er auch in der Deutung der Apokalypse hier und da fehlgegriffen hat, als wie, wenn er Christi Wiederkunft auf das Jahr 1836 ausgerechnet hatte. Und wenn ein Prälat Bengel mit der Wiederaufrichtung des Chiliasmus gegen die Kirchenlehre zu schwach war, wie dies gleichsam aller Welt durch sein Verrechnen gezeigt worden ist, so wollen wir uns alle bezüglich apokalyptischer Hoffnungen um so mehr vorsehen. — Doch gilt bei Bengel und seinen chiliastischen Nachfolgern der guten Art das Wort: Gold bleibt Gold, wenn auch etwas, das nicht Gold ist, dazwischen gerathen ist. 1. Kor. 3, 5—15.

Wenn wir entweder nicht sehen wollen, oder bei allem vermeintlichen Glaubenslichte immer noch nicht wahrnehmen können, wie Jesus Christus vom Jahre 33 an bis heut in der Kirchen- und Weltgeschichte sich erwiesen hat als das A und O, dann allerdings stehen wir als solche know-nothings, Nichtwisser im Geiste auf dem Standpunkte der ersten chiliastischen Kirchenväter und werden mit diesen und ganz gleich diesen behaupten: die Reichsaufrichtung Christi und das tausendjährige Reich und das vorläufige „Kommen des Herrn" steht alles noch bevor, gerade wie es damals bevorstand und in die Zukunft gesetzt und gehofft wurde. Aber geht das, ohne dem vorhandenen Reiche Jesu Christi und seiner Ehre als A und O und als Erchomenos Unrecht zu thun?

Die gedruckt erschienenen Auslegungen der Offenbarung Johannis, oder einzelner Abschnitte aus ihr, sind kaum mehr zu zählen. Der mit Gelehrsamkeit verfaßten Auslegungen zählt man an die achtzig.

Wie über die Zeit, wo die apokalyptischen Visionen ihrer Bedeutung nach in Erfüllung gegangen sind oder gehen werden, so herrscht unter den Auslegern auch die größte Uneinigkeit und Verwirrung in der Auslegung der sieben Siegel und der sieben Posaunen.

13. Geschichte der Auslegung dieses Buches 2c.

Als falsche Wege bei der Auslegung der Apokalypse sind im Allgemeinen anzusehen:

1) Auslegung ohne die Par. 2 der Einleitung genannten Hülfsmittel, mag man selbständig zu Werke gehen, oder blos gewissen Vorgängern, wenn sie auch noch so respektabel sind, nachfolgen, sie benutzen und Alles auf ihr Wort und Ansehen geben.

2) Auslegung vor Erforschung des Themas der Offenbarung und ihrer Disposition, ob letztere eine geschichtliche, oder blos räumliche, oder homiletisch-rhetorische ist; Auslegung ohne stete Berücksichtigung des Themas.

3) Unhermeneutische Inkonsequenz bei der Deutung der Visionen, bei welcher man das Dasein einer Vision, also einer allegorisch zu nehmenden Stelle zugiebt und doch über den buchstäblichen Sinn nicht in die Allegorie hinauskommt, oder wo man aus der Vision nach Willkür einige Züge und Striche des Gemäldes bildlich deutet, andere wieder nebenbei eigentlich nimmt, sich damit entschuldigend: der Text spreche zu gewaltig. In den Visionen liegt eben der Sinn nicht im Wortlaute, sondern in dem, worauf angespielt und was gemeint ist. Wir haben es in der Apokalypse zugleich mit der lebhaften Phantasie eines Orientalen zu thun, ob auch dieselbe unter Botmäßigkeit des heiligen Geistes stand.

4) Vorurtheile, als: a. überflüssiger Respekt vor Menschen, die uns in ihre Ansichten gefangen nehmen bezüglich der Apokalypse, seien es Kirchenväter, Reformatoren, hochgelehrte Theologen, jüdische imponirende geistige Capacitäten, oder dergleichen. Die heil. Schrift selbst warnt davor durch Unterscheidung der kanonischen und apokryphischen Bücher in ihr. So können auch gefeierte Menschen und Nationen Kanonisches und Apokryphisches in ihren geistigen Produkten geliefert haben. Als apokryphisch stellt sich sofort dasjenige heraus, was Jesum Christum nicht recht in den Vordergrund, oder in's Centrum stellt, auf alt- oder neutestamentliche Weise, was eben auch in den apokryphischen Büchern der Bibel vermißt wird, in der Apokalypse aber nirgends. In diesem Punkte sei die Auslegung der Apokalypse gläubig, fest, unnachgiebig, übrigens unbefangen.

b. die Annahme, daß alle Visionen alle zukünftige Dinge zu bedeuten hätten, alle entweder auf die Endzeit der Welt sich bezögen, oder auf die nächste Zukunft zur Zeit der Abfassung des Buches, z. B. auf die Zerstörung Jerusalems.

c. die Annahme, daß, um die Zukunft der Kirche zu enthüllen, die Visionen in ihren Bildern keine, oder nur wenig Geschichten aus der grauen Vorzeit hätten vorbringen können, weil es auf ein Panorama der Zukunft, gleichsam aus der Vogelschau, abgesehen sei, während es sich ja auch fast umgekehrt verhalten kann, so daß die Apokalypse es auf eine Perspective der Zukunft durch Aufstellung von Haupttablo's aus der Geschichte des Reiches Gottes abgesehen hätte. Und hätte nicht zuletzt die Zukunftsschau in solcher Perspektive mehr festen Grund unter sich, als die luftige, ungeduldige aus der Vogelschau? Werden nicht schon Kapitel 2 und 3, ferner Kapitel 12, 13 und 17 Dinge gezeigt, die zum Theil ganz augenscheinlich nicht der Zukunft angehören?

So wird denn die Auslegung der Offenbarung Johannis auf richtigem Wege sein, wenn sie
1) sich frei erhält von obigen Fehlern.
2) ist theologisch-allegorisch-praktisch. **Theologisch**, in Rücksicht auf die Theologie des Johannes des Theologen und in Rücksicht auf das johanneisch-theologische Thema der Offenbarung. **Theologisch-allegorisch**, die Visionen möglichst bis in's Einzelne deutend, themagemäß und konsequent, unter Anleitung der biblischen Bildersprache und der Geschichte des Reiches Gottes und besonders des israelitischen Volkes. Herder drückt dieses bei der Apokalypse zu befolgende hermeneutische Gesetz bei seiner Auslegung der Stelle Kap. 20, 1—6 kurz und bündig, obwohl bildlich so aus, indem er sagt, man solle bei den Visionen des Johannes nicht an den Hülsen käuen. Theologisch-allegorisch-praktisch muß die Auslegung sein, weil die Apokalypse eine Bußpredigt und ein Trostbuch sein will. Kap. 1, 3. 22, 7.
3) die oben Par. 2 der Einleitung genannten Hülfsmittel benutzend, insonderheit so, daß die Visionen alle im Lichte der johanneischen Theologie und Christologie in Betracht genommen werden. Erst im zweiten Range steht das Licht, welches Auslegungen gläubiger Theologen gewähren und unter diesen muß den kirchlich-gläubigen beziehentlich der Vorzug eingeräumt werden. Denn wer selber nicht mehr eine heilige christliche Kirche als ehrfurchtgebietend vorhanden glaubt und in ihr nicht mehr das unzerstörbare neue Jerusalem erkennt, sondern muthlos ein nun auch wieder alt und zur Zerstörung reif gewordenes in ihr findet, wie soll der im Stande sein, namentlich in Bezug auf den scheinbar herabgekommenen Zustand der Kirche die Apokalypse angemessen als Trostbuch zu behandeln? Hauptvorgänger in der Deutung der Apokalypse sei uns nicht irgend ein Theologe der älteren oder neueren Zeit, sondern, wo irgend möglich, Johannes der Theologe selbst, sonst bekommen wir zu viel von der Oberfläche und zu wenig aus der Tiefe dieses herrlichen Buches. Was viele Ausleger wie voreilig hier und da auf die Zukunft deuten, z. B. bei den sieben Siegeln, das ist zum Theil nicht ganz unrichtig, aber es ist nicht in den Zeilen, sondern zwischen den Zeilen zu lesen. Vorerst sind aber die Zeilen selbst aus der Bilderschrift zu übersetzen. Die gesammte apokalyptische exegetische Ueberlieferung, wem sie zu Gebote stünde, darf uns eine Hülfsquelle abgeben, nimmer darf sie aber wegen Autoritätsleuten wie ein Alp auf uns lasten, schon weil die späteren Jahrhunderte in der Geschichte erlebt und erfahren haben, was die Menschen aus früherer Zeit sich nicht einmal haben träumen lassen. —

Nach der höchst seichten Auffassung einiger rationalistischen Ausleger behandelt die Apokalypse blos oder hauptsächlich die Zerstörung Jerusalems und die Visionen stammen aus der Erinnerung an vergangene, meist kriegerische Begebenheiten. Herder erklärte in seiner in schwunghafter Rede geschriebenen gläubigen Auslegung der Apokalypse die Visionen auch meistentheils als Bilder, die sich auf kurz vorhergegangene Scenen aus dem jüdischen Kriege bezogen, jedoch vertiefte sich seine Auffassung in der Annahme, daß zwischen den Zeilen die glorreiche Zukunft

13. Geschichte der Auslegung dieses Buches ꝛc.

der Kirche zu lesen sei. Warum wollen wir aber nicht zur Urquelle heiliger Bilder und Scenen zurückgehen, nämlich zur Geschichte des Reiches Gottes, zur biblischen Geschichte und zur bildlichen Redeweise der Bibel? Wird sie nicht dem Johannes bekannt gewesen sein und zu Gebote gestanden haben? Jedoch, werden dann nicht in dem, was zwischen den Zeilen zu lesen sein soll von der Zukunft der Kirche, vollends der Willkür Thür und Thor geöffnet? Mit nichten. Dem ist ganz einfach und hinlänglich durch Voranstellung des Thema's im ersten Kapitel vorgebeugt, wofern man nur dieses und nicht seine Willkür läßt den rothen Faden sein, der sich durch das Ganze hindurchzieht. So wiederholt sich denn in der Apokalypse bedeutungsvoll, was dort Matth. 13, 34. 35 vom Herrn geschrieben steht: Solches alles redete Jesus durch Gleichnisse zu dem Volke und ohne Gleichnisse redete er nicht zu ihnen, auf daß erfüllet würde, das gesagt ist durch den Propheten, der da spricht: Ich will meinen Mund aufthun in Gleichnissen und will aussprechen die **Heimlichkeiten vom Anfange der Welt.** —

Aller Weisheit höchste Fülle in Dir ja verborgen liegt u. s. w. (Aus d. L.: Eins ist Noth!)

Auslegung und Deutung der Offenbarung Sct. Johannis.

A. Die ersten drei Verse des ersten Kapitels enthalten eine Einleitung zum ganzen Buche.

Schon die kurze, in den ersten drei Versen enthaltene Einleitung gewährt uns in ihren abgemessenen, kräftigen und viel versprechenden Worten einen Vorgeschmack von dem, was im Buche folgen soll. Diese Einleitung bringt 1) eine Angabe des Inhaltes und zwar auf synthetischem Wege, vom Näheren zum Entfernteren übergehend. Denn nachdem der Stoff angekündigt ist, aus dem die Schrift entstehen soll, nämlich die Visionen, die dem Leser zunächst in die Augen fallen und sein Nachdenken in Anspruch nehmen, wird auch angesagt, daß mit der Benutzung des Stoffes auch stets eine heilsame Nutzanwendung verbunden, wenigstens beabsichtigt worden sei, was vielleicht sonst manchem andächtigen Leser entgehen könnte. Dieses Beides muß uns schon von vorn herein bei'm Eintritte in das Heiligthum dieses Buches in große Spannung versetzen. Noch mehr: Diese wenigen einleitenden Worte enthalten 2) auch eine Angabe des Zweckes, zu dem die Schrift uns gegeben ist. Wir sollen nämlich davor bewahrt bleiben, daß wir nicht etwa dem Wortlaute des ersten Verses zufolge beim Lesen und Benutzen des Buches uns einer Art Zukunftssucht hingeben. Wir sollen den erhabenen heiligen Zweck des Buches wissen und vor Augen behalten. Der Zweck ist, wie er bei einem Apostel Johannes, als Verfasser der Schrift, geleitet von dem heiligen Geiste, nicht anders sein konnte, zu weissagen, d. h. predigend für Christum zu erwecken, in Christo zu erbauen und die Bekenner Christi in all' ihrem Kummer zu trösten. Deshalb findet sich im ersten Kapitel in der weiteren Einleitung ein bestimmtes, für jenen Zweck ergiebigstes Thema angegeben. — Beides, Zweck und Thema, sind nun auch bei der Ausführung gewissenhaft im Auge behalten worden, denn es ist in der Ausführung von einer geschichtlichen und räumlichen Disposition, die am nächsten lag, ganz ab=

gesehen und dafür eine logische, oder rednerische angenommen worden. Somit ist die Ausführung nicht eine synthetische, sondern im Ganzen eine analytische, vom Mittelpunkte aus das Ganze betrachtend. Daher kommt es, daß im Verlaufe der Schrift nicht überall blos von der Zukunft die Rede ist, auch keine eigentliche Zeitfolge der Dinge beobachtet wird, sondern oftmals auch Visionen über die Vergangenheit, Ergänzungen und unvermuthetes Zurückgreifen in der Geschichte vorkommen. Wegen des gewaltigen Thema's und behufs richtiger Ausführung desselben tritt die Zukunft zuweilen zurück, doch nur scheinbar und um gelegentlich in der Ausführung desto gewaltiger und dem Thema entsprechend wieder hervor zu treten. Jedenfalls würde die Ausführung viel matter und abspannender wegen des Einerlei ausgefallen sein, wenn immer und immer wieder nur Bilder aus der Zukunft dem Johannes vorgeführt worden wären.

Im zweiten Verse erklärt Johannes kurz und bündig das Wort Gottes und das von Jesu als Prophet, Hoherpriester und König abgelegte Zeugniß für den Kern der im dritten Verse gedachten christlichen Predigt. Die Predigt ist bekanntlich ein Hauptmoment der „Weissagung" im alten wie im neuen Testamente. Vergl. 1. Kor. 14, 19—40. Jes. 40, 9. 10. Offenb. 10, 11. Daher ist auch der Hauptzweck der Apokalypse die predigende Weissagung von Christo und ihre Frucht. Die Enthüllung der Zukunft war im Grunde genommen Nebenzweck, mehr nur Mittel zum Zweck. Man muß Zweck und Gesichtspunkt unterscheiden. Als Gesichtspunkt waltet allerdings die Zukunft der Kirche vor. Der Zweck schuf die Disposition und die Gesichtspunkte aus der Vergangenheit, Gegenwart und Zukunft gewährten den Stoff zur Ausführung.

Jene Worte im 1. und 3. Verse, was in der Kürze geschehen soll, die Zeit ist nahe, gehören nicht zu einer Vision, sind folglich im eigentlichen Sinne zu nehmen. Demnach kann man den katholischen Auslegern und aus neuester Zeit denjenigen evangelischen Auslegern nicht beipflichten, welche behaupten, die Visionen der Apokalypse bezögen sich blos auf die Endzeit. Hier ist doch „der Text zu gewaltig." Aber es liegt in jenen Worten auch durchaus nicht dieß, daß Alles in den Visionen Gezeigte nächstbevorstehende Dinge seien. Eins aber meint Johannes oder die Apokalypse ganz gewiß, nämlich daß die Erfüllung der Hauptweissagung: „Jesus Christus, der Kommende, das A und O" damals und später nicht werde auf sich und auf das neue Jerusalem warten lassen. „Siehe, er kommt!" (V. 7) welch ein Trost für alle Jesum liebende bekümmerte Christenherzen! Diese Wahrheit, dieser Trost erfüllen ebenso mit Muth und freudigem Siegesgefühl das mit Wehmuth erfüllte gläubige Christenherz, wie die schwärmerische Hoffnung auf ein bloßes einstiges Kommen des Herrn, sei es auch auf das vermeintliche chiliastische Kommen des Herrn zur Aufrichtung eines utopischen Macht- und Freudenreiches für eine Auswahl aus dem Grabe voraus auferweckter Christen auf Erden, die Wehmuth im Herzen bezüglich der Gegenwart und nächster Zukunft eher steigert als lindert.

Endlich liegt im dritten Verse zugleich eine kräftige Ermahnung für die Christenheit, die Offenbarung Johannis in der Kirche, Schule und im Hause zur Erbauung möglichst zu benutzen. Wer Ohren hat zu hören, der höre und sage nicht von der Apokalypse: „Laßt sie ruhen." Ueber Offenbarung und Vision s. Par. 3 der Einleitung. Ueber Weissagung Par. 4 der Einleitung. Ingleichen Par. 5 über den Weg der Offenbarung.

B. **Fernere Einleitung zum ganzen Buche und insbesondere zu den sieben Sendschreiben nebst Angabe des Themas.**

Der 4. Vers enthält den apostolischen Gruß an die kleinasiatischen Christengemeinden, wie er als Ueberschrift der apostolischen Sendschreiben üblich war. Dadurch erhält die ganze Apokalypse Form oder Aehnlichkeit eines Sendschreibens. S. Par. 8 der Einl. Wie die ersten drei Verse sind eine Einleitung zum ganzen Werke, so die Verse 4 bis 20 eine Einleitung zu den nächstfolgenden sieben Sendschreiben für die sieben Gemeinden, jedoch zugleich auch für alle christlichen Leser dieses wichtigen Sendschreibens. Wegen der im 19. Verse enthaltenen Worte: „Was geschehen soll darnach," ist dieser Theil des ersten Kapitels zugleich mit Einleitung zum ganzen Buche, weil ja hauptsächlich hinter den sieben Sendschreiben erst Offenbarungen über die Zukunft folgten.

Joh. 16, 15 spricht Christus: „Alles, was der Vater hat, ist mein." Ganz im Einklange mit der Theologie und Christologie des Evangeliums wird hier im 4. Verse Gott, oder Jehova genannt: Der da ist und der da war und der da kommt, während Kapitel 1, 8. 11. 17 diese hier gemeinte Gottesherrlichkeit Christo zugeschrieben wird.

Im 4. V. heißt es weiter: und von den sieben Geistern, die da sind vor seinem Stuhle. Was ist das? Die Bibel kennt doch eigentlich nur einen heiligen Geist und hier ist von sieben Geistern Gottes die Rede. Manche Ausleger haben gesagt, das sei eine Umschreibung der göttlichen Herrlichkeit, gleichsam einer siebenfachen unendlichen Herrlichkeit, in der alten jüdischen Philosophie, oder Kabbala genannt Sephiroth. Allein nicht von dieser ist die Apokalypse eingegeben, sondern vom heiligen Geiste, folglich meint die Apokalypse hier aus einer gewissen Absicht mit den sieben Geistern den heiligen Geist selbst. Diesen nennt und erwähnt er sonst auch Kap. 2, 7. 11. 17. Kap. 22, 17. Im 1. V. des 3. Kap. heißt es von Christo, daß er die Geister Gottes hat. Wieder ein Beweis, daß der heilige Geist gemeint ist. Da übrigens hier von einem Stuhle Gottes die Rede ist, so ist diese Bezeichnung des heiligen Geistes eine absichtliche: 1) um im Bilde zu bleiben, 2) hauptsächlich aber, um den Freunden des Herrn zum Troste und seinen Feinden zum Abschrecken die Größe und Macht dessen anzudeuten, gegen den die antichristlichen Mächte zu ihrem Verderben sich auflehnen. Daher wird im folgenden Verse auch ebenso die Ehre und Macht Jesu als des treuen Zeugen und des Ueberwinders des Todes für Alle und des Fürsten über alle Könige hervorgehoben. Gegen diesen großen Gott, gegen diesen allkräftigen Gottesgeist, der namentlich auch in dem inneren kirchlichen Leben der sieben Gemeinden und der ganzen

Christenheit sein Werk treibt gegen Baal, „gegen diesen siegreichen Jesus erheben ihr Haupt die Feinde des Christenthums. Von diesem Gott, von diesem Gottesgeiste, von diesem Jesus strömen auf diesen unerschöpflichen Segenswunsch Johannis im 4. Verse auf alle christlichen Leser der Offenbarung und Streitgenossen des Herrn **Gnade und Friede.**" Diese beiden himmlischen Gaben nun lassen sich dem Unkundigen nicht wohl auslegen, noch beschreiben. Wer sie bedarf, begehre und suche sie in Buße und im Glauben unter dem Kreuze des Herrn und wer sie erlangt und genießt, bedarf dann keiner Beschreibung der Gnade und des Friedens vom Herrn. Joh. 10, 11. Psalm 16, 11.

Es steht da: Johannes den sieben Gemeinden in Asia. Man hat gefragt, warum diese grade in der Offenbarung namentlich genannt werden. S. Einleit. Par. 8, 3. — Johannes hatte als der einzige noch lebende Apostel des Herrn wohl das Ansehen, daß er füglich seine in der Offenbarung angebrachte Bußpredigt der ganzen Christenheit aller Länder und Zeiten hätte widmen können. Nach seinem Gefühle aber, es sei aus Bescheidenheit, oder aus andrer Rücksicht, hätte er sich schon mit seiner Schrift zunächst an die sieben Gemeinden in Kleinasien gewendet, wo er nach Pauli Abschiede (Ap.-Gesch. 20) Bischof gewesen war. Der heilige Geist hat ihm diese Dedication zum Nutzen und Segen eingegeben. Gewiß hätte es weniger zur Erhaltung der Schrift und zur nachmaligen Verbreitung beigetragen, wenn er sie unter den damaligen Zeitumständen an alle Christen adressirt hätte. Und da er nun zunächst diese seine Gemeinden anredet, so konnte er um so mehr seine Stimme neben den heiligen Tröstungen auch väterlich ernst und strafend erheben. Warum Letzteres Manchem an Johannes in dieser Schrift zu arg vorgekommen, ist demnach nicht zu begreifen. Uebrigens schlägt ja auch hier die Zahl sieben, weil sie von Alters her wie die Zahlen drei, sechs, acht, zehn, zwölf unter die symbolischen Zahlen gehört, schon in's Visionäre oder Bildliche.

Bei den sogenannten symbolischen Zahlen, oder in der heil. Schrift symbolisch gebrauchten Zahlen, auch mystische oder verborgene Zahlen genannt, ist besonders Zweierlei zu wissen und zu beachten nöthig: 1) daß diese so gebrauchten Zahlen meistens nicht als mathematische Größenangaben zu nehmen sind, sondern als runde Zahlen, wodurch eine ungewisse Menge oder Größe gemeint ist, z. B. sieben halbe Jahre bedeuten zunächst nicht astronomisch mathematisch genau 42 Monate, sondern viel mehr, vielleicht $3\frac{1}{2}$ Jahrtausend, oder noch mehr, oder weniger. Die eigentliche genaue Angabe soll uns eben verborgen bleiben. Eine Ausnahme davon machte Pharaos Traum, wo die geträumte Zahl Sieben auch wirklich sieben bedeutete. 2) daß solchen symbolischen Zahlen noch ein besonderer tieferer Sinn beigelegt ist. Weil die Siebenzahl bei allen Kulturvölkern die Ehre hat, eine solche mystische Zahl zu sein, so haben manche die Sieben die Signatur des heiligen Geistes genannt. Sie findet häufige Anwendung in Religionsschriften und Satzungen und in religiösen Gebräuchen der Völker, ja selbst noch beim abergläubischen Hokus Pokus. Manche deuten es so, indem sie sagen: Die Sieben ist eine Verbindung von Vier und Drei, den na=

türlichen Hälften. Vier, die Würfelzahl, ist Signatur oder Bild des Niedern, Irdischen, Festen; drei ist Signatur des Höhern, Himmlischen, Göttlichen: also ist die Sieben Signatur der Einwirkung dieses Höhern auf das Niedere, die Zahl des in der geschaffnen Welt sich offenbarenden Göttlichen. Ueber Zahlensymbolik vergleiche man Kliefoth's theolog. Zeitschrift 1862. Da heißt es: „Die Dreizahl eignet sich zur Signatur Gottes, weil der dreieinige Gott sie an seinem Wesen hat und sie wird in der Schrift als Signatur Gottes üblich, weil Gott sie von Alters her als solche seinen Werken, seinen Worten, seinen Dingen aufprägt." Offenb. 16, 13 findet sich eine Nachahmung des göttlichen Wesens durch böse Geister. Die Vierzahl ist in der Schrift Signatur der werdenden Oecumenicität (des sich Verbreitens über die ganze Erde). Daher vier Eingänge in den Vorhof von Außen, drei Eingänge aus dem Allerheiligsten ins Heilige.

Wie bei der heiligen Taufe das Wasser allein es nicht thut, so wird auch die Siebenzahl allein nichts helfen, wofern nicht Gottes Wort und Befehl, oder Eingebung und der Glaube und Gottes Segen dabei sind. Es giebt noch eine andere Auslegung der symbolischen Siebenzahl, wo man auf anderem Wege ziemlich zu demselben Resultate gelangt. Da soll nämlich die in der heil. Schrift symbolisch gebrauchte Siebenzahl eine Erinnerung sein an das 1. Mose 1 uns geoffenbarte Schöpfungswerk Gottes innerhalb sieben Tagen, mit Einschluß der Schöpfung des Sabbates. So würde also dann die Sieben bildlich bezeichnen die Wirkung Gottes, die bei der betreffenden Sache mit Theil nimmt, entweder fördernd und segnend, wenn es eine moralisch gute, oder indifferente Sache ist, oder bekämpfend, wenn es eine böse Sache ist. Die Fünfzahl ist „Signatur des Halben, Unvollständigen, Geringen."

Wie das Siebente ist „Signatur des durch Gottes Werk zur Vollendung Gekommenen, so stellt sich die Bedeutung der Sechs von da aus dar als Signatur dessen, was nie zu seiner Vollendung kommt, was ewig unfertig bleiben muß, weil es kein Werk Gottes ist." Denn auf Gottes Sechstagewerk folgte noch ein siebenter Tag zur Vollendung mittelst des Sabbats. (2. Sam. 21, 20. 1. Kön. 6, 6. 5. Mose 20, 17. Dan. 3, 1 ff. Apokal. 13, 18.)

Die symbolische Bedeutung der Acht ist, als über die Sieben hinausgehend, die des Neuen, des neuen Anfanges dessen, was durch vorhergegangene Gotteswerke fertig geworden ist." (1. Mose 17, 9—14. 3. Mose 14, 10 ff. 15, 13. 29. 3. Mose 9, 1 ff. 1. Mose 6, 18. 1. Petri 3, 20. 21. 2. Petri 2, 5. Matth. 28, 1.) Offenb. 17, 11 heißt der Antichrist ein Achter auch symbolisch deshalb, weil sein Wesen in den neuen Zeitlauf nach Christo hinausragt.

Die symbolische Bedeutung der Zehn ist vorerst die einer ziemlichen Menge, auf welche ein besonderes Augenmerk gerichtet bleibt. — Daher zehn heilige Gebote, zehn Jungfrauen, Zehnstämmereich. Aehnlich das im gewöhnlichen Menschenverkehr mit Affekt ausgesprochene „Zehnmal." „Die Zehnzahl ist Signatur der erreichten Decumenicität, der systematischen Vollständigkeit und Abgeschlossenheit. Es giebt zehn Schöpfungsworte, zehn Glieder in den Genealogieen. 1. Mose 5, 11. Ruth 4.

Ferner zehn Plagen in Aegypten u. s. w. Ausnahmen sind: 1. Sam. 25, 38. Jer. 42, 7.

Die symbolische Bedeutung der Zwölf scheint die des in unendliche, oder zahllose Progression sich vermehrenden Eigenthums zu sein, z. B. bei den zwölf Stämmen, zwölf Aposteln, zwölf Thoren. Letztere sollen von zahllosen benutzt werden, die ein Eigenthum des Herrn werden. — Daher verbindet sich mit dieser Idee von selbst die des missionirenden Berufes. Offenb. 7. Matth. 5, 13. Kliefoth sagt: „Die Zwölfzahl ist Signatur des Volkes Israel."

„Die Vierzig deutet auf eine Heimsuchung und Versuchung, Erhaltung und Erhörung des Bußfertigen."

„Die Zahl Tausend ist Signatur der höchsten Vollständigkeit und Massenhaftigkeit. Ps. 84, 11. 5. Mose 32, 30. Pred. 7, 29. Des Ganzen in seiner vollzähligen Vielheit der Theile. Hohesl. 8, 11. 12. Jes. 7, 23. Ps. 50, 10. Ein langer Zeitraum, unzählige Jahre. 2. Petri 3, 8. Ps. 90, 4. 1. Chron. 16, 15 ff. Offenb. 20.

Der 5. V. enthält eine erweckliche und tröstliche Hinweisung auf die Herrlichkeit Jesu Christi und auf sein theures Verdienst, welches er als Prophet („treuer Zeuge"), als Hoherpriester („Erstgeborner von den Todten") und als König unsertwillen und für uns hat: „Er hat uns geliebt und von unseren Sünden uns gewaschen mit seinem Blute, nicht daß wir nun von der ungläubigen Welt niedergetreten und vernichtet werden sollten, sondern daß wir, wie es im 6. Verse heißt, Könige und Priester vor Gott und seinem Vater sein sollten. Letzteres wird Kapitel 5, 10 wiederholt. Das Volk Gottes ist in Folge seiner priesterlichen Würde zur Herrschaft über die Welt bestimmt. Die gläubigen Unterthanen Jesu in seinem Reiche sind zugleich Priester und Könige." Als Priester opfern sie Leib und Seele dem Dienste ihres Gottes (Röm. 12, 1), Gebet (Ps. 141, 2), Buße (Ps. 51, 19), Liebe (Ebr. 13, 16). Als Könige herrschen sie über die Sünde (Röm. 6, 12), über ihr Fleisch (Röm. 8, 13), über die Welt (1. Joh. 5, 4), über Satan und Tod (1. Kor. 15, 55). Eine scheinbare äußerliche Niederlage kann diesen unsern hohen Stand als Christen nicht rauben. Folglich ist diese Hoheit schon jetzt in unserem Besitze durch den Glauben an den Herrn Jesum. Dan. 7, 27 ist es geweissagt; da heißt es:„ Das Reich und die Herrschaft und die Gewalt über die Königreiche unter dem ganzen Himmel wird gegeben dem Volke der Heiligen des Höchsten." Vergl. 1. Mose 49, 10. 5. Mose 33, 26—29. Durch Beides, durch das geistliche Priesterthum (1. Petri 2, 5. 9), wie durch das geistliche Königthum sind wir und bleiben wir in Verbindung mit Gott und das soll das gläubige Siegesgefühl unterhalten, beleben und stärken. Vergl. Kap. 2, 26. 27. 3, 21. 5, 10. 20, 6. 22, 5. —,,Hier im 6. V. ruht der Nachdruck auf dem Königthume, darum ist es zuerst genannt, sonst besteht Eins durch das Andere, Priesterthum und Königthum aller gläubigen Christen." O gewahrten wir im Glauben und erfreuten wir uns doch alle recht sehr dieses unseres jetzigen hohen Standes im Christenthume! — Halte was du hast (bereits), daß dir Niemand deine Krone nehme. Kap. 3, 11.

Die Chiliasten dürfen diese jetzt schon dem gläubigen Christen in Christo zu Theil gewordene Herrlichkeit nicht so hoch anschlagen, weil sonst ihre im Millennio gehoffte Herrlichkeit des Herrschens mit Christo ihren Reiz und Halt verliert.

Die im 6. V. beigefügte Lobpreisung stimmt ganz überein mit derjenigen, welche 1. Petri 4, 11 sich findet. „Gewiß hat Johannes diesen Brief gekannt. Petrus hat in seinem ersten Briefe wieder Stellen, die an Pauli Briefe an die Colosser und Epheser erinnern. Dieß zeigt einen gewissen Zusammenhang der heil. Schriften an."

V. 7 und 8. „Nach der Begrüßung und ehe er zur Sache kommt, giebt Johannes noch zwei Kernsprüche. Er leuchtet mit zwei Fackeln vorläufig hinein in die dunkele Höhle des Zitterns und Zagens."

Das Kommen des Herrn in den Wolken und das ihn Sehen hat der Herr selbst Beides geweissagt Matth. 24, 30. 26, 64. Das Kommen in den Wolken weist zurück auf die Weissagung bei Dan. 7, 13 und das ihn Sehen auf Sach. 12, 10. Die Wolken verhüllen den klaren Himmel und dennoch bleibt der Himmel und der, welcher über den Himmel ist, was er ist. Ja gerade aus den allerdunkelsten Wolken offenbart der Herr mittelst Sturm, Blitz, Donner, Regen, welche theils Zerstörung, theils Befruchtung und Segen bringen, die Größe und Herrlichkeit seiner Macht auf majestätische Weise. Pf. 97, 2 ff. Nah. 1, 3. Die dunkelen Partieen, oder Perioden in der Geschichte der Menschheit, da man sich empört gegen Gott und seinen Gesalbten (Pf. 2), wie besonders zur Zeit der Verurtheilung Christi vor Kaiphas und Pilatus und alle Wirrsale, wo Alles aus zu sein scheint, sind ähnlich jenen Wolken, die den Himmel verdecken und aus denen heraus der Sieg und die Größe Gottes hervorbrechen wird. Darum sprach unser lieber Herr in den dunkeln Stunden vor Kaiphas Matth. 26, 64: „Du sagst es. (Ich bin Gottes Sohn.) Doch sage ich euch, von nun an werdet ihr auch sehen (wer sehen kann), des Menschen Sohn (d. h. der den Menschen für die Menschen in Knechtsgestalt dahingegebenen Gottes=Sohn) sitzen zur Rechten der Kraft und kommen (mit dieser seiner Kraft) in den Wolken des Himmels." Und der Hauptmann dort auf Golgatha und der Schächer und noch andere, die dabei waren, sahen es, erschraken über die Herrlichkeit des leidenden Christus und sprachen: Wahrlich dieser ist Gottes Sohn gewesen. So war der in Herrlichkeit leidende und sterbende Sohn Gottes also auch sieghaft und von da an sieghaft bei allen späteren Umwölkungen. Diese so bei dem Kommen des Herrn erwähnten Wolken sind einestheils Bilder der Herausforderung des Herrn zum Zeigen seiner Größe, zum Kämpfen und Siegen, anderntheils Bilder seines mächtigen Kommens, um seinen Freunden zu helfen und seine Feinde zu besiegen. So kommt nun der Herr mit den Wolken nicht blos einmal, sondern die ganze Kirchenzeit hindurch, am herrlichsten am jüngsten Tage. Wie schön paßt nun zu dieser Weissagung des Herrn das Luk. 21, 27. 28 beigefügte Trostwort: „Wenn aber dieses anfängt zu geschehen, so sehet auf und hebet eure Häupter auf, darum, daß sich eure Erlösung nahet."

Hier ist noch genauer anzusehen das im 7. V. enthaltene Kraft=

wort: „Und es werden ihn sehen alle Augen und die ihn gestochen haben und werden heulen alle Geschlechter der Erden. Ja. Amen."

Diese Stelle enthält eine Anspielung auf Sach. 12, 10, wo der Prophet „von der bußfertigen Trauer Jerusalems über den Messias, der durch ihre Schuld getödtet worden," redet. Auch die Gläubigen haben freiwillig den Gekreuzigten immer vor Augen. Auch du, lieber Leser, oder Hörer? Lasset uns aufsehen auf Jesum, den Anfänger und Vollender unseres Glaubens (Hebr. 12, 2). Der Unglaube wird aber unfreiwillig einst auf den von ihm Durchstochenen hinsehen müssen. Von dem sich wiederholenden Durchstechen und Kreuzigen des Herrn von Seiten der Abtrünnigen und Ungläubigen mittelst ihrer Lästerungen und Schandthaten redet der Brief an die Hebr. 6, 6. 10. 29. Die höchste Beschämung, Schmerz, Wuth und Reue, diese Empfindungen werden die ewig bleibende Folter sein für die, welche ihn gestochen haben und ihn nun als Sieger sehen müssen, ob sie ihn auch nicht sehen mögen. Laßt uns jetzt treu zu ihm halten, ob uns auch zuweilen bei ihm einige Dornen stechen. Es ist doch nichts gegen das Stechen, das er für uns erlitten und das er jetzt noch von vielen erleidet. Lasset uns als seine Gläubigen aufsehen auf Jesum, den Anfänger und Vollender unseres Glaubens. „Dann sind wir die Glücklichen, von denen Sach. 12, 10 geweissagt hat, über die der Geist der Gnade ausgegossen werden soll, dann gehen wir frei aus, wenn alle Geschlechter der Erden werden zu wehklagen haben."

„Dieß Wort: alle Geschlechter der Erden, zeigt an, daß Johannes hier weniger die Juden als Christenverfolger im Auge hatte, als die Heiden, die irdisch und antichristisch gesinnten Menschen. Damals war die Zeit der Verfolgung der Christen durch die Juden vorüber. Für das Wort Stechen steht in der griechischen Uebersetzung des Propheten Sacharja bei den 70 Dolmetschern ein anderes Wort, welches durchbohren, verhöhnen heißt, weil jene 70 Dolmetscher ein wirkliches Stechen nicht für wahrscheinlich, oder möglich hielten. Nachher auf Golgatha ist dieses Stechen doch noch buchstäblich vorgekommen, wie Johannes meldet im Ev. 19, 34. 37 und hier im 7. V. Da Johannes dort im Evangelio und hier ein und dasselbe Wort für „Stechen" im Griechischen gebraucht hat, so ist dieß ein Beweis mehr, daß der Verfasser des Evangeliums auch die Offenbarung geschrieben hat."

Ja, Amen. Wie wichtig das hier Gesagte uns sein soll, geht aus dieser doppelten Betheuerung hervor. Die erste Betheuerung in der Muttersprache ist gleichsam der Refrain aus der ganzen gläubigen Christenheit und das Amen, diese Betheuerung in hebräischer Sprache, ist anzusehen als ein Echo aus dem Himmel, wie wir überhaupt das durch den heiligen Geist der betenden Christenheit geschenkte Wort Amen gläubig und andächtig auszusprechen und als ein von oben gegebenes Zeichen der Erhörung anzunehmen, als das erste Wort der Antwort Gottes auf unser gläubig gethanes Gebet anzusehen haben.

Der 8. V. soll nach richtigerer Lesart so lauten: Ich bin das A und O, spricht der Herr Gott, der da ist und der da war und der da kommt, der Allmächtige. Diese Worte kommen als ein Aussagen Gottes von ihm selbst dreimal vor beim Propheten Jesaias 41, 4. 44, 6. 48, 12. Aber „absichtlich und geflissentlich wird in der Offenbarung Alles, was dem höchsten Gotte, auch Christo beigelegt; überall wird darauf hingewiesen, daß er gleicher Gott ist von Macht und Ehren." Vergl. V. 17. 18. Diese Theologie findet sich also bei Johannes, wie zu Anfange seines Evangeliums und seines ersten Briefes, so auch hier am Anfange der Apokalypse ausgesprochen. Johannes war als Greis seiner früheren, von Christo, seinem Meister empfangenen Theologie und Christologie treu geblieben. — Welche schöne Uebereinstimmung der johanneischen Schriften.

Nun beachte man aber die ganz absonderliche Einfügung der Worte des 8. Verses vom A= und O=Sein Gottes unseres Heilandes. Vorher stehen sieben Verse entlang Worte des Johannes und die schließen mit Amen. Vom 9. Verse au folgen wieder Worte des Johannes. Im 8. Verse werden aber direkte Worte Gottes und Christi eingeschaltet. Sie enthalten den Haupt= und Mittelpunkt aller johanneischen und christlichen Theologie hier an der Spitze der nun folgenden Offenbarungen. Was anders folgt daraus, als daß wir diese Theologie und näher, diese Worte des 8. Verses als Thema der ganzen Apokalypse und als Quelle aller apokalyptischen Visionen, Ermahnungen und Tröstungen anzusehen haben? Wenn also auch die Apokalypse sich vorzugsweise mit dem künftigen Kommen des Herrn beschäftigt, mit dem O, so mußte doch in ihr auch Manches von den bereits vollbrachten Heilsthaten Gottes in Christo, von dem A, vorkommen. Das Letztere soll, so zu sagen, die goldene unvertilgbare Folie bilden von dem apokalyptischen teleskopischen Spiegel. So geschieht z. B. Kapitel 12, wo offenbar von der Geburt des Weltheilandes und von der Besiegung des Teufels durch Christum, die bereits vollbracht ist, gesprochen wird. — Wir sind durchaus nicht berechtigt anzunehmen, daß, obgleich im 12. Kapitel etwas Vergangenes vorkommt, doch wegen des prophetischen Charakters des Buches Kapitel 5 bis 11 lauter zukünftige Dinge gemeint sind. Zu dieser Annahme fühlt man sich aber gezogen, wenn man als Thema der Apokalypse statt der direkten Gottesworte V. 8 die johanneischen Worte aus V. 7: „Siehe er kommt," einseitig von der Zukunftsseite angesehen, annimmt und dazu willkürlich behauptet, die Apokalypse wolle die Zukunft direkt, gleichsam aus der Vogelschau offenbaren, während es doch auch eine Offenbarung der Zukunft aus der Perspektive geben kann, wozu alsdann im Vordergrunde Tableaus aus der Vergangenheit und Gegenwart nach Befinden beliebig aufgestellt werden können. Die Schriften des Johannes, namentlich auch die Apokalypse, können nur richtig und ergiebig aufgefaßt werden, wenn sie im Lichte seiner Theologie und Christologie näher angesehen werden. Darum hat er auch dieselbe in kurzen Worten, gleichsam in nuce an die Spitze aller seiner drei Hauptschriften gestellt. Also das Thema der Apokalypse lautet:

Jesus Christus ist, als der Kommende, das A und O,
oder: Jesus Christus ist als der Kommende und Siegende der Erste und der Letzte,
oder: der eingeborne Sohn vom Vater, Jesus Christus, gleicher Gott mit dem Vater, das A und O, der da war, der da ist und der da kommt.

Um dieses göttliche Centrum bewegt sich der ganze Heilsplan Gottes, der Bestand und Sieg der Kirche, der Haupttrost der Gläubigen, alle Drohungen für die Ungläubigen und so auch der Inhalt der Apokalypse.

Das rechte A- und O-Sein des Sohnes Gottes kann gar nicht ohne stetes Kommen desselben gedacht werden. Er muß überall einschreiten, gleichwie mitwirkend bei der Verwirklichung des göttlichen Schöpfungsplanes (1. Joh. 1, 3), so auch bei seinen schwachen und betrübten Erlösten (Matth. 11, 28) und bei seinen verzagten Boten (Matth. 28, 20), wie bei seinen Feinden (Joh. 16, 33). Daher heißt er hier V. 8 der Erchomenos, der Kommende. Als solchen erkennen wir ihn nur richtig, wenn wir nicht blos sein künftiges Kommen, ihn als den Esomenos, oder Eleysomenos in's Auge fassen, sondern auch sein früheres Kommen. So thut die Apokalypse, folglich muß ihre Auslegung dasselbe thun. So ein Stück seines künftigen Kommens ist Kap. 17, 14 geweissagt. Schon die Ehre Jesu und die Ehre seines Kommens erheischt einen umfassenderen Blick auf sein Kommen, als den auf die bloße Zukunft. Wer keinen bereiten, hellen, dankbaren Blick hat für das vergangene Kommen des Herrn, ist in Gefahr, aus dem Lager derer, die sich auf die Zukunft der Kirche freuen, in das Lager derer zu gerathen, die auf eine Kirche der Zukunft ihre Hoffnung setzen. Gleichwie die christlichen Prediger am Pfingstfeste über die Festperikopen nicht solche, wenn auch schöne Festpredigten halten sollen, in denen über den lieben heiligen Geist so gesprochen wird, als sollte alle Welt nur zum heiligen Geiste bekehrt werden, sondern auch in jeder Pfingstpredigt muß Jesus Christus, das A und O in die Mitte gestellt erscheinen, wegen Joh. 3, 16, da der Herr auch gesagt hat: „Von dem Meinen wird er's nehmen und er wird euch erinnern an Alles, das ich euch gesagt habe durch Wort und That: eben so soll auch bezüglich der Apokalypse nicht so von Christi Kommen und von den künftigen Züchtigungen seiner Feinde gesprochen werden, daß dabei etwa sein A- und O-Sein nicht recht im Centro zu stehen käme.

Durch dieses Thema wird, anlangend die Zukunft, im Voraus angedeutet, daß die Obermacht nicht der Welt und dem Satan, sondern Gott, unserm Herrn und Heilande zusteht. Wohl uns des feinen Herren!

Der 9. Vers erinnert an Dan. 7, 28. 8, 1. 9, 2. 10, 2, wo Daniel auf gleiche Weise sich selbst als Propheten Gottes nennt und an Kol. 1, 24, wo Paulus seinen Antheil an der Trübsal Christi erwähnt. Trübsal Christi ist soviel als Trübsal um Christi willen. Geduld Christi ist Geduld nach Christi Vorbilde und in seinem Namen. Wie viele Christen sind, die von beiden Stücken, von der Trübsal Christi und von der Geduld Christi, noch so gut als gar nichts an sich haben! Zwischen Trübsal und Geduld Christi nennt er das Reich Christi, wie Paulus sagt Ap.=Gesch. 14, 22, daß wir durch viele Trübsale in das Reich Gottes eingehen müssen. Nun es sei, wenn uns nur das Reich Gottes bleiben muß.

Johannes schreibt: „ich war auf der Insel Patmos" und nicht: ich bin auf der Insel Patmos, weil er nicht blos für die sieben Gemeinden, sondern für die Christen aller Zeiten die Apokalypse bestimmt hat. Er sagt: „die da heißt Patmos." Dies ist ein Beweis, daß man damals diese Insel als ein wenig bekanntes Land ansah. Wären in der Apokalypse fingirte Visionen, wie bei Dichtern, so hätte der Verfasser einen berühmteren, wenigstens einen bekanteren Ort der Erde angegeben.

V. 10. „Ich war im Geist." Damit meint er den Zustand der geistlichen Entzückung (Ekstase). Vergl. Einl. Par. 3. „An des Herrn Tage." Damit meint er jedenfalls den Sonntag, den neutestamentlichen Sabbath. Wegen V. 12 und 13 muß die hier V. 10 erwähnte „große Stimme" Christi Stimme gewesen sein.

V. 11. Einigen Lesarten zufolge fehlen hier die in der lutherischen Uebersetzung stehenden Worte: „Ich bin das A und das O, der Erste und der Letzte." Dafür kommt dieses im 8. und 11. Verse in allen Lesarten vor. „Was du siehest, das schreibe in ein Buch." Darüber vergl. Einl. Par. 4, 2 und die Bemerkungen zu V. 4. Offenbar war hier schon die erste Vision angegangen. Folglich darf man diese Worte: was du siehest, das schreibe in ein Buch und —, nicht buchstäblich nehmen. Sonst hätte der ausführlichere Auftrag V. 19, der auf weitere Visionen hindeutet, wegbleiben müssen und der Apostel hätte zwischen Kapitel 3 und 4, d. h. zwischen der ersten und folgenden Vision, den Boten mit dem den sieben Gemeinden gehörenden Theile der Offenbarung zu expediren gehabt. Die Apokalypse gehörte ganz für die Christenheit, folglich auch für die sieben Gemeinden. Wegen V. 19 bedeutet also der Auftrag hier dieß: Schreibe in ein Buch die Visionen, welche dir zu Theil werden sollen und die soeben ihren Anfang nehmen.

V. 12. Johannes sah hier in der ersten Vision nicht jenen großen goldenen Armleuchter mit sieben Lampen aus dem israelitischen Heiligthume (2. Mose 25, 31—37), sondern sieben einzelne Lampen. Deshalb und weil Kap. 1, 20 steht: die sieben Lampen oder Leuchter sind sieben Gemeinden, so folgern Manche daraus, daß durch die sieben Gemeinden nicht alle christlichen Gemeinden gemeint seien, weil ja dann die Deutung (7 Gemeinden) selbst wieder nur ein Bild gewesen wäre. Allein warum soll dies nicht zulässig sein? Die Vision hat ihren Fortgang, folglich gehört auch die scheinbare Deutung mit zum Visionären, zum Bildlichen. Etwas Aehnliches erfahren wir zuweilen im Traume, wo der Geist strebt ohne Traum zu sein und, sich prüfend, meint in der Wirklichkeit sich zu bewegen und dennoch in der Allegorie verbleibt. — Hier in der Apokalypse ist nur nicht zu vergessen, daß diese apokalyptischen Allegorieen sämmtlich von dem dreieinigen Gott herstammten. Vergl. V. 1.

Im 13. Verse erscheint Christus dem Johannes in der einleitenden Vision in einer ganz besonderen Gestalt, so auch später wieder in anderen

Gestalten, denn es geht eben Alles bildlich zu. Hier „in der Mitte der sieben Lampen als der Beschützer und der Richter der Kirche. Seine Majestät und seine strafende Gerechtigkeit, das waren die Seiten, die hier allein in Betracht kamen. — Wenn er einem Menschensohne nur ähnlich ist, so muß bei ihm eine andere Seite des Wesens vorhanden sein, welche weit über das Menschliche hinausgeht." (H.) Dan. 7, 13. Weil es hier heißt: eines Menschen Sohne gleich und nicht: dem Menschensohne gleich, so ist eben diese Erscheinung Christus selbst und nicht ein Engel, gleichsam als Vertreter, oder Schatten des Menschensohnes. Im Griechischen steht homoios, ähnlich, dieß ist also der Sinn vom deutschen Worte gleich, das die lutherische Uebersetzung hier gebraucht (zu vergleichen eines Menschen Sohne). Christus erscheint hier als König und Richter. Der Kittel hier ist ein königlicher Talar. In den apokalyptischen Visionen ist durch jeden einzelnen Zug oder Strich im Gemälde Etwas gesagt, das auf eine ganze Begebenheit sich bezieht, oder eine ganze Lehre enthält. Suchet, so werdet ihr finden. Da Christus jetzt fort und fort in der Kirche auf Erden erscheint, als in seinem für uns sichtbaren Leibe oder Kleide, so kann man diesen Kittel oder Talar auf die Kirche deuten, die also Antheil an seinem Königthume hat und den goldnen Gürtel kann man deuten auf die gläubige Christenheit, die durch das Gold des geprüften und geläuterten Glaubens sich ihm am nächsten hält und die er besonders auf seinem Herzen trägt. Daher ist der Gürtel hier um die Brust.

Die weiße Farbe in V. 14 erinnert an Matth. 17, 1. 2., an die Verklärung Christi auf Thabor, ist also eine bildliche Bezeichnung seiner Heiligkeit und Majestät. Die übrigen Merkmale in V. 14 und 15 deuten hin auf die Kraft seiner strafenden Gerechtigkeit.

Vers 16. Die Sterne in der Hand Christi sind Bilder der Vorsteher der Gemeinden, wie V. 20 es angedeutet wird. Damit stimmt die Ansicht derer nicht, welche das geistliche Hirtenamt blos für eine Gemeindeeinrichtung halten, als ob nur die Gemeinde es aus sich heraus erzeugte und mit ihm nach Belieben schalten und walten könnte. Wenn auch Menschenbeiwerk bei diesem Amte vorkommt und unvermeidlich ist, so ist doch eine höhere Hand dabei im Spiele, welche gebührend zu beachten ist. — Das scharfe zweischneidige Schwert aus seinem Munde „ist eine bildliche Bezeichnung seiner richterlichen Strafgewalt, von der es auch gilt: sie spricht, so geschieht's, sie gebeut, so steht's da. Dieß Alles soll die Bösen schrecken und erwecken und die Gläubigen trösten und im Glauben stärken." Vergl. Jes. 49, 2. Hebr. 4, 12.

Vers 17. „Beim Anblicke der Herrlichkeit Christi sinkt Johannes als ein Todter zu Jesu Füßen. Sechzig Jahre nach der Verklärung Christi auf Thabor ist der heilige Johannes noch so voll vom Bewußtsein seiner täglichen Sünde (1. Joh. 1, 8), daß er vergehen will vor seinem Herrn. Vergl. Jes. 6, 5. Ezech. 1, 28. Dan. 8, 17. 18. 10, 7. ff. Auf einen solchen bußfertigen Sünder und Heiligen legt Jesus allezeit seine rechte Hand und spricht: „Fürchte dich nicht, ich bin der Erste und der Letzte und ich bin dein!"

Vers 17 und 18 sagt Jesus mit andern Worten dasselbe, was beim Matth. 28, 18 zu lesen ist: „Mir ist gegeben alle Gewalt im Himmel und auf Erden" und zugleich: „Ich und der Vater sind Eins." Dieß zu glauben, sind wir jetzt nach beinahe 2000 Jahren in einer andern Lage, als die Kirche zur Zeit Johannis. Ist die Reichsaufrichtung Christi nun nicht um ein Bedeutendes vorgeschritten? Trotzdem, daß sein Reich gar nicht von der Welt ist, auch nicht nach Art der gewaltthätigen Welt? „Siehe, ich bin lebendig, siehe, ich komme," das soll der Gläubige nunmehr sehen an der Kirche und an sich selbst.

Vers 19. Die Worte: „Schreibe, was du gesehen hast" bedeuten dasselbe, was im 11. V. die Worte: Schreibe, was du sieheft. In der Vision ist die Rede unbeschränkter hinsichtlich der Zeitfolge. An beiden Stellen ist der Sinn der: Was du gesehen haben wirst, das schreibe auf. Buchstäblich nach der grammatischen Conjugation genommen, ginge der Auftrag des Schreibens bloß auf die V. 11—18 mitgetheilte Vision, die, so schön sie ist, doch wegen ihrer Kürze eines solchen zweimaligen Gebotes nicht bedurft hätte. Die folgenden Worte: Und was da ist und was geschehen soll darnach, enthalten für uns einen Wink bei der Auslegung. Was da ist, diese Worte beziehen sich auf solche durch die Vision bezeichnete Dinge, die Jesus als das A und O bereits geleistet hat und was da geschehen soll darnach, das sind Dinge, welche Christus als von ihm unfehlbar noch zu vollbringende Dinge in der Offenbarung anzeigen will. Daher gehört dieser Vers der Einleitung mit zur nähern Angabe und Fixirung des Themas.

Vers 20. Bei diesem Verse fragt es sich vor Allem, wer unter den Engeln der sieben Gemeinden zu verstehen sei? Manche denken sich darunter blos Boten oder Deputirte, von der Gemeinde abgeordnete Vertreter. Wenn man aber das 21. Kapitel zu Rathe zieht, wo beim neuen Jerusalem durch die zwölf Thore offenbar die einzelnen Gemeinden oder auch die Particularkirchen gemeint sind an oder in der neuen Kirche Gottes im neuen Bunde, so ergiebt sich daraus, daß dort im 21. Kap. und hier im 1. 2. und 3. Kap. durch die Engel das geistliche Hirtenamt und ihre Inhaber und deren Pflichten bezeichnet werden. Es sind also die geistlichen Vorsteher, mögen es einzelne Personen oder Collegien sein. Damit stimmt auch, daß z. B. Dan. 12, 3 mit den Sternen Lehrer bezeichnet werden, oder die Lehrer mit ihnen verglichen werden. Bekanntlich heißt Jesus Christus selbst der Morgenstern. Offenb. 22, 16. 2. Petri 1, 19. Also sollen auch die christlichen Prediger und Seelenhirten, auch alle Lehrer in christlichen Schulen und alle christlichen Aeltern gleichen den Sternen, die am Himmel des Lebens von Gott gegeben sind und durch das dunkle Erdenthal den Weg zu Gott und zum Himmel unter der Gnade dessen, der der Morgenstern ist, zeigen und erleuchten sollen. Weiter sollen sie auch Engeln gleichen, indem sie den Ihrigen sind Boten Gottes mit der Heilsbotschaft von Christo, dem guten Hirten, Führer zu Christo durch Lehre und Vorbild und dienende gute Geister nach Hebr. 1, 14 (so weit es Christenthum, Amt und Kraft gestatten). Vergl. Pred. 5, 5. Maleach. 2, 7. 8. Jes. 42, 19. Jes. 44, 26. — Die Gemeinden selbst sollen als Gemeinden

Jesu Christi ihr Licht nicht unter den Scheffel stellen, sondern zur
Verherrlichung Christi als ihres A und O ihr Licht leuchten lassen vor
den Leuten, daß man ihre guten Werke sieht und den Vater im Himmel
preist. Matth. 5, 14—16. 1. Petri 2, 12. Dieß ist also nach dem
Sinne der ersten Vision in der Apokalypse die erste wichtige Absicht
und Seite bei der Reichsaufrichtung dessen, welcher als das A und O
unter seinen Gemeinden wandelt, es ist dies allezeit auch die Zukunft
der Kirche in ihrem Leiden und Thun, jedoch, ob auch gesagt und offen=
bart, dennoch ein „Geheimniß" (V. 20), weil alles Wissen allein nicht
dazu verhilft, sondern Jesus Christus das A und O überall, wo er in
Buße und im Glauben an= und aufgenommen wird.

C. **Die sieben Sendschreiben, oder der erste Haupttheil der
Ausführung, worin gezeigt wird, wie Jesus Christus nach
Innen in der Christenheit als das rechte A und O sich
verherrlichen und sich verherrlicht sehen will.**

Vom zweiten Kapitel an folgt nun die Ausführung des Thema's.
Die im ersten Kapitel enthaltene einleitende Vision ist eigentlich eine
Paraphrase des Thema's: Jesus Christus, der die Kirche gestiftet hat,
ist das A und O. Gleichwie die nähere Einleitung durch eine Vision
vermittelt wird, so wird nun auch die Ausführung des Thema's in
Visionen vermittelt und nicht in gewöhnlicher Predigtweise, in bilder=
loser Redeweise, wie am Ende dieser Schrift die Apokalypse als Predigt
(Weissagung) in bilderloser Redeweise skizzirt worden. Die Abhandlung
des Thema's wird in visionären Gemälden ausgeführt, wodurch die
Apokalypse fast den Charakter eines Drama's erhält, indem nicht blos
Geschichten, sondern auch Ideeen und Lehren durch die visio=
nären Bilder gleichsam mit Fleisch und Blut versehen, ver=
körpert werden und somit ein gewisses in Scene setzen in der
Apokalypse stattfindet. Dabei bleibt aber das Ganze und das Einzelne
eine Offenbarung Jesu Christi an den Johannes und durch ihn an uns.
Haupttheile in der Ausführung sind streng genommen nur zwei. Der
erste im zweiten und dritten Kapitel zeigt, wie Jesus Christus zu allen
Zeiten an der Christenheit selbst nach Innen sich als ihr A und O
verherrlichen will. Der zweite Haupttheil vom vierten Kapitel, oder
näher vom fünften Kapitel an zeigt, wie der Herr sich nach Außen
als das A und O verherrlicht hat und sich verherrlichen will. — Im
ersten Haupttheile ist der Gang synthetisch.

Wenn man die sieben Sendschreiben andächtig durchgelesen hat, so
können, wenn sie auch Segen für's Herz zurückgelassen haben, dennoch
zwei Fragen im Innern der Leser auftauchen. 1) Wie harmoniren die=
selben als Ganzes mit der apokalyptischen visionären Darstellung, da
sie als klare Bußpredigten keine visionäre Scene enthalten und somit
den Verlauf der angekündigten und schon begonnenen Visionen zu unter=
brechen scheinen? Auch später folgen in der Apokalypse nicht lauter
visionäre Gemälde auf einander, sondern es wird auch mitgetheilt, was
der heilige Seher in der Ekstase gehört hat, Lobpreisungen und An=
betungen Gottes, die doch als solche keine symbolische Bedeutung haben

und gewissermaßen ebenfalls das Visionärsymbolische zu unterbrechen scheinen. Allein schon in unsern gewöhnlichen Träumen kommen nicht selten solche Einmischungen von gehörten Redesätzen und Strophen vor, wie viel mehr kann dies bei der heiligen Ekstase der Fall sein! So ging es dem Apostel Paulus, wie er 2. Kor. 12, 4 uns mittheilt. — Außerdem ist auch anzunehmen, daß alle jene Stellen der Apokalypse, die in ihrem Sinne eigentlich zu nehmen sind, im Geiste des Johannes, es sei im Keime, oder ausführlicher schon vor der Vision vorhanden waren. In der Vision empfing sie Johannes durch Christi Gebot oder Eingebung nun als Gabe des Herrn. Wir Leser haben unsererseits die Sendschreiben und die psalmodischen Stellen um so mehr als Gaben des Herrn hinzunehmen. 2) Wer nun mehr oder minder die Apokalypse blos als Zukunftsbuch der Kirche liest, ein anderes Thema des Buches annimmt, als das oben angegebene, namentlich das Kommen des Herrn zum Strafen und Richten der Feinde seiner Kirche als Hauptobjekt der Apokalypse ansieht, dem muß es bei den sieben Sendschreiben auffallen, daß nach kaum gethaner Verheißung und Aufforderung: Schreibe die Visionen auf, die dir gegeben werden sollen, im zweiten und dritten Kapitel noch keine Visionen folgen, auch im vierten und fünften Kapitel noch die Zukunftsenthüllungen auf sich warten lassen, obgleich jene Zusage im vierten Kapitel V. 1 wiederholt wird. Es ist aber die Folge fehlgreifender Voraussetzung, wenn man anzunehmen sich gezwungen sieht, daß, was im ersten Kapitel und Kap. 4, 1 versprochen wird, gerade erst Kap. 6, genau genommen, gewährt wird.

Die sieben Sendschreiben haben eine dreifache Bedeutung. Erstens waren sie Kirchenvisitations-Ansprachen für die betreffenden sieben Gemeinden. Zweitens sind sie durch die Bilder, welche sie uns von den Gemeinden gewähren, Weissagungen über spätere kirchliche Gestaltungen, „so daß ihre wirklichen damaligen Zustände Anlaß gaben, das zu ihnen zu sagen, was von den künftigen Entwickelungsphasen der Gesammtkirche zu sagen ist." (Kliefoth.) Drittens sind sie Buß- und Trostpredigten für einzelne Christen, welche nach Befinden sich hier angeredet fühlen sollen. Bengel sagt: „Es ist nicht leicht etwas, das einen so durchdringen und läutern könnte, wie diese sieben Sendschreiben." Vergl. die Bemerkungen nach dem siebenten Sendschreiben.

Sie gehen alle genau nach einem und demselben Schema, nämlich alle enthalten: 1) einen Auftrag zum Schreiben, 2) eine bildliche Bezeichnung Christi, des Auftraggebers, 3) die Ansprache selbst, in welcher sich findet ein Zeugniß, eine Ermahnung und eine Ankündigung, 4) eine Zusage und das Schlußwort. Ohne Vision würde der Auftrag an den Johannes so gelautet haben: Folgende Ansprache an die Gemeinde zu N. schreibe auf und laß sie ihrem geistlichen Vorstande zu gebührender Mittheilung und Auslegung zukommen.

Kap. 2. V. 1. Die Gemeinde zu Ephesus kommt zuerst an die Reihe, weil Johannes, der Oberbischof jener Gemeinde, nach den Zeiten des Apostel Paulus dort gewohnt hatte. — Im 1. Verse heißt es von Christo, der die sieben Sterne in seiner rechten Hand hält, zum Unterschiede von Kap. 1, 16: Er wandelt unter den Leuchtern. Das heißt: Niemand kann sie ihm aus seiner Hand reißen (Joh. 10, 28) und „er ist überall bei der Hand, wo es gilt zu strafen, oder zu helfen."

V. 2. „Das Lob in diesem Verse bezieht sich nicht auf allgemeines wahres Christenthum, sonst würde im 4. Verse der Vorwurf der erkaltenden Liebe nicht dazu stimmen, sondern hier wird der Eifer bei Abwehr der Irrlehrer gelobt. — Diese Gemeinde hatte sich vom Eifer für die Rechtgläubigkeit einseitig einnehmen lassen und dabei war der Eifer in der Buße und in der Liebe erkaltet.

V. 3 soll nach einer richtigeren Lesart heißen: Und hast Geduld und hast getragen wegen meines Namens und bist nicht müde geworden. Hier in diesem Verse wird anerkannt, daß diese Gemeinde um Christi willen Schmach und Verfolgung willig ertragen hat.

V. 4 ist die erste Liebe, die zu Christo und in Christo zu allen Christen, wie solche Liebe nach Eph. 1, 15 und Kol. 1, 4 früher dort einheimisch gewesen war. Welch eine wichtige Beschuldigung! Daß Ungläubige oder Irrgläubige unliebsam sich benehmen gegen ihren Nächsten, das ist kein Wunder; daß aber Rechtgläubige, solche, die sich selbst zu den Bekehrten und Gläubigen zählen, unliebsam, hochmüthig, geizig, im Handel und Wandel gegen Andere, besonders gegen Untergebene, Fremde, oder gegen die eigenen Bediensteten sich schmutzig und eigennützig beweisen, das Alles will der Herr ihnen nimmermehr übersehen, wie im 5. Verse gesagt wird. Wo es an Buße und Liebe fehlt, „da ist die Wurzel des Christenthums selbst am Absterben."

V. 5. Leider hat die in diesem Verse ausgesprochene Drohung an Ephesus sich erfüllen müssen. Der Leuchter ist dort und in der Umgegend weggestoßen. Von Ephesus selbst sind nur noch Ruinen übrig und statt dieses Leuchters Christi schimmert jetzt dort der muhamedanische Halbmond.

V. 6. Hier werden die hassenswerthen Werke der Nikolaiten erwähnt. Unter den Werken dieser Sekte hat man hier sowohl ihre Lehre, als ihr Thun und Lassen zu verstehen. Sie lehrten wahrscheinlich mehr durch ihr Verhalten, als durch's Wort. Nach Vers 14 und 15 waren die Nikolaiten Bileamiten, d. h. solche, welche Bileam's Fußtapfen folgten (4. Mose 25. 31, 16), d. h. welche das Heidenthum in die Gemeinde Gottes einzuschwärzen suchen, eine Union zwischen Heidenthum und Gottes Volk bewirken wollen, was nur zum Unglück für das Volk Gottes und zur Begünstigung des Heidenthums führen kann. — „Nein ab von der Welt!" heißt es daher, wer sich zu Christo bekehren und selig werden will. Bileam heißt Volksverderber und Nikolaus Volksbesieger. Jeder Volksbesieger ohne und wider Christum ist ein Volksverderber. — Bileam und Jesabel sind Hauptrepräsentanten der Irrlehrer als Volksverführer. — Da hier die Sendschreiben zwischen Visionen stehen, so ist der Name Nikolaiten nicht abzuleiten von einem gewesenen wirklichen Sektenstifter Namens Nikolaus, den Manche vermuthen, weil auch sonst keine geschichtlichen Zeugnisse von einem solchen vorhanden sind. — Nachdem die Christen aus den Juden ausgeschieden waren und Jerusalem zerstört war, hatte das Christenthum bezüglich seiner Reinheit keine Gefahr mehr vom Judenthume, sondern

Kapitel 2.

fort und fort vom Heidenthume. Vor Allem hätte das Heidenthum es gern gesehen, wenn das Christenthum einen Vertrag mit der Unzucht und mit der Völlerei (V. 14) eingegangen wäre und die Lehre von der Gnade Gottes und der christlichen Freiheit auf Muthwillen gezogen hätte. 2. Petri 2, 10. 16. 19. Jud. 4. Davor werden nun die Christen aller Zeiten ein für allemal hier V. 14 und 15 nachdrücklich gewarnt.

V. 7. „Wer ein Ohr hat, der höre, dies ist hier wie auch in den ersten Evangelien, wo der Herr so sagt, Andeutung, daß das Gesagte mehr als ein äußerliches Hören, nämlich ein tieferes geistliches Verstehen verlangt, dessen Armuth uns immer recht zu Christo unserem A und O, dem Anfänger und Vollender unseres Glaubens treiben und in seiner größten Nähe erhalten soll. Das Holz des Lebens ist hier so viel als das ewige Leben selbst. 1. Joh. 2, 25. Auch wird hier gesagt: Der Ersatz des verlorenen irdischen Paradieses ist überall, wo die Seligkeit den Erwählten Gottes ertheilt und von ihnen genossen wird."

Weil hier V. 7 das Paradies mit dem Baum des Lebens, V. 11 der Tod als der Sündensold, V. 17 das Manna, V. 26 die Unterjochung der Heiden erwähnt ist, so finden Manche darin eine Anspielung auf die biblische Geschichte und zwar nach der Zeitfolge. Daraus folgert man weiter, daß darin eine Andeutung des geschichtlich symbolischen Charakters der sieben Gemeinden liege, ja sogar, daß die Aufeinanderfolge gewisser Kirchengestaltungen durch die ersteren Gemeinden geweissagt sei und durch die letzteren die Gleichzeitigkeit anderer bis an das Ende der Welt. Daher findet man nun in der hier beschriebenen Gemeinde zu Ephesus ein Bild der gesammten apostolischen Kirche des ersten Jahrhunderts, weil damals das Christenthum allenthalben falsche Apostel, dürre Rechtgläubigkeit nach früherem jüdischen Stile und heidnische Gesetzlosigkeit abzuwehren hatte.

V. 8. Von diesem Verse an folgt das Sendschreiben an die Gemeinde zu Smyrna. Den guten Zustand dieser Gemeinde schreibt man nächst der Gnade Gottes dem lieben apostolischen Kirchenvater Polykarpus zu, der als ein gewesener Schüler der Apostel dort das Bischofsamt verwaltet und als Märtyrer den Feuertod im Jahre 169 n. Chr. erlitten hat.

V. 9. Unter der Armuth ist hier äußerliche Armuth zu verstehen. 2. Kor. 8, 9. Jak. 2, 5. Die Juden, die hier erwähnt sind, das sind wohl wirkliche Juden, welche als Christi Feinde das Ihre mittelst Lästerung thaten, während die Heiden die Macht zur thätlichen Verfolgung hatten.

V. 10. Hier werden zehn Tage der Verfolgung erwähnt. Schon hier sieht man, daß in der Offenbarung Johannis die apokalyptischen Zahlenangaben nicht buchstäblich zu nehmen sind. — Viele deuten diese zehn Tage geradezu als bildliche Verkündigung auf die zehn Hauptverfolgungen des Christenthums durch die römischen Kaiser. Es ist aber wohl angemessen genug, wenn man die zehn Tage nimmt als Bezeichnung einer geraumen Zeit.

V. 11. Der hier genannte andere Tod ist der Kap. 20, 14 und 21, 8 erwähnte feurige Pfuhl, oder die ewige Verdammniß.

In der Gemeinde zu Smyrna kann man einen Typus, oder ein Vorbild der Christenheit im zweiten und dritten Jahrhunderte finden, weil sie da die schlimmsten Verfolgungen ausgehalten und Heldentreue bewiesen hat. Polykarpus in Smyrna ist ihr Urbild.

Von V. 12 bis 17 folgt das Sendschreiben an die Gemeinde zu Pergamus. Nach einer richtigeren Lesart soll der 13. Vers anfangen: Ich weiß, wo du wohnest u. s. w. Hier erfahren wir, daß in Pergamus die verfolgende Bosheit sich concentrirte, was hier Satans Stuhl genannt wird. — „Da die Kirchengeschichte von einem dagewesenen Märtyrer Namens Antipas nichts weiß, so vermuthet man, daß mit diesem Timotheus gemeint sei, weil ein wahrer Fürchtegott auch ein Gegenall genannt werden könne, indem ein solcher bereit sein müsse, gegen Alle im staubhaften Glauben aufzutreten." Timotheus soll nach Paulus und vor Johannes in Ephesus gewesen und von da nach Pergamus gekommen sein.

V. 14. Nach einer richtigeren Lesart soll es statt durch den Balak heißen: für den Balak, d. h. dem Balak zu Gefallen. Es scheint, daß in Pergamus Bileamiten unter den Christen waren, welche die Gunst vornehmer heidnischer Herren gesucht haben. 2. Petri 2, 15 ist auch von solchen „Grenzverrückern zwischen Kirche und Welt" die Rede. — Beispielsweise werden hier zwei Theilnehmungssünden erwähnt, Götzenopfer essen und Unzucht, es wird aber noch mehrere gegeben haben. Vergl. Ap.-Gesch. 15, 20. Dies war des Teufels Köder, aus dem Heidenthume herüber der Christenheit vorgeworfen.

V. 15. Nach einer anderen Lesart soll es statt der Worte: das hasse ich, heißen: gleichfalls. Da wäre der Sinn: „Also und eben so, wie einst Bileam lehrte und Anhänger fand, hast auch du solche, die die Lehre der Bileamiten der Gegenwart festhalten." Nikolaiten sind folglich Diejenigen, welche an der Lehre Bileams festhalten.

V. 16 enthält eine Anspielung auf 4. Mose 31, 8. Jos. 13, 22. 4. Mose 22, 23. Der Herr will mit dem Racheschwert bald kommen, d. h. nicht sichtbar, sondern verborgen.

V. 17 wird für das Götzenopfer den Gläubigen das verborgene Manna verheißen, das ist die innige Gemeinschaft mit Christo (Joh. 6). Wie sie jenseits einst sein wird das Himmelsbrot für die, welche überwunden haben, so ist sie auch diesseits das aus dem Himmel herab uns gewährte Manna für die, welche ihre Lüsternheit nach der Welt und ihrer Lust überwinden und ihr nicht Gehör geben. Schatz über alle Schätze — V. 1 und 2. In diesem 17. Verse findet sich einerseits eine Erinnerung an's heilige Abendmahl und die dort sich vollziehende und erneuerte persönliche geheimnißvolle Vereinigung mit dem Herrn, andererseits auch eine Anspielung auf die Geheimnißkrämerei mancher heidnischer Vereine, oder Mysterien, womit im Grunde doch nichts Göttliches erzielt wurde, sondern es blieb Alles heidnisch und gottlos, wogegen hier bei Christo die rechten heiligen und zugleich heiligenden Geheimnisse Gottes mitgetheilt werden; ein verborgenes Manna. — Nach dem Griechischen soll es heißen: und will ihm geben einen weißen Stein. Luther übersetzt: ein gut Zeugniß. In Betracht von Kap. 21, 19. 20 dürfte dem Sinne nach Beides auf Eins herauskommen. Da die Bilder in der Apokalypse meist aus der Geschichte des israelitischen Volkes zu deuten sind, so ist dieser weiße Stein ein Bild von dem glänzenden Loose und Erbtheile der Priester Gottes. Alle Christen sollen aber Priester Gottes sein. 1. Petri 2, 9. Apok. 1, 6. Beides, der weiße Stein und der neue Name besagen, daß der Herr sein theures Verdienst einer solchen Seele schenken will. Das Letzte in diesem Verse erinnert an 1. Joh. 3, 2, Joh. 15, 21. 16, 3: Erst durch selige Erfahrung weiß man, welch ein seliger Stand der eines treuen rechten Christen ist.

Man hat in der Gemeinde zu Pergamus das Vorbild der Kirche vom vierten bis zum neunten Jahrhunderte gefunden. Da waren die Lichtseiten: Festhalten am Bekenntniß des Namens Christi, Treue bis in den Tod, Bewahrung des wahren Glaubens. Jedoch, neben Eroberung des Staates und Staatsschutzes, in welchem es nun christliche römische Kaiser gab, auch staatskirchliche Verderbniß. — „Wie Israel endlich in's Land der Ruhe kommt und vom Satan durch Balak angefochten wird, so sucht Satan durch innere Verderbniß der Kirche zu schaden, z. B. durch heidnische Sinnenpracht beim Gottesdienste, durch heidnischen Aberglauben, heidnische Mirakelsucht, heidnischen Heiligendienst, Bilderdienst, heidnische Beredtsamkeit, die innere Mission wurde versäumt, Sittenlosigkeit, Mönchsfrömmigkeit trat nun an die Stelle des früheren Märtyrerthums." Den byzantinischen Hof, der zum Christenthume sich bekannte, nennt Ammianus ein Seminar aller Laster. — Das wäre also Etwas von Satans Stuhle. Die Drohung mit dem Schwerte erfüllte sich durch den Muhamedanismus. Dennoch blieb damals, wie auch in späteren dunkelen Zeiten der Kirche der Satan gebunden (Kap. 20, 1. 2), sein Einfluß blieb beschränkt, besonders gegen die Zeit vor Christo, und die Kirche Christi blieb die Braut des Herrn, von ihm geschmückt und bereitet, ist immer in der Gemeinde der Heiligen da gewesen, es hat dem Herrn nie gänzlich an solchen gefehlt, denen er den weißen Stein mit dem neuen Namen geben konnte. Erkenne mich, mein Hüter, mein Hirte nimm mich an!

V. 18—29 folgt das Sendschreiben an die Gemeinde zu Thyatira. Diese Stadt ist Ap.-Gesch. 16, 14 erwähnt. Aus dieser Stadt war die Purpurkrämerin Lydia. Vielleicht war durch diese das Christenthum in Thyatira befördert worden. Da wäre sie das Gegenbild von der Jesabel. In Thyatira war ein liebethätiges Christenthum; aber man widerstand dem Bösen nicht tapfer genug, umgekehrt also wie zu Ephesus. In Thyatira hatten die Nikolaiten mehr Eingang gefunden als zu Ephesus.

V. 20 soll es nach einer richtigeren Lesart heißen: daß du lässest dein Weib Jesabel. Jesabel ist hier wieder bildliche Bezeichnung der Ketzerei und der zum Heidenthume sich hinneigenden Irrlehre. Durch diese wäre, wenn sie allgemein wurde, aus dem Christenthume ein mit christlichen Formen überkleidetes Heidenthum geworden. Der Ausdruck: dein Weib, ist eine Hindeutung darauf, daß durch gewisse Nachsicht die Irrlehrerschaft förmlich Sitz und Stimme gewonnen hatte. Das Wort Huren ist hier wie 2. Kön. 9, 22 doppelsinnig: es ist sowohl fleischliches wie geistliches Vergehen gemeint. — Hurerei im geistlichen Sinne ist hier Abfall von Gott und Christo, vom reinen Glauben. Vergl. Hes. 23, 37.

V. 23 sind die Kinder der Jesabel die Anhänger der falschen Lehre. Hier und im folgenden Verse soll eine Anspielung auf die Sekte der Gnostiker sein, weil diese mit ihrem höheren und tieferen Erkennen und Erforschen sich rühmten und das einfache Christenthum verachteten. Auch der Morgenstern, V. 28, scheint eine solche Anspielung zu sein und eine Hindeutung, daß der wahre Morgenstern und die rechte Weisheit nicht in jener stolzen Gnosis, sondern in Christo zu haben sei. 1. Kor. 1, 30. So sollen jene Gnostiker behauptet haben, um die Tiefen des Satan richtig zu erkennen, müsse man alles Schändliche durchmachen. „So hing man um seine Schändlichkeit und satanische Verdorbenheit noch den Philosophenmantel."

V. 24 ist erwähnt eine andere Last, die der Herr nicht auf die Seinen werfen will. Aus dem Zusammenhange ersieht man, daß hiermit neue Gebote gemeint werden. Vergl. Ap.-Gesch. 15, 28. 29. 1. Joh. 2, 24.

V. 26. Halten oder bewahren die Werke des Herrn heißt dem Vorbilde des Herrn nachfolgen. Die Verheißung der Macht über die Heiden hat sich zu aller Zeit gar schön bei der treu gebliebenen Christenheit erfüllt.

V. 28. Ich will ihm geben den Morgenstern, d. h., „den leuchtenden Anbruch des ewigen Lebens." Wie schön hat es sich in der Kirche des Mittelalters erfüllt, indem sie den Keim der Reformation in sich hatte, der durch die treuen, bibelgläubigen Christen, die zum rechten A und O hielten, sich entwickelte.

Die Gemeinde zu Thyatira wird als Typus der Kirche des Mittelalters angesehen. In dieser Zeit war viel Liebethätigkeit und Opferfreudigkeit (z. B. bei den Kirchenbauten, Kreuzzügen, Stiftungen), aber auch daneben Weltherrlichkeit, Verfolgung der Wahrheitszeugen, Werkgerechtigkeit, Cölibat mit Hurerei vermischt. Weiter sagt man, diese Kirchengestaltung werde, wie aus V. 26 zu ersehen, „bis an's Ende fortbestehen und sogar der Name Thyatira erinnere an den in dieser Kirche von Neuem eingeführten Opfercultus (thyo). Da wäre denn die Papstmacht die Jesabel, deren Heiligencultus allerdings an Abgötterei erinnert.

Kap. 3, V. 1. ff. folgt das Sendschreiben an die Gemeinde zu Sardes. Der die sieben Geister Gottes hat, ist Christus. Vergl. das zu Kap. 1, 4 Bemerkte. Alles, was der Vater hat, das ist auch Christi. Es sollen diese Worte eine Hindeutung sein „auf die unbedingte und unbeschränkte Macht Christi zu strafen und zu belohnen. Aus solchem Munde muß das Wort: ich weiß deine Werke, schrecklich klingen. Jedenfalls ist unsere Stelle trefflich geeignet, uns einen heiligen Schauder zu erwecken, vor Allem, was bloßer (guter) Name ist." Manche vermuthen, es sei hier eine Anspielung auf den Eigennamen des Gemeindevorstehers in Sardes. Das kann sein. Zugleich ist aber mit den Worten: du hast den Namen, daß du lebst und bist todt, viel gesagt: Ihr rühmt euch, die rechte Lehre, den reinen Glauben zu haben, aber die entsprechenden Werke fehlen, ihr nennt euch Christen und seid doch nicht Christi Nachfolger, ihr wollt Gottes Knechte sein und andere knechten und seid doch vielmehr Knechte eures unbekehrten fleischlich gesinnten Herzens, ihr rühmt euch der Rechtgläubigkeit und seid doch leer von Liebe, welche auch ein Abglanz der demüthigen Liebe Christi und seiner treuen Hirtenliebe auch gegen Verirrte sein soll. Hes. 34, 4. Kol. 2, 6.

V. 4. Die weißen Kleider bedeuten, daß der „Aneignung der Vergebung der Sünden und dem Leben in der Heiligung die ewige Seligkeit und Herrlichkeit folgt." Zudem: sie sind es werth. Vergl. Kap. 16, 6.

V. 5 erinnert an 2. Thessal. 1, 5. Ps. 69, 29. Matth. 10, 32. 33. Luk. 12, 8. 9.

Sardes ist Typus für jede größere oder kleinere kirchliche Körperschaft, welche sich der Rechtgläubigkeit rühmt und ohne die entsprechende Heiligung, Liebe und Werke bleibt. Warnung vor todter, eitler Orthodoxie.

V. 7. Von hier an folgt das Sendschreiben an die Gemeinde zu Philadelphia. Der 7. Vers enthält Kraftworte gegen den Unglauben und die Lästerungen der Juden. „Der Schlüssel Davids ist der Schlüssel, womit David sein Haus aufschließt." Vergl. Jes. 22, 22. Das Haus Davids ist bildliche Bezeichnung seines Reiches und dieses wieder Bild vom Reiche Christi. „Davids Schlüssel ist hier zugleich der Schlüssel des Himmelreiches." Vergl. Matth. 16, 19. Offenb. 1, 18. „Wer im Reiche Christi ist, der ist vor dem Tode und der Hölle geborgen."

So wie man hier im Bilde wieder eine andere bildliche Bezeichnung finden muß, ehe man zur eigentlich gemeinten Sache kommt, so muß man auch anderwärts in der Apokalypse bei der Deutung einen solchen kleinen Umweg sich nicht verdrießen lassen, z. B. beim siebenköpfigen Thiere.

V. 8. Die offene Thür ist zunächst eine Versicherung der gewissen Mitgliedschaft im Hause Davids gegen das Absprechen der Juden. Die kleine Kraft ist dann eine Bezeichnung der schwachen Anfänge und niedrigen Umstände der Gemeinde den jüdischen mächtigen Gegnern gegenüber. In weiterer Bedeutung liegt in diesem Verse eine Versicherung, daß es den treuen Christen nicht an Spielraum zur Verkündigung des Evangeliums oder zur Bekehrungsthätigkeit fehlen werde.

V. 9. Aus den Worten: ich gebe aus Satans Schule, kann man folgern, daß bis an's Ende eine Synagoge des Satans oder eine christenfeindliche Judenschaft fortbestehen wird. Sonst hätte es hier heißen müssen: Ich gebe die Schule des Satans. Das Anbeten zu den Füßen oder demüthige Anerkennen des Heils in der Kirche von Seiten bekehrter Juden ist schon Jes. 60, 14 geweissagt. „Was kann uns der trotzige Hohn derjenigen anfechten, von denen wir gewiß sind, daß sie uns bald zu Füßen liegen werden?" In der That hat die Kirche „eine anziehende Gewalt über die Juden ausgeübt, zu allen Zeiten, während das Judenthum seit Christi Erscheinung alle Attractionskraft verlor."

So ergiebt sich bei Philadelphia von selbst etwas Vorbildliches für nachfolgende Zeiten. „Das Niederfallen drückt ein verehrendes Staunen aus im Gegensatze zu der früheren Verachtung."

V. 10. Das Wort meiner Geduld, bedeutet so viel als: „meine Aussprüche, welche die Geduld und Standhaftigkeit empfehlen." Luk. 21, 19. 8, 15. Matth. 10, 22. 24, 13. — Zu versuchen, die da wohnen auf Erden: „In der heiligen Schrift ist gewöhnlich nur von Versuchungen der Gläubigen die Rede. Doch ist der Begriff der Versuchung deshalb nicht schlechthin ohne Andeutung auf die Welt. Vergl. 5. Mos. 4, 34. 7, 19. Gott will versuchen, ob die Bösen in ihrer Bosheit verharren werden. Vergl. Offenb. 9, 20. 16, 11. 21. Christus stellt den Seinigen die Alternative, entweder von der Welt zu leiden, oder mit der Welt. Wer sich dem Ersteren entziehen will, den trifft das Letztere gewiß."

V. 11. Die Krone ist „die Krone des Lebens, die ewige Seligkeit, welche die Erwählten im Glauben schon besitzen" und die sie sich besser wahren sollen, als der erste Adam im Paradiese die seine, die ihm „gegeben" war. Offenb. 6, 2.

V. 12 sagt in den ersten Worten, was Joh. 8, 35 der Herr schon verheißen hat. Es ist von der Theilnahme an der ewigen Seligkeit die Rede. Das Anschreiben des Namens vom neuen Jerusalem soll den Mitbürger im Reiche Gottes bezeichnen. Der neue Name Christi lautet nach Kap. 19, 16 „Der König der Könige und der Herr der Herren," oder: das A und O, verherrlicht über alle Feinde und irdische Größen. Die Auserwählten bleiben Eigenthum Gottes und ewige Bürger des neuen Jerusalems.

Philadelphia wird als Typus der evangelischen Kirche angesehen. Letztere wird also ebenfalls bleiben neben Thyatira bis an's Ende. Vergl. V. 10.

Vom 14. Verse an folgt das Sendschreiben nach Laodicäa. Aus Kol. 2, 1. 4, 15. erfahren wir, daß Paulus schon für diese Gemeinde einen großen Kampf zu bestehen gehabt hatte. „Der Engel dieser Gemeinde erhält hier eine sehr scharfe Ansprache, jedenfalls nicht für ihn zumeist, denn so ein lauer, dünkelhafter und dabei jämmerlicher Vorstand ist kaum auf längere Zeit denkbar. Der Geist der Gemeinde war so jämmerlich beschaffen."

V. 14. Der Amen und der treue wahrhaftige Zeuge ist Christus. Auch hier klingt das Thema wieder. Vergl. Kap. 1, 5. „Dem verwerfenden Urtheile des treuen wahrhaftigen Zeugen darf Niemand widersprechen, so tief es auch verwunden mag, seiner Drohung darf Niemand gering achten, seiner Verheißung müssen alle trauen." Der Ausdruck: Anfang der Kreatur Gottes stimmt mit Joh. 1, 3 und mit Offenb. 13, 8 und ist ein Fingerzeig zur Deutung des Buches mit den sieben Siegeln. Dieser Wink steht darum hier gegen das Ende der sieben Sendschreiben und dient zugleich zum Uebergange auf's Folgende. Wie Gott, so wird auch der Sohn Gottes Urquell des Daseins genannt, denn ohne denselben „ist nichts gemacht, das gemacht ist." Folglich bleibt die Auslegung dieser Stelle, wie sie Arius machte, eine Ketzerei, indem er behauptete, daß Christus hier das erste Geschöpf genannt werde. „Durch die ewige Zeugung des Sohnes vom Vater war die Schöpfung der Welt indicirt" ja möglich. Vergl. Kol. 1, 15. 18.

V. 15. Die Kälte ist die Selbstsucht, die Wärme die Liebe vom heiligen Geiste. Der Herr redet hier nur von der Beschaffenheit solcher, die zu ihm in Beziehung stehen. In Bezug auf die Nichtchristen gilt 1. Kor. 5, 12. Daher kann nur an ein solches Kaltsein hier gedacht werden, welches mit dem schmerzlichen Bewußtsein verbunden ist, daß man kalt ist, mit dem herzlichen Verlangen, warm zu werden." Matth. 5, 3. Jes. 6, 5.

V. 17. Vergl. Luk. 18, 11. 12. Wahrscheinlich bildeten sich die meisten Christen in Laodicäa auf ihr Wissen viel ein. (Rationalismus.) Matth. 15, 14. 23, 26. Joh. 9, 41. Hof. 12, 9.

V. 18. Vergl. Jes. 55, 1. Das mit Feuer geläuterte Gold ist der bewährte Glaube. 1. Petri 1, 7. Jak. 1, 3. „Die weißen Kleider sind die christlichen Tugenden. Die Augensalbe ist die erleuchtende Wirkung des heiligen Geistes." 1. Joh. 2, 27.

V. 19 bringt zur Milderung des Gesagten eine „liebevolle gemüth= liche Ermahnung." Sprüchw. 3, 11. 12. Sei eifrig und thue Buße, d. h. nur durch Buße und Sinnesänderung kannst du zum rechten Eifer gelangen. Unbußfertigkeit und Eifer aus unbußfertigem Herzen ist das Leichtere für uns Menschenkinder. Buße und Eifer aus bußfertigem Herzen, auf Glauben und Selbstverleugnung gerichtet, das Schwerere. Der dünkelhafte Selbstweise ist vor Gottes Augen ein rechter Thor, daß er sich das Leichtere erwählt, denn diese Wahl hebt den Menschengeist nicht, sondern drückt ihn herab und verdirbt ihn vollends und solche können nicht verlangen, daß ihnen zuletzt Kronen vom ewigen Richter und Vergelter zugesprochen werden, noch daß es einst so kommen wird, wie sie es in ihrem gottfeindlichen Dünkel dem lieben Gott gleichsam fort und fort oktrohirt hatten, daß es kommen müsse. Wo bliebe da das A= und O=Sein des Herrn? Kap. 9, 6.

V. 20 erinnert an Hohesl. 5, 2. 4, 16. 5, 1. „Die Liebe ist der Genuß, zu dem der Bräutigam die Braut einladet." Joh. 14, 21. Dieses „Mahl," welches der Herr hier verheißt, gewährt er im Vor= geschmacke hier zeitlich, dort aber in der Fülle ewiglich. Wie ist's nur möglich, daß die Ungläubigen darauf gar nichts geben, sondern nur da= rüber absprechen und spotten, da sie doch mit ihren eigenen Ohren aus den von herzlicher Wonne zeugenden Hallelujah's und Lobpsalmen erlöster und im Herrn beseligter Christen hören und mit ihren eigenen Augen aus den Freudenthränen der Gläubigen, die von der Freude im heiligen Geiste Jesu Christi erfüllt sind, ersehen können, daß der Kern des Christenthums nicht im totalen Verzicht auf jegliche Freude und Wonne, noch in einem finsteren Geiste besteht? Doch mit hörenden Ohren hören sie nicht und mit sehenden Augen sehen sie nicht, denn hie ist geistlicher Tod, Todtsein für — Gott. Einer aber freut sich ganz gewiß darüber mit echt höllischer Schadenfreude, denn der will es so haben, der hält auch sein Abendmahl bereit und der Vorgeschmack davon auf Erden heißt Fluch und Verderben. Matth. 23, 37.

Christen auf Erden, die gesunken und verkommen sind, so lange sie die Sünde gegen den heiligen Geist noch nicht begangen haben, sieht der Herr doch noch als sein Eigenthum an. Da kommt er, nicht um Gewalt zu brauchen und gleichsam die Thüre aufzureißen, obwohl er die Macht und das Recht dazu hätte. Erzwungene Knechte und Auserwählte will der Herr nicht haben. Nein er bringt die theure Perle (die Versöhnung mit Gott) und steht vor der Thür und klopft mit Schonung an. Er ist im Stande lange zu stehen und zu warten. — Der Satan hat lauter freiwillige Knechte. Gott will in dieser Beziehung nicht unter ihm stehen. Nur wo alle Langmuth und angebotene Gnade nichts fruchten, muß der Herr auch zur väterlichen Ruthe greifen, um den bösen Schläfer und Träumer aufzurütteln, damit in der Ewigkeit einst die Unterlassung der Züchtigung ihm nicht zum Vorwurf gemacht werden könne. So geschieht also das Anklopfen im Allgemeinen auf verschiedene Weise: durch das Wort, durch die Taufgnade, durch die Schickungen, durch innere Regungen, namentlich auch durch Gottes Güte, Geduld und Langmüthigkeit. Röm. 2, 4.

Laodicäa gilt als Typus aller rationalistischen, vom positiven und specifischen Christenthume immer weiter sich entfernenden kirchlichen Gestaltungen. Vergl. das eigene Bekenntniß eines Engels bei solcher Kirchengestaltung, mitgetheilt in der Allgemeinen Kirchenzeitung, 1862, Nr. 76 S. 1210 f.

In diesen sieben Sendschreiben hält nun der Herr fort und fort seine Kirchenvisitations-Ansprachen an alle und jegliche christliche Gemeinden und an ihre Vorstände. Dann aber redet der Herr in diesen Sendschreiben auch zu jedem einzelnen Christenherzen. Darum geht hier die Anrede nicht in der zweiten Person der Mehrzahl, sondern der Einzahl. Wer sich die Mühe nehmen will und mit dem Seufzer: Rede, Herr, dein Knecht höret, einen Versuch machen mit dem erbaulichen Lesen dieser Sendschreiben, der wird inne werden, ob diese Lehre von Gott sei, oder ob sie für ihn keine Bedeutung hat.

In einem ähnlichen Tone, der in diesen Sendschreiben herrscht, darf und soll aber auch jeder Prediger des Evangeliums, namentlich der einer bestimmten Gemeinde vorgesetzte, seine Gemeinde im Namen des Herrn anreden, besonders an wichtigeren Tagen, z. B. an Bußtagen, bei Festfeiern, bei Heimsuchungen des Herrn u. s. w.

In den sieben Sendschreiben liegt ferner auch indirect der Auftrag des Herrn an die christlichen Kirchenbehörden für zu haltende Kirchenvisitationen. Es ist merkwürdig, wie viel hier in so wenigen Worten enthalten ist. „Schreibe dem Engel," heißt es und siehe, das Geschriebene hat der Engel oder Vorstand nicht in seiner Tasche behalten, sondern er hat es als einen Auftrag zur Kirchenvisitation erkannt und darum seiner Gemeinde mitgetheilt und gewiß eindringlich an's Herz gelegt. In diese Sendschreiben fahren jetzt noch fort das zu thun, was sie einst zunächst an jenen sieben Gemeinden thun sollten. Dem nun, was in diesem Auftrage: „Schreibe dem Engel —" für alle Zeiten den

Kirchenoberen mitgesagt ist, soll und kann jeder Obervorstand eines weiteren Kirchenverbandes genügen, es sei ein Oberbischof, oder auch nur ein Landesbischof, ein Landes-Oberkirchenrath, oder wie der Obervorstand heißen mag. — Da Jesus dem Johannes nicht befohlen hat: Schreibe an die Engel aller christlichen Gemeinden, obwohl Johannes damals als der letzte noch lebende Apostel als Patriarch der gesammten damaligen Christenheit auftreten konnte, so folgt daraus, daß Jesus Christus, das alleinige A und O für alle Christen aller Zeiten, schon damals nicht gewollt hat, daß es einen solchen Oberpatriarchen für die gesammte Christenheit geben soll, dessen Ausschreibungen und Scepter Alles, was getauft ist, direkt unterworfen sein soll und der in Versuchung und Gefahr kommen könnte, gegen Joh. 3, 25—31 ein kleines A und O auf Erden vorstellen zu wollen. Suum cuique. Soli Deo gloria!

D. Der zweite **Haupttheil** der Ausführung des Thema's geht von Kap. 4 bis Kap. 18. Hier wird gezeigt die **Verherrlichung Christi als das A und O nach Außen gegen seine Feinde zum Heile seiner Gemeinde.** — Der Gang im zweiten Haupttheile ist analytisch.

D 1. Der erste Untertheil dieses zweiten Haupttheiles der Offenbarung zeigt diese Verherrlichung Christi im Allgemeinen (Kap. 4—11)
a) vom Anfange der Schöpfung an bis zur seligen Lobpreisung der Auserwählten im Himmel. (Die sieben Siegel, Kap. 4—7.)
b) insonderheit mittelst Gesetz und Strafgerichten (Kap. 8. 9) und Evangelium und mittelst Beherrschung der drei großen Wehe. (Die sieben Posaunen, das Büchlein zum Verschlingen, die zwei Zeugen Kap. 10. 11.)

Vom 4. Kapitel an folgt nun Vision auf Vision. — Da bei der Apokalypse auch die Phantasie der Orientalen mit in's Spiel kommt, so müssen wir auf eine Vermischung der geschichtlichen Data in der scenerischen Aufführung und Zusammenstellung gefaßt sein. Denn es ist eben Alles Bild und nicht chronologische Skizze. Die Phantasie und Denkkraft der Occidentalen muß sich hier, wie Dr. Hengstenberg sagt, sinnend vertiefen und der morgenländischen Weise anbequemen, sonst findet man in der Apokalypse nur ein Labyrinth, ein für den Abendländer unschmackhaftes Produkt, während doch die allererhabenste christliche Weissagung für Gläubige und Ungläubige darin enthalten ist.

Zu den erhabenen Tableau's im 6., 7., 8. und 9. Kapitel wird im 4. und 5. Kapitel als Einleitung gleichsam ein goldener Rahmen voraus gegeben: eine visionäre Lobpreisung des dreieinigen Gottes und namentlich des Sohnes Gottes. Dieser Umstand soll uns an die Hand geben, daß jedenfalls im 6. Kapitel in dem Buche mit den sieben Siegeln mehr gemeint ist, als das Geheimniß künftiger göttlicher Strafgerichte, gleichsam Ruthenschläge für die Feinde der Kirche. Zu solchem, dazu verdrei- und vervierfachten Gemälde, betreffend künftige Pädagogik und Strafgerichte Gottes hätte die Apokalypse wohl nicht jenen so prachtvollen Rahmen vorausgeschickt. Vielmehr soll durch Entsiegelung des Buches der göttlichen Geheimnisse Jesus Christus, das A

5

und O, der Erchomenos, der Herr der zu erlösenden Welt wie der Zukunft verherrlicht werden, und diese Verherrlichung in den Visionen soll Antwort und Trost geben auf die allerhöchsten Fragen des menschlichen Herzens, auf die allerwichtigsten Welträthsel, die es für uns Menschen hienieden giebt und wozu auch namentlich alle düsteren Aussichten in die Zukunft gehören. Lieber Christ! Das Buch der göttlichen Geheimnisse wird durch das siegende Lamm Gottes vor dir und für dich entsiegelt und aufgethan. Hie lies die Antwort, wenn du auf diese Fragen kommst:

1. Wie ist die Welt entstanden? Die Einleitung zu dem Buche mit den sieben Siegeln im 4. und 5. Kapitel, besonders Kap. 4, 11 antwortet im Einklange mit Joh. 1, 1—3: Sie ist von Gott durch das Wort (den Sohn) aus Nichts geschaffen. Gott ist in und über der Welt. Die Welt ist nicht Gott, sondern ein Geschöpf Gottes. Gott ist die Liebe.

2. Woher stammt die Sünde und das Elend im irdischen Dasein des Menschen? Kap. 6, 2—8 (auch 9, 1—12) antwortet: Der Mensch ist das Haupt der sichtbaren Schöpfung, gleichsam das Ziel, die Krone derselben; die jetzige Gesunkenheit jedes Menschen von Natur stammt nicht vom Schöpfer. Der Fall der bösen Engel war dieser Gesunkenheit vorausgegangen und durch des Teufels Neid und List verlor Adam im Paradiese seine ihm gegebene Krone und mit ihm das ganze Menschengeschlecht.

3. Wie konnte Gott eine Welt und in ihr Menschen schaffen, wo er ja den Sündenfall und was darauf folgte, voraussah? Kap. 5. 6, 6 (auch Kap. 12) antworten: Im Sohne Gottes war ein Erlöser (ein „Herwiederbringer") da, welcher alle verlorenen Menschenseelen, die gerettet sein wollen, das angebotene Heil nicht ungläubig verschmähen, der Hölle entreißen und selig machen konnte, dergestalt, daß die Geretteten als seine Miterben schließlich noch ein besseres Paradies als das in Eden durch den Satan ihnen entrissene, durch ihn erlangen können. Seine Heilandshand ist also überall mit im Werke. Daher heißt er Kap. 3, 14 der Anfang der Kreatur Gottes, weil ohne ihn diese Welt und die Menschen nicht geschaffen werden konnten.

4. Wie ist für uns, die wir dem ewigen Verderben gern entrinnen wollen, in der äußerlich so armseligen Christenheit und Kirche ein himmlisches Erbe einst zu erreichen, die wir als sündige Menschen gegen der Hölle Wüthen, gegen die Welt und gegen antichristisches Faustrecht und Lügen zu kämpfen haben und in unserem Fleisch und Blut die Sünde herumtragen, folglich, obwohl im Stande der Gnade, einen viel schwereren Stand haben, als Adam vor dem Sündenfalle? Kap. 5, 5. 7, 13—17 (schon das Thema der Apokalypse und Kap. 2, 7. 11. 17. 26. 3, 5. 12. 21) antworten: Thue Buße und glaube nur an den Sohn Gottes mit dem Glauben des Herzens, dann kannst du selig fortsingen: Christi Blut und Gerechtigkeit — u. s. w. Welch' eine tröstliche wiederholte Versicherung und zugleich Hindeutung auf die bei Frage 3 und 4 erwähnten Geheimnisse liegt Kap. 10, 7 in den Worten: wenn der letzte Engel posaunen wird, so soll vollendet werden das Geheimniß Gottes, wie er hat verkündiget seinen Knechten und Propheten.

5. Wird die Kirche Christi sich erhalten können? Was steht uns und ihr bevor? Kap. 5, 1—5. 9—14. Kap. 6, 9—11 (ferner Kap. 12, 6. 15—17) antworten: Christus, das A und O der Sieger ging und geht voran. Es wird ihm nie ganz an solchen fehlen, die seine Erlösung begehren und ihn aufnehmen und mit ihm das Feld behalten. So verlernt denn ja nicht den Jubelpsalm: Eine feste Burg ist unser Gott (Ps. 118) und den Bittpsalm: Jesu geh' voran u. s. w.

6. Welche Bedeutung haben im Laufe der Geschichte die traurigen, oft ganz erschrecklichen und unbegreiflichen Zulassungen Gottes und Weltkatastrophen? Kap. 8 (hängt zusammen mit dem Buche der Geheimnisse) bis 11, 19 (auch Kap. 15. 16) antworten: Es sind Posaunenstöße Gottes, welche die geistlich Todten aufwecken, zur Besinnung, zur Buße und zum Glauben bringen und Vorläufer des Weltgerichts sein sollen.

7. Ebenso kann nun jeder Christ auf seine Privatfragen, die aus seinem bekümmerten christlichen Herzen kommen, Antwort in der Apokalypse, namentlich in diesem mittleren Theile finden, ja schon im Thema, Jesus Christus das A und O, der Kommende.

Die obigen Fragen sind mehr, als Fragen menschlicher Neugier, es sind Fragen, die den geheimnißvollen Heilsrath und Heilsplan, ja Weltplan Gottes angehen. Dieses letztere Dreifache und nichts Geringeres wird hier mit dem geheimnißvollen Buche mit den sieben Siegeln gemeint und abgebildet. In Christo allein finden die höchsten Angelegenheiten und Fragen, die es für ein Menschenherz geben kann, ihre beseligende Erledigung. — Konnte somit der Vater nicht ohne den Sohn diese Welt schaffen, wievielmehr muß der Sohn uns zurufen: „Ohne mich könnet ihr nichts thun!" Joh. 15, 5. So verstehen wir auch erst recht, was Jesus dort Joh. 5, 17—23 vom Vater und von sich gesagt hat. Hauptsächlich bestand und besteht das göttliche, kündlich große Geheimniß (1. Tim. 3, 16. Offenb. 10, 7.) in dem göttlichen Heilsplane, Sünder zu erlösen und selig zu machen, in die Arche seines Himmels zu bekommen, welche Arche Johannes Offenb. 11, 19 geschaut hat. So weist die Stelle Kap. 11, 19 zurück auf 10, 7 und diese beiden Stellen weisen zurück auf das versiegelte geheimnißvolle Buch, welches nur vom Lamme Gottes geöffnet werden konnte. So, im schönsten Einklange, bestätigt, erläutert, ergänzt die Apokalypse nicht blos das Evangelium Johannis und seine Briefe, sondern das ganze neue Testament, ja die ganze Bibel.

Kapitel 4 und 5 enthalten eine Einleitung zu der Eröffnung der sieben Siegel, derart, daß man auf zu erwartende Hauptsachen gespannt wird. — Kapitel 4 enthält eine Lobpreisung des Schöpfers in scenerischer bildlicher Darstellung. Und Kapitel 5 enthält eine ähnliche Scene zur Lobpreisung des Sohnes Gottes. — Da Kapitel 4, 5. 5, 6 auch des heiligen Geistes bildlich gedacht wird (K. 6), so ersieht man daraus, daß diese Vision vornämlich eine Offenbarung der anbetungswürdigen Herrlichkeit des dreieinigen Gottes gewähren sollte.

Kap. 4 V. 1. Die ersten Worte: Darnach sahe ich, lassen unentschieden, ob die folgende Vision sich unmittelbar an die Kap. 1—3 beschriebene angeschlossen, oder ob eine kleine Unterbrechung stattgefunden hat.

Die Propheten Jesaias (Kap. 6) und Hesekiel (Kap. 1 ff.) hatten ähnliche Visionen der Herrlichkeit Gottes, wie Johannes hier im 4. Kap. Diese hier hat vor jenen den Vorzug, daß über sie zugleich das hellere Licht des neuen Testamentes ausgegossen ist.

Die **aufgethane Thüre** ist vor allem Anderen eine bildliche Bezeichnung der Wahrheit, daß Jesus Christus, als erhöht zur Rechten Gottes, gleichwohl auch im Kommen begriffen ist, nach seiner Verheißung Joh. 14, 18: „Ich will euch nicht Waisen lassen, ich komme zu euch!" Dieses sein Kommen wird in nachfolgenden Bildern und Visionen gezeigt. Da aber ein gewisses Kommen des Sohnes Gottes (des „Wortes") schon von Erschaffung der Welt her stattgefunden hat, so wird in der Darstellung bis zu diesem Anfange zurückgegriffen, eben weil es auf eine Darstellung der göttlichen Herrlichkeit abgesehen war und dadurch auf Belebung der Hoffnung und des Muthes der Gläubigen. Es wiederholt sich in der Apokalypse die Erfüllung jener Weissagung: „**Ich will meinen Mund aufthun in Gleichnissen und will aussprechen die Heimlichkeiten von Anfang der Welt.**" Matth. 13, 35. — Zu jenem Kommen des Logos (des „Wortes") gehört die mit dem Logos erfolgte Schöpfung, Duldung und Erlösung der Welt. Joh. 1, 1—5. 3, 16. Weiter besagt diese geöffnete Thür, daß der Himmel auch für uns nun offen steht, für unser Gebet und für unsern Abschied von hinnen, denn der Logos hat uns den für die Sünder verschlossenen himmlischen Freudensaal aufgeschlossen und kommt wie er Joh. 14 sagt, um uns mitzunehmen. — Wie wohl ist mir, o Freund der Seelen, wenn ich in deiner Liebe ruh'. Ich steige aus den Schwermuthshöhlen und eile deinen Armen zu. Wenn ich einmal soll scheiden, so scheide nicht von mir!

Das Wort: **Steig her**, im Griechischen: anaba, deutet **bildlich** darauf hin, daß Johannes, ehe die Offenbarung weiter erfolgt, vorher mit dem Geiste und Gemüthe einen höheren Standpunkt der Anschauung und Erkenntniß einnehmen soll, ferner, daß er auch für die geschichtliche Erinnerung zur Begründung einen höheren Standpunkt nehmen soll, von dem aus er sowohl rückwärts in die Vergangenheit, als vorwärts in die Zukunft zu schauen vermag und darnach auch zu verstehen und zu glauben und auf den Sieg Christi und seiner Kirche freudig zu hoffen. Denn der Gesichtspunkt fällt bei der perspectivischen Fernsicht unwillkürlich allmälig auf das, was fern ist, aber allmälig näher rückt, darum heißt es hier: **Ich will dir zeigen, was nach diesem geschehen soll.** Das „Dieses" bildet den Vordergrund der Perspektive, oder die goldene Folie im teleskopischen Spiegel der Zukunft. Die Aufhellung der Zukunft soll damit anfangen, daß die vom Lamme bereits überwundenen Schwierigkeiten noch einmal lebhaft vor die Augen gestellt werden. (Jener Zuruf gehört zur Vision und zur visionären Ausdrucksweise.)

V. 2. **Und auf dem Stuhle saß Einer.** Der Name wird nicht genannt, gleichsam wie bei einer Photographie der Name gewöhnlich weggelassen wird. Jeder, der dem lieben Johannes andächtig in diesem Heransteigen nachzuklimmen sucht, hat auch Theil an dem wichtigen Schauen, das hier beschrieben wird und weiß, daß Gott der Vater gemeint ist. Dessen Herrlichkeit wird hier bildlich geoffenbart. Die Herrlichkeit des dreieinigen Gottes und das gläubige Erkennen derselben im Geiste, so weit es hier möglich, ist der Urgrund aller christlichen Hoffnung und Siegesfreudigkeit. Darum trachte nach dem wahren Herzensglauben an den herrlichen dreieinigen Gott, welcher Glaube dich mit ihm verbindet und dann halte, stärke und mehre was du hast. Ein Mittel von den vielen, die wir Christen dazu haben, ist z. B. das Morgenlied von Heinr. Alberti: Gott des Himmels und der Erden, Vater, Sohn und heiliger Geist u. s. w., mit dem sich täglich so schön der Bund mit dem dreieinigen Gott erneuern läßt. — Der Stuhl Gottes ist in der heil. Schrift eine bildliche Bezeichnung der unerschütterlichen Majestät Gottes, als Königs aller Könige, als Richters aller Welt. 1. Kön. 22, 19. Pf. 9, 5. 33, 14. Jer. 17, 12. Klagel. 5, 19.

V. 3. Jaspis. Dieser Edelstein ist dem Johannes der vorzüglichste vor allen. Kap. 21, 11. 18. 19. Er ist hier ein Bild der Herrlichkeit und beseligenden Gnade Gottes. — Sardis, oder Sardonich war der erste Edelstein im hohenpriesterlichen Amtsschilde. (2. Mose 39, 10.) Er war röthlich und glänzend, also an Feuer und Blut erinnernd. Hier soll er eine bildliche Andeutung der strafenden Gerechtigkeit Gottes sein. Dan. 7, 9. 10. Offenb. 1, 14. — Der Regenbogen ist ein Bild der Gnade und des Gerichtes zugleich, wegen der Geschichte der Sündfluth. Nach dem Ungewitter scheint die Sonne lieblich in die finsteren und regnenden Wolken hinein. Auch in diesen ist dann Herrlichkeit. Der Smaragd ist grün, also diese den Augen wohlthuende Farbe war an diesem Regenbogen hier vorherrschend; ein Bild von der Lust wohlzu= thun und gnädig zu sein, ein Bild von der göttlichen Liebe, Erbarmung und Herrlichkeit und ihren Ausstrahlungen. — „Wem der Regenbogen gilt, für den ist auch der Jaspis tröstlich, dagegen auch der Smaragd schrecklich für den, dem er nicht gilt."

V. 4. Die vier und zwanzig Aeltesten, die um den Thron „im Bereiche des Regenbogens" sitzen, sind (wie später Kap. 7 die 144000) Repräsentanten aller Seligen im Himmel, der Erben Gottes und Miterben Christi. Diese Repräsentation ist durch den Charakter der Vision bedingt. „Die heil. Schrift weiß nichts von einem Götter= rathe des einen Gottes, sondern von einem Ehrfurcht gebietenden Ge= folge", von Umgebungen Gottes. Nach Kapitel 5, 8. 9. sind die 24 Aeltesten von Christo erlöst, folglich sind sie nicht als Repräsentanten der guten Engel anzusehen. Daß die Zahl 24 gesetzt ist und nicht 12, das scheint seinen Grund darin zu haben, daß die davidische Einrichtung, nach welcher der Hohepriester von 24 Priesterordnungen umgeben war, als eine Vermehrung der symbolischen Zwölf ein Bild sollte sein für diese Aeltestenzahl und dies wieder ein Bild von der Vermehrung des Eigenthumes und Volkes Gottes aus Heiden und Juden, die durch Christum ihm zugebracht worden und immer noch zugebracht wird. — Jede davidische Priesterordnung hatte einen Vorsteher an ihrer Spitze. 1. Chron. 24. 2. Chron. 8, 14. Die goldenen Kronen sind Bezeich= nungen des ewigen Lebens als himmlischen Erbes durch Christum. Die weißen Kleider sind Zeichen der durch Christum erlangten Reinheit und Unschuld. Es sind „vollendete Gerechte." Jes. 1, 18.

B. 5. „Die Blitze, Stimmen und Donner sind Vorzeichen des Gerichts. Die sieben Siegel sind die Verwirklichung der hier vorgebildeten und in Aussicht gestellten Gerichte", vom dritten Siegel an. Diese Vision erinnert an die Gesetzgebung auf Sinai, welche unter ähnlichen Erscheinungen der Herrlichkeit Gottes geschah. Jedoch wegen der folgenden Verse kann hier nicht bloß das Gericht über den Antichrist gemeint sein, sondern allgemeiner das Gericht, welches durch die Erlösung und durch die Verleihung des Evangeliums über die Welt, Sünde und über das Satansreich ergangen ist. Joh. 9, 39. — Die sieben Geister Gottes (vergl. zu Kap. 1, 4) bezeichnen hier die Wirkungen des Geistes Gottes und sind zugleich eine Andeutung der Kraft Christi als Erlösers und Weltrichters. Darum werden die sieben Geister hier auch durch sieben brennende Fackeln Gottes bezeichnet. „Die Kraft des Erlösers verbrennt den Schuldbrief und die Kraft der Sünde bei den Gläubigen und den Widerstand der Ungläubigen."

B. 6. Das gläserne Meer. Vergl. zu Kap. 15, 2. Dieß ist eine bildliche Bezeichnung der kräftigen Vergebung durch Christum, oder der väterlichen Gnade Gottes in Christo. Es ist jedenfalls eine Steigerung des Bildlichen, das in dem ehernen Meere Salomos 1. Kön. 7, 23. 26. gegeben war, wo das Wasser zur leiblichen Reinigung der Priester gebraucht wurde. Hier ist auf die geistliche Reinigung aller Christen durch Gottes Gnade in Christo hingedeutet. Die Sünde verschwindet im Meere der reinen und tadellosen Gnade Gottes in Christo und die Gnade ist nicht schwankend, wiederaufbrausend, wie das Wassermeer mit seinen Wogen, sondern ewig consistent und sich treubleibend. Das Gegenstück bildet die Sündfluth und das rothe Meer, wo die Sünder selbst vernichtet wurden. — Auch Hes. 1, 22 ist ein Gegenstück zu diesem Krystall. Dort ist nämlich die Furchtbarkeit angedeutet, denn der Krystall ist dort über den Häuptern der Thiere, hier aber vor den Thieren und vor dem Stuhle. (Engelhardt sagt:) „Das gläserne Meer ist hier die vollendete Lichtwelt Gottes, die erhabenste seiner Schöpfungen", hier in Bezug auf die Menschheit also die durch Christum vollendete lichthelle Gerechtigkeit und Reinheit, denn ein Lichtmeer an sich ohne Beziehung auf den Heilsplan Gottes konnte sonst in der Apokalypse nicht gut Erwähnung finden. „Die vier Thiere, oder lebendigen Wesen sind zu denken in, oder unter dem Throne, so daß sie mit den Häuptern hervorragen." Es sind die Cherubim, ideelle Thierbilder, die Repräsentanten der ganzen lebendigen Schöpfung auf Erden. Der Sinn ist: „Gott ist der Schöpfer und Beherrscher der ganzen Welt (Erde), wehe seinen Feinden, Heil seinen Freunden." Hes. 1 und 10 findet sich etwas Aehnliches, aber „es ist dort wieder das alttestamentliche Gegenstück. Da sind nämlich die Cherubim als drohende Vorzeichen in freier Situation. Vergl. 1. Mose 3, 24. Hier in der neutestamentlichen Vision hat sie der Herr zurückgezogener." „Alles ist Euer! Alle Dinge müssen denen, die Gott lieben, zum Besten dienen", spricht der Apostel Paulus. Die Cherubim sind nicht Engel, sondern

Bilder (symbolische Figuren) der Schöpfung Gottes, welche dienstbar ist Gott als Schöpfer, Wohlthäter, Vater und Richter seiner Gläubigen. Diese Figuren bezeichnen die in der Schöpfung gleichsam deponirte Allmacht, Lebensfülle, Intelligenz und Selbstverjüngung. Die vielen Augen sind Bild vom unablässigen Hingerichtetsein und Harren auf den vollkommenen Gott, auf sein Thun, seinen Willen und seine Verheißung, folglich indirekt auch eine bildliche Erinnerung an die Allwissenheit Gottes, vor welcher auch nichts unbemerkt bleibt an seinen Geschöpfen, besonders auch nicht das Thun und Leiden der Menschen. Ps. 139. Die Vierzahl ist Signatur der Erde mit ihren lebendigen Geschöpfen und Naturkräften. Daher sagen sie V. 8. „Gott der Allmächtige" und nicht: unser Gott, wie die Aeltesten. V. 11. Herder sagt: „Auf lauter Lebendem ruht der Thron des Allbelebers, nichts Todtes darf zu ihm sich nahen. Alles lebt unter ihm und eilt zum Leben, Alles bückt sich mit gleicher Nichtigkeit, den Thron seines Schöpfers zu tragen. Wie das Auge in unserm Körper gleichsam das lebendige Licht, der sichtbare Lebens- und Seelenquell ist, der jeden Gedanken des Geistes, jede Bewegung des Herzens in seinem zarten Himmel zeigt: so ist vor und unter Jehovah alles Auge, alles Flug, Leben, Seele und Bewegung, ein rastloses Chaos voll sichtbaren Lebens."

V. 7. Bei Hesekiel hat jedes Thier vier Gesichter. Hier nicht. Die Gestalt war hier bei allen vieren eine aufrechte menschenähnliche Gestalt bis auf das Gesicht bei Dreien. Es wird hier das Kräftige der Dienerschaft Gottes bezeichnet, daher: Löwe, Stier, Mensch, Adler.

V. 8. Dasselbe wird hier nochmals durch die sechs Flügel und durch das Rufen bei Tag und Nacht bezeichnet. „Die Schöpfung Gottes als Dienerschaft Gottes hat keine Ferien noch Urlaub." Das Heiligrufen bezeichnet die Untadelhaftigkeit Gottes als Richters und Wohlthäters. Er ist erhaben („abgesondert") über jeden andern Richter und Wohlthäter.

V. 9—11. Zu nehmen, d. h. hinzunehmen. Diese Lobpreisung wird demjenigen ertheilt, der auf dem Throne sitzt, dem A und O, welcher nicht bloß kommt sein Reich zu mehren und die Welt zu richten, sondern welcher auch ist der Schöpfer aller Dinge, mit Ausnahme der Sünde, der aber den Menschen geschaffen hat zu zahlloser Vermehrung und Nachkommenschaft und von diesem Menschengeschlechte vermöge seiner Allwissenheit voraus wußte, daß es in Sünde fallen und daß die Sünde der Leute Verderben sein werde. Sprüchw. 14, 34. Hier in diesen letzten Versen wird nun visionär und scenerisch gleichsam der Hauptknoten geschürzt (der eigentlich in der Welt leider schon da ist), dessen Inhalt und Lösung zum Troste der Gläubigen für alle Zukunft den Hauptinhalt des Buches mit den sieben Siegeln ausmacht, wie auch der ganzen Apokalypse. Die bloße bevorstehende Bestrafung der Feinde Christi und der Kirche ist ein viel zu abgerissenes Stück des Ganzen, als daß der Schöpfer hier ein solch feierlich eingeleitetes und feierlich durch die ganze Schöpfung erklingendes Lob erhalten konnte. Da hätte es zuletzt im 11. Verse noch heißen müssen: Du richtest mit Gerechtigkeit, da hätte auch die nachfolgende ganz eigenthümliche Lobpreisung des Lammes Gottes des Zusammenhanges wegen passender wegbleiben können. Hier im 4. Kapitel und namentlich im 11. Verse wird der Schöpfer gepriesen für das untadelhafte Werk seiner Hände im Einklange mit 1. Mose 1, 31. Auf einmal wird Johannes nun in der Vision Kap. 5, 1 in der Hand des Schöpfers das geheimnißvolle versiegelte Buch gewahr. Was kann dies anders sein als die geheimnißvolle Lösung der dem Schöpfer bezüglich der Sünde und der Erlösung der Menschen gleichsam gewordenen Aufgabe, sammt dem, was damit in Verbindung steht, namentlich die Besiegung des Satans und der durch ihn angerichteten Zerstörung und der Sieg der Kinder Gottes in Christo und der Kirche? Muß uns somit nicht dies geheimnißvolle Buch in der Apokalypse nun erst recht wichtig und lieb werden, da auch von unserm ewigen Heile mit darinnen geschrieben steht? Wie werden wir nun im Geiste vom Grunde unseres gläubigen und in Christo seligen Herzens mit einfallen in das Lob des Lammes, das die Auserwählten in der Vision Kap. 5, 12. 13 uns anstimmen! — Mit dieser Deutung stimmt auch die Stelle Kol. 1, 15—20.

Kap. 5. V. 1. Biblion heißt es im Griechischen, es war also ein Buch, nicht blos ein siebenfach besiegeltes Blatt. Dies Buch ist nach alterthümlicher Weise zu denken als ein zusammengerolltes Schriftstück, auswendig siebenfach versiegelt. Dieser Vers hat offenbar sein Vorbild an der Stelle Hes. 2, 9. 10. Aber es ist diese Stelle beim Propheten das alttestamentliche Vorbild und somit nur der Anfang, oder beziehungsweise gar das Gegenstück zu unserer Stelle und zur Apokalypse überhaupt. Dort stand nur lauter Klage, Ach und Weh in dem zusammengelegten Briefe bei Hesekiel auswendig und inwendig geschrieben; hier bekommt das siegende und versöhnende Lamm Gottes das versiegelte Buch in seine Gewalt. Das was „auswendig und inwendig geschrieben war", wird nach Erbrechung des letzten Siegels geoffenbart, das sind die Bußpredigten der Posaunen Gottes im evangelischen Sinne. Darum geht hier die Angabe des göttlichen Heilsplanes in nuce in den sechs ersten Siegeln voraus, gleich wie 1. Mose 3, 15 das erste Evangelium aller Predigt der Bibel voraus geht. Dort bei Hesekiel war noch die volle tragische Verwicklung für die Menschheit und sogar für die Kirche, denn auch das Volk Gottes war bei Israel diesem Ach und Weh verfallen; hier bei Johannes ist die Auflösung dieses größten aller Geheimnisse in der Natur und im Reiche Gottes durch Christum als Erlöser und Weltrichter und dazu als A und O. Denn ein Erlöser der Welt, der nicht zugleich am Ende Richter seiner beharrlichen Feinde, nicht das A und O bliebe, wäre nicht heilig, wäre nichts. Auch ist es sehr erbaulich und in der Wirklichkeit zutreffend, daß das Siegelerbrechen mit den sieben Posaunen im engsten Zusammenhange steht: nämlich die Erlösung durch Jesum Christum kann ohne Weckrufe zur Buße und zum Glauben nicht bestehen.

Das Buch in der Rechten bedeutet, um es durch ein anderes Bild auszudrücken, daß der himmlische Vater das Heft der Weltregierung trotz der Sünde und der satanischen Zerstörung auf Erden nicht aus den Händen verloren hat. Dr. Hengstenberg sagt auch, daß die

Kapitel 5.

sieben Siegel nicht eine materielle (mechanische), sondern eine theologische Ursache der Unzugänglichkeit bezeichnen. Nun diese theologische Ursache ist eben das Geheimnißvolle des ganzen göttlichen Weltschöpfungs-, Erlösungs- und Heilsplanes, welcher ohne das die höchste Würde innehabende Lamm Gottes nicht konnte ausgeführt werden, noch an den Tag kommen. Die Apokalypse greift daher recht pragmatisch in der göttlichen Reichsgeschichte weit zurück, bis zum Anfange, denn wer mit sehenden Augen in den Heilsplan Gottes eingeweiht ist, sieht dann im Geiste sofort auch, „was in der Kürze geschehen soll", das weitere Kommen des Herrn, den Sieg der Kirche und den endlichen Untergang des Antichristenthums, denn der Fürst dieser Welt ist schon gerichtet, besiegt, ja gebunden. Matth. 12, 29. Joh. 19, 30. Die Apokalypse behält übrigens ihren prophetischen Charakter, bleibt ein Zukunftsbuch, und das prophetische Buch des neuen Testaments, wenn wir auch nicht Stück für Stück in ihr auf Zukünftiges deuten.

Diese universelle Auffassung und Deutung des 6. Kapitels scheint aber absolut sich nicht zu vertragen mit speziellen Angaben im 5. Kapitel, weil hier nicht eine vorweltliche Scene in der Vision erscheint, sondern das Lamm mit dem Wundenmale und dieses von erretteten Seligen umgeben ist und gepriesen wird für die bereits vollbrachte Erlösung und nachher erst das Siegelerbrechen erfolgt. Allein dieser Einwand schwebt eben so in der Luft, wie der Chiliasmus beim 20. Kapitel. Beides, jener Einwand und der Chiliasmus werden durch ein einziges Wort geschlagen, dies Wort heißt Vision. Vision ist, wie schon in der Einleitung angegeben worden, eine vom heiligen Geiste gegebene, die Phantasie und andere geistige Gaben eines durch Gott Entzückten benutzende traumähnliche Allegorie, oder in die Phantasie des Entzückten gegebene allegorische Scenerie. Da dürfen wir es, besonders beim Morgenländer, nicht unleidlich finden, wenn früher Geschehenes mit später Geschehenem sich verknüpft, ja vermischt, wie wir Aehnliches in unseren Träumen nicht selten erfahren. Ja diese Vermischung bei Kapitel 5 und 6 ist gerade ein Beweis, daß wir es hier mit echten und nicht mit erdichteten Visionen zu thun haben. Bei einer fingirten Vision würde jedenfalls der Stoff in richtigerer Zeitfolge angebracht worden sein. Längst ist es eine bekannte Sache, die Niemand mehr auffällt, daß die Propheten des alten Testamentes zukünftige Dinge schauten und erzählten als gegenwärtige, ja als bereits vergangene Dinge. Man vergleiche z. B. Jes. 53. 60. Einen Schritt weiter ging die prophetische Vision in der Vermischung der Zeiten da, wo sie bereits Vergangenes, oder Dagewesenes in der Ekstase als Gegenwärtiges schaut, wie solches z. B. deutlich Hes. 8 und Sach. 3. 4. 5 der Fall ist. Hier schließt sich an die Vision des Dagewesenen als Vorhandenen die Eingebung des heiligen Geistes an. Noch einen Schritt weiter in der Vermischung der Zeiten geht die Vision oder die Phantasie hier im 5. und 6. Kapitel der Offenbarung, indem sich hier unverhofftes Zurückgreifen in der Geschichte und Vorweltliches gar mit Vorausnehmen in der Geschichte, mit später Erfolgtem verbindet. Das scheint uns allerdings eine kolossale Vermischung zu sein, allein wer könnte es der Phantasie eines orientalischen Malers wehren, wenn er Figuren aus der Vorzeit, Gegenwart und Zukunft zu irgend einem Zwecke auf einem und demselben Tableau anbringt? zumal wenn eine Allegorie im Bilde erscheinen soll? Ja dann ist es ihm erlaubt, nicht blos Figuren aus verschiedenen Zeiten der Geschichte zusammen zu stellen, sondern auch blos ideelle, oder unwirkliche Gestalten, auch Redesätze auf dem Bilde anzubringen. Solches geschieht nun hier und anderwärts in den apokalyptischen Visionen. — Ein solches unchronologisches Vorausnehmen beging auch Joh. 1, 35 Johannes der Täufer, ohne vielleicht in Ekstase zu sein, da, wo er Jesum am zweiten Tage nach seiner Taufe schon das Lamm Gottes nennt, welches der Welt Sünde trägt. Tragen wird, würden wir Occidentalen lieber gesagt haben. Ferner Offenb. 13, 8 kommt wieder ein solches Vorausnehmen vor, ganz im Einklange mit Petri Worten 1. Petri. 1, 18—20. Manche beziehen zwar die Worte: von Anfang der Welt, nicht auf das Erwürgtsein des Lammes, sondern auf das Aufschreiben der Namen der Auserwählten. Es bleibt aber im Grunde dieselbe Schwierigkeit und dieselbe Eigenthümlichkeit der visionären Phantasie, es mögen die Namen, oder das Lamm, oder Beides gemeint sein. Es wird, so zu sagen, hier in der Apokalypse in einem visionären Drama der ganze Heilsplan Gottes in Scene gesetzt. Darauf ist es abgesehen und auf Weissagung und Erbauung, nicht aber auf eine chronologische Skizze der göttlichen Reichsgeschichte. Wir sollen in die geheimnißvolle Pragmatik der göttlichen Reichsgeschichte recht eingeweiht werden und dies soll uns zur Erweckung und zum Troste gereichen. Eine chronologische Skizze in Bildern wäre wohl etwas schulmäßig Nützliches gewesen; jenes visionäre Inscenesetzen, zumal wenn es verstanden wird, ist aber selbst etwas Entzückendes für den christlichen Leser und Beschauer. Eine ähnliche, in sichtbare Scene gesetzte Vermischung von Zurückgreifen und Vorausnehmen bezüglich der Zeitfolge ereignet sich ganz stiftungsgemäß bei jeder stiftungsmäßigen Feier des heiligen Abendmahls zur Erweckung, zum Frieden, zur Rührung, zum Entzücken der Genossen. Man verkündigt und feiert nämlich da den Tod des Herrn und zugleich seine eigene Seligkeit, wie der unwürdig Genießende da feiert den Tod des Herrn sich zum Gericht, welcher wiederauferstanden ist und auch lebt als Richter der Ungläubigen. Leider wird dieses Inscenesetzen bei der Feier der katholischen Messe unstiftungsgemäß, theils übertrieben, theils durch die Kelchentziehung und durch Ausbleiben der Austheilung, wenn Kommunikanten fehlen, abgebrochen. — So paßt auch Kap. 21, 9 wörtlich durchaus nicht hinter dem 16. Kapitel. — Es ist Vision.

V. 2. Der starke Engel und sein vergebliches Rufen sind eine rührende Andeutung: 1) daß der allerhöchste Engel noch eine andere starke Kreatur die Welterlösung nicht ausrichten konnte, 2) daß wir das Evangelium von Jesu Christo um so mehr schuldig sind zu Herzen zu nehmen.

V. 4. Johannes weint sehr darüber, daß Niemand würdig war, das versiegelte Buch zu öffnen. Wäre dies nur ein bloßes Zukunftsbuch für die Kirchenzeit gewesen, für die Kirche und ihre Feinde, was doch

Kapitel 5.

Johannes, von diesem Standpunkte aus angenommen, nicht einmal wissen konnte, so wären und blieben diese seine Thränen ewig kuriose Thränen und würden sich fast wie überspannte Sentimentalität ausnehmen. Denn von Schwachglauben oder von Kummer um die Schicksale der Kirche ist in diesem Momente selbst gar keine Rede. Nein, er weint blos um das Buch der göttlichen Geheimnisse, weil der Moment jetzt ergab, daß Niemand würdig, d. h. fähig ist, es zu öffnen, folglich es bleibt, wie es ist. Die Würdigkeit hier ist eine bildliche Bezeichnung der **übergroßen Kraft, Liebe und Heiligkeit**, die zum Vollbringen des großen Heilswerkes nöthig war. Wie Alles hier in der Vision gegeben ist, nichts von Johannes gemacht ist, so sind auch diese Thränen ihm gegeben, d. h. ihm wurde es in diesem Moment gegeben, sich den Fall zu denken, daß blos Gott der Schöpfer und der heilige Geist (Kap. 5) vor und nach der Weltschöpfung gewesen sei. Da hätte entweder Schöpfung des Menschen, oder keine Erlösung der Menschheit, kein Sieg der Kirche, kein Seligwerden erfolgen können. Ueber diese lebhaft gedachte Lücke im heiligen Wesen Gottes weint Johannes und über nichts Minderes. — Möchten doch diese Thränen des lieben Johannes uns Christen zum seligsten Jubel verhelfen darüber, daß wir glauben, bekennen, beten und singen: Ich glaube an Gott, den Vater, Sohn und heiligen Geist und darüber, daß wir diesen dreieinigen Gott auch erkannt haben (Joh. 17, 3), indem wir ihn ja haben und selig empfinden. Unheilbar wäre und bliebe aller Jammer auf Erden und einst dort in alle Ewigkeit, wenn kein Sohn Gottes, der das A und O ist, kein Erlöser, Versöhner, Heiland noch Seligmacher der armen sündigen Menschheit, kein Lamm Gottes vorhanden wäre, welches der Welt Sünde trägt! —

V. 5. Einer von den Aeltesten, d. h. einer von den Erlösten und Seligen, welche im Lande des Schauens einen Ueberblick haben über den göttlichen Weltplan. — Wäre in dem Buche blos von künftigen Gerichtscenen die Rede, so wäre dieser Aelteste klüger gewesen, als der starke Engel. So aber redet der Aelteste hier als ein Erlöster Jesu Christi aus eigener Erfahrung, welche der Engel nicht haben kann. — Hengstenberg und Bossuet sehen hier auch einen gewissen Zusammenhang zwischen Siegen und Oeffnen. Das ganze und rechte Siegen Christi haben wir vor uns, wenn wir die Eröffnung des Buches in der Vision nicht nehmen als einen nach profanen weltlichen Begriffen schmeckenden Preis der Erlösung, sondern hier in der visionären Scene als Bild von der Mitwirksamkeit des Sohnes Gottes beim Weltplane des Vaters. Der Preis oder Lohn der Erlösung und der Schmerzen Jesu ist theils die Wiedererhöhung Jesu zum Vater (Phil. 2), theils sollen wir seine Erlösten und Treugebliebenen ihm dieser Lohn sein. — Dies kann nie tief und anschaulich genug gepredigt, nie ausgepredigt, nie hinlänglich genug beherziget werden. — Der Löwe, der da ist vom Geschlechte Juda, diese Bezeichnung unseres Herrn gründet sich auf gewisse Worte im Segen Jakobs 1. Mose 49, 19. Juda heißt dort ein Löwe und der Messias ist der erhabenste Sprößling aus dem Stamme Juda. — Wurzel Davids ist soviel als Abkömmling der davidischen Wurzel. Jes. 11, 10. Hier und im 22. Kapitel V. 16 stimmt demnach die Apokalypse mit dem Evangelio Matthäi und Lucä über Christi Abstammung.

V. 6. Mitten im Stuhle „ist hebräische Ausdrucksweise und bedeutet mitten zwischen Thron und Aeltestenkreis. Jesus der Mittler. Der Aelteste hatte auf einen Löwen gewiesen und Johannes sieht ein Lamm. Also bei Christo sind vereinigt: Kraft, Geduld, Sanftmuth, Aufopferung." — Wie es geschlachtet wäre. In der Vision hat das zukünftige Opferlamm schon das Wundenmal. Wenn es hieße: früher einmal geschlachtet, so könnte dies ein Wink sein, daß Dinge jetzt geoffenbart werden sollen, die nach Christi Tod und Auferstehung erst sich ereignet haben. In der Vision darf ein lebendiges Lamm mit einer Todeswunde (nicht blos mit einem zugeheilten Wundenmale) vorkommen. — Die sieben Hörner, sieben Augen und sieben Geister sind Bilder von der Kräftigkeit und Weisheit des Erlösers und der Erlösung. Der Geist des Vaters ist auch der Geist des Sohnes. Es ist nur ein Gott, aber ein dreieiniger Gott und dieser ist unser Gott, der Immanuel, Gott mit uns. O jauchze siegesfreudig darüber Christenherz!

V. 7 enthält einen der wichtigsten Momente in der ganzen Apokalypse, wo nicht den allerwichtigsten, den es in der ganzen Welt- und göttlichen Reichsgeschichte geben kann, eigentlich die visionär-scenerische Darstellung der Wahrheit und des Dogmas: der Sohn Gottes trat für die Menschheit ein, nun konnte die Schöpfung der Welt und namentlich des Menschen erfolgen und ihren geschichtlichen Fortgang haben mit Einschluß des Sündenfalles und seiner Folgen, ja mit Einschluß des Falles der bösen Engel und ihrer ewigen Verdammniß. — Christi Opfer und Verdienst sühnt die Schuld der erlösten und erretteten Auserwählten, und diese Schaar, die Niemand zählen kann (Kap. 7, 9), die dem Satan durch das Blut des Sohnes Gottes entrissen ist, bildet für den Schöpfer der Welt den Ersatz für den ewigen Verlust der bösen Engel, deren Zahl nur eine endliche und beschränkte war und blieb, weil die Engel sich nicht durch Fortpflanzung in's Zahllose vermehren wie die Menschen, und für den ewigen Verlust der durch ihre eigene Schuld und Unglauben verloren gehenden Menschenkinder hat der himmlische Vater den genügendsten Ersatz an dem, der das Haupt ist seiner erretteten Gemeinde, an seinem eingebornen lieben Sohne, unserm Herrn Jesu Christo, welcher treu und gehorsam dem Vater und seinem Heilsplane blieb bis in den Tod, ja bis in den Tod am Kreuze. O Haupt, voll Blut und Wunden —, gegrüßet seist du mir! — Dieser 7. Vers enthält somit ein scenerisch-bildliches Zusammenfassen des Haupttheiles aus dem berühmten 53. Kapitel beim Propheten Jesaias.

V. 8. Bei der Weltschöpfung selbst waren allerdings diese 24 Aeltesten noch nicht vorhanden, wie hier beim Nehmen des Buches; allein es wird ja hier ein Akt vom dreieinigen Gott abgebildet, wie wenn uns ein Gemälde von der Schöpfung vorgehalten wird, auf welches der Maler nach seiner Phantasie den künftigen lobpreisenden Chor mit angebracht hat; es kommt alles auf den Zweck und die Disposition an. Auch die vier Thiere aus dem vorigen Kapitel nehmen Theil an der Lobpreisung Christi. Dies erinnert an Christi Herrlichkeit, die er hat

Kapitel 5.

in seinem Reiche der Natur und daran, daß alle Welt den Sohn ehren soll, wie sie den Vater ehren. Joh. 5, 23. Eph. 1, 22. Alles ist unter seine Füße gethan. — „Die leise angedeuteten Schalen schweben leicht auf den Händen, ebenso die Zithern oder Harfen. Es sind hier nicht grob=körperliche Gestalten." Hier muß also auch die Vision aushelfen, sonst würden hier ebenfalls unmögliche Dinge vorkommen: Harfen und Schalen in jedes Händen. Die Harfen bedeuten Dank und Lob, die Schalen mit dem Rauchwerk Gebet, namentlich Bitte. Die Bitten sollen gewiß aufsteigen zu Gottes Thron und Eingang finden in Gottes Vaterherzen, welches uns durch Christum ja vollständig erworben ist.

V. 9. Du bist würdig —. Dem Wortlaute nach ist die Würdigkeit erst nach dem für uns gebrachten Opfer entstanden, oder daraus erwachsen. Jesus Christus war ja aber von Ewigkeit der Sohn Gottes, also auch das Lamm Gottes, also auch von unbestreitbarer höchster Würde und Würdigkeit schon vor Vollbringung des Erlösungswerkes in der Zeit. Folglich kommt jene Angabe der in der Zeit entstandenen Würdigkeit, wie sie hier im Gemälde eingefügt ist, auf Rechnung der Vision, ebenso auch die Anwesenheit lobpreisender Seligen hier scheinbar vor Beginn des Werkes der Schöpfung und Erlösung. Dem Apostel schwebte eine doppelte Art von Welträthseln und ihre Lösung durch den Sohn Gottes vor: 1) die jetzt für die Kirche auftauchenden, 2) die vom Anfange an dagewesenen Fragen, Bekümmernisse und Welträthsel. In der Vision geht nun einmal manches in und durch einander, wie im Traume. Es kommt noch ein solches Durcheinander vor, nämlich später beim Gegenbilde vom Lamme, beim siebenköpfigen Thiere: da sind nämlich die verschiedenen Köpfe, deren Urbilder, die Weltmonarchieen, im Laufe der Zeit doch nach einander und auf einander gefolgt sind (Dan. 2), alle neben einander und auf einmal zu sehen, ein Kopf auch mit einer Wunde, die schon heil geworden war, obgleich dies etwas zur Zeit Johannis noch Zukünftiges bedeuten sollte, wie auch die zehn Hörner. Dort beten die irdisch gesinnten Menschen das Thier an und rufen: Wer ist ihm gleich u. s. w., welcher Zuruf Christo, dem A und O geraubt ist, dem rechten Michael, d. h. wer ist wie Gott. Jene Verehrung des Thieres war eine künftige und zugleich eine immer unter den Menschen dagewesene. Ferner auch im 18. Kapitel verschwimmen Gegenwart, Vergangenheit und Zukunft in einander, besonders V. 1—7, indem hier unter Babel die Welt gemeint ist. 1. Joh. 2, 17.

Bei der Apokalypse ist mit der grammatisch=historischen Interpretation allein nicht der Sinn zu erschöpfen. Hier wird immer die erbauliche Nutzanwendung zur Ehre Christi als A und O zur Erweckung der Ungläubigen, zur Stärkung und Tröstung der Gläubigen zuerst in Anschlag kommen. Freilich muß der Stoff dazu desto reichlicher und ergreifender quellen, je reichlicher die Deutung der Visionen getroffen wird. Doch hat auch die erbauliche Nutzanwendung und Ausdeutung niemals das Privilegium, aus Allem Alles zu machen und auf diese Weise witzig und geistreich zu sein. Das sei ferne! Die Hauptfrage bei den Visionen hier bleibt: Worauf ist hingedeutet? Was ist gemeint? Nicht: Wie correkt ist der geschichtliche Verlauf innegehalten? Die Logik der Apokalypse, namentlich auch im Redebau, schwimmt nicht auf der Oberfläche, ist aber doch vorhanden und eine richtige Logik. Leichter und scheinbar logischer ist allerdings die Deutung des versiegelten Buches als eines bloßen Zukunftbuches wegen Kap. 5. Aber das Leichtere ist nicht allemal das Richtigere. Bei der Textkritik zieht man sogar eo ipso die schwierigere Lesart der leichten vor.

V. 10. Statt uns und wir hat eine andere Lesart sie, die Erkauften. Vergl. zu Kap. 1, 6. Das hier Gesagte gründet sich auf die Weissagung Dan. 7, 27.

V. 11 erinnert an Dan. 7, 10. Die Engel sind nicht fern von den Seligen, wenn sie auch im Vorhergehenden nicht mit aufgeführt worden sind. Vergl. Kap. 4, 4. 5, 2. Sie freuen sich über die Erlösung der Menschen.

V. 12. Das Lamm ist würdig zu nehmen Kraft u. s. w. d. h. Anerkennung zu erhalten für seine Kraft. Diese Redeweise gehört auch zum Visionären der Stelle.

V. 13. Und alle Kreatur. Wegen der (auch Joh. 1, 3 und Hebr. 1, 2. 12, 2 angedeuteten) Würdigkeit, d. h. Kraft, Liebe, Heiligkeit des Sohnes Gottes müssen auch die anderen Kreaturen das Lamm rühmen und preisen.

V. 14. Nach einer anderen Lesart fehlt der letzte Zusatz: den, der da lebet von Ewigkeit zu Ewigkeit. Man sagt, es stimme besser, wenn er hier wegbleibt, weil das Lob Beiden gilt, dem Vater und dem Sohne, während es sonst klänge, als ob blos Gott, der Vater gemeint sei. Indessen kann Johannes in diesem Zusatze gerade nach seiner Theologie einen Uebergang zum Lobe des Sohnes als A und O gefunden haben im Einklange mit Kap. 1, 8. 11. 18. mit Ev. Joh. 5, 19—23 und mit der ganzen in den nachfolgenden Kapiteln der Apokalypse enthaltenen Christologie.

Wie das Evangelium und der erste Brief Johannis, so hebt auch die Vision Kap. 1. 4. 5. 6 der Apokalypse vom Uranfange an, denn Christus ist dem Johannes allewege das A und das O. Hier gilt ganz und gar die Stelle Ps. 119, 52.

Die Eröffnung der sieben Siegel wird beschrieben Kap. 6 bis 8, 1.

Kap. 6, 1. Diese Donnerstimme geschah nicht blos damals in der Vision, sondern ein Weckruf Gottes, gleich einem mächtig aus Schlaf und Träumerei aufrüttelnden Donner, ergeht an jeden Menschen, wann er, wie traurig und schrecklich es in der Welt unter den Menschen inwendig und auswendig steht und zugeht, doch endlich tiefer beachten und mit seinem Nachdenken auf den Ursprung alles irdischen Jammers zurückgehen soll. Und zum Herolde Gottes hierzu muß sich irgend etwas von dem, das da ist, schicken, ein Mitgeschöpf, eine Gelegenheit, eine Schickung Gottes, ein Buch, oder das ängstliche Harren, Sehnen, sich Aengsten und Seufzen der gesammten unter dem Sündenfluche mitleidenden Kreatur (Röm. 8, 19—22), darum heißt es hier im Bilde: ich hörte eins der vier Thiere sagen. Jerem. 22, 29.

V. 2. Nach Eröffnung des ersten Siegels erscheint ein Retter auf einem weißen Pferde. Dies und das nächst Folgende scheint eine Nachbildung zu sein der Stelle Sachar. 1, 7—17. Daraus, aus dieser Aehnlichkeit folgt aber keineswegs, daß der Sinn dort und hier ein und derselbe sein müsse, nämlich: Glück der Welt, Elend der Kirche. Die Vorbereitungen zu unserer Stelle im 4. und 5. Kapitel erheischen schon einen tieferen Sinn. Eine andere sehr ähnliche Stelle für diesen 2. Vers findet sich Offenb. 19, 11—13 und 14, 14. Daraus hat man ohne Weiteres die Folgerung gezogen, dieser Reiter hier im 2. Vers auf dem weißen Rosse bezeichne bildlich den Herrn Jesum Christum. Allein eine genaue Vergleichung der beiden Stellen 6, 2 und 19, 11—13 (vergl. auch 14, 14) ergiebt vielmehr, daß hier im 2. Vers nicht der Sohn Gottes gemeint sei. Erstlich würde das Siegel aufbrechende Lamm, das Kap. 5 schon glorificirt ist, hier zuerst sich selbst wieder im Bilde gezeigt haben, was sich nicht recht reimen will, schon weil dann eine Person unmittelbar auf einander zweimal vorgebracht wäre. Das die Siegel öffnende Lamm ist schon ein Bild Christi, des Siegenden (5, 5) und dies Bild sollte nun zu allererst von sich selbst und vom Siege des Lammes wieder ein Bild geben? Ganz bezeichnend ist das Lamm vor den Reitervisionen erwähnt, weil es nicht einen integrirenden Theil der bei den Reitervisionen gemeinten unglücklichen Kreatur vorstellen kann, es hat daher laut Kap. 5 seinen Standpunkt daneben und darüber. Weiter beachte man, daß hier Vers 2 dem Reiter eine Krone (stephanos) gegeben wird. Im 14. Kap. hat des Menschensohn eine goldene Krone auf seinem Haupte und im 19. Kap. hat der Reiter auf dem weißen Pferde schon von selbst viele Kronen (Diademata) auf seinem Haupte, auch ein himmlisches prächtiges Gefolge, statt dieses grauenhaften Gefolges Kap. 6, V. 3 ff. Also im 19. Kap. ist Christus gemeint, der Alles besiegende zweite Adam, hier aber im 6. Kap. ist mit dem Reiter auf dem weißen Rosse der erste Adam gemeint. Er wurde im Stande der Unschuld geschaffen (poterat non peccare), daher hier das weiße Roß. Wie Alles, so wurde auch er durch den Logos erschaffen und ausgestattet leiblich und geistlich, aus Liebe, in Liebe, zur Liebe. Ohne den Logos wäre seine Schöpfung nicht erfolgt: Daher bricht das Lamm, oder der Logos als zukünftiges Lamm Gottes, als A und O dies erste Siegel. Die Krone ist das Ebenbild Gottes: Unschuld, Glückseligkeit, Herrschaft, Unsterblichkeit, im Dienste Gottes sollte die Weisheitsfähigkeit und Heiligkeitsfähigkeit bis in's Unendliche entwickelt werden. Das wurde dem Menschen bei seiner Schöpfung geschenkt, er hatte es nicht aus eigener Kraft oder Erfindung. Daher heißt es hier: Die Krone wurde ihm gegeben. Welch eine eben so herrliche als nothwendige Theodicee liegt in diesem 2. Vers! Ohne diese Krone wäre ja der erste Adam, die Krone der Schöpfung auf Erden, als etwas Mangelhaftes, Gottloses aus der Schöpferhand hervorgegangen. Darum wird auch Kap. 2, 10. 3, 11 dem erlösten Christen wieder eine neue Krone zugesprochen, die er sich nun besser wahren soll, als der erste Adam die seine. Vergl. Jerem. 13, 18. Sir. 1, 11. Der Bogen ist zu deuten auf das Verbot des einen Baumes im Paradiese. Mittelst

dieses Wortes Gottes sollte er kämpfen und siegen und immer wieder
siegen gegen die listigen Anläufe des Teufels. Johannes scheint die
Stelle Eph. 6, 10—17 gekannt zu haben. Ueberwinden und siegen,
d. h. die Krone der sichtbaren Schöpfung zu sein (nikon) und zu bleiben
(hina nikese) war seine Bestimmung, was auch hier im 2. Vers betont
wird. Der erste Adam hat aber leider das göttliche Ebenbild verloren
und in und mit ihm das ganze Menschengeschlecht, er wurde vom Ver-
sucher überwunden und besiegt. In den folgenden Versen erscheint das
traurige Gefolge des ersten Adam. Da der erste rein gewesene
Adam unterlag, wie müssen wir armen sündigen Christen-
menschen nun mit Furcht und Zittern schaffen, daß wir
durch die Gnade des zweiten Adam, der das A und O ist
und vollständiger Sieger war, ist und bleibt (Offenb. 19,
11—13), selig werden.

Andere, die unter diesem Reiter hier schon Christum, den zweiten
Adam verstehen, deuten den Bogen auf das Lehramt und die Pfeile auf
die Apostel, Missionare, Prediger und Lehrer. Allein in der heiligen
Schrift findet sich nirgends der Bogen als Bild von gütiger Thätigkeit
gebraucht, sondern immer nur von feindlicher; von Gott selbst z. B.
Ps. 7, 13. Die Stellen 2. Sam. 22, 35. Ps. 18, 35 entsprechen ganz
der oben gegebenen Deutung. Außerdem, gleichwie Kap. 2, 7. 11. 17.
26 Anspielungen auf den Anfang der biblischen Geschichten sich finden,
eben so gut kann dies auch hier im 6. Kapitel und anderwärts der Fall
sein. Die Deutung (bei Herder), nach welcher das erste Siegel bedeutet
Sieg, das zweite den blutigen Krieg, das dritte die Theuerung und das
vierte den Tod und alles um den jüdischen Krieg und Jerusalems Zerstörung sich bewege, hat besonders dreierlei gegen sich: a) es fehlt da
ein innerer Zusammenhang. Diese vier Dinge sind blos äußerlich zu-
sammengestellt. b) es soll Vision sein, die Bilder entlehnt aus dem
jüdischen Kriege und doch nimmt man Alles im buchstäblichen Sinne.
c) diese Schrecken (bei 2. 3. 4.) sind an sich nicht wichtig genug für
das Buch der Geheimnisse Gottes, besonders da hier eine feierliche Einleitung vorausgegangen. Ja zuletzt wäre eine solche Prophezeiung von
Krieg, Theuerung und Tod so viel wie keine, denn diese Schrecken
sind ja immer auf Erden gewesen und werden kommen; das konnten
die Christen von selbst wissen, daß der gerechte Gott noch ferner solche
Landplagen werde kommen lassen, besonders über die Verfolger der Kirche.
Am meisten wird diese buchstäbliche Deutung geschlagen durch die zwei
Wörtchen: Oel und Wein im 6. Verse. Entweder reimen sich diese
nicht in den Text, oder jene Deutung reimt sich nicht. Und wenn hier
und in den späteren Kapiteln blos solche Begebenheiten wären geweissagt
worden, die damals an Judäa und Jerusalem sich ganz erfüllen sollten,
so wäre ja der bei weitem größte Theil der Apokalypse für die ganze
nach dem Jahre 70 lebende Christenheit keine Weissagung mehr gewesen.

Der erste Adam zog aus zu überwinden und daß er siegte
(hina nikese, objektiv möglich). Aber es kam anders, wie die Erbrechung
der folgenden Siegel zeigt. Es folgte der Sündenfall, jene traurige
Katastrophe in der Geschichte der Menschheit. Daher

V. 4. das rothe Pferd. Roth ist die Farbe des Blutes und des Feuers, wie bezeichnend für die Sünde! Blutroth heißt die Sünde Jes. 1, 18. Sie verwirkt Blut und Leben und vergeudet Blut und Leben. Feuerroth ist sie (vergl. 4. Mose 19, 2) wegen der unheiligen Brunst, aus der sie entsteht und die von ihr genährt wird, ohne gesättigt zu werden, wie das Feuer. (Sprüchw. 30, 16.) Darum ist hier das zweite Pferd feuerroth (pyrrhos), als Bild der Brunst und der entstandenen, jetzt angeborenen sündlichen Brunst, oder Erbsünde und der Reiter ist die wirkliche Sünde, oder der Sünder, der von jener herumgetragen und gejagt wird und, ohne Hülfe von Oben, jene nicht mehr lenken, noch zügeln kann. Die Sünde nimmt aus dem Herzen und von der Erde den Frieden, ist ein Erwürgen und schafft Erwürger, Mörder aller Art. Daher wird diesem Reiter auch ein großes Schwert gegeben, zum Zeichen, daß die Sünde ist der Leute Verderben. (Sprüchw. 14, 34) und daß der Satan selbst die Sünde fort und fort als sein Schwert benutzt zur weiteren Unglücksstiftung und Erwürgung. Gott ließ dieses zu, weil Jesus, das A und O kommen sollte und eine Zeit, wo Menschen, durch ihn erlöst, mit den Engeln wieder singen sollten: Ehre sei Gott in der Höhe, Friede auf Erden (Jes. 2, 4. Micha 4, 3) und den Menschen ein Wohlgefallen. (1. Kor. 15, 55—57.)

Zwar deutet das Wort Erwürgen und Schwert und der Friedensverlust schon auf Folgen des Sündenfalles, es sollte aber die große und schwere Arbeit des Lammes Gottes, die es zum Troste der Gläubigen wohl vollbracht hat, noch deutlicher vor Augen gestellt werden. Jes. 43, 24. 25. Daher soll beim 3. und 4. Siegel die Verderblichkeit des Sündenfalles noch mehr betont werden, gegenüber dem erlösenden A- und O-Sein des Lammes.

V. 5. Das Aufbrechen des dritten Siegels läßt ein **schwarzes Pferd** erscheinen und einen Reiter mit **einer Wage**. Hiermit wird nun der Fluch abgebildet, welchen Gott dem Adam für den Fall des Ungehorsams gedroht und auch nachher über ihn und sein ganzes Geschlecht und über die ganze Erde hat kommen lassen. Speziell hatte Gott beim Aussprechen des Fluches (1. Mose 3, 17—19) der mühseligen, kärglichen Ernährung gedacht, die nunmehr im Vergleich zum Paradiese über die Menschheit zur Strafe verhängt wurde. Die hier erwähnte Wage ist theils ein Bild der heiligen göttlichen Strafgerechtigkeit, theils auch wegen V. 6 eine Erinnerung an jenen speziellen Fluch, welcher zu Zeiten die schrecklichste Hungersnoth, Entbehrung überhaupt zur Folge hat, wo z. B. in belagerten Festungen für Reich und Arm zuletzt die Nahrungsmittel gleichsam kärglich zugewogen und abgetheilt werden. Letzteres thun reiche, halb verhungernde Geizhälse nicht selten freiwillig gegen sich selbst und gegen andere. Was soll aber der Zusatz: dem **Oel und Wein thut kein Leid!** Matt und ungereimt ist die Deutung, daß die Reichen der Erde von dieser Entbehrung sollen ausgenommen bleiben. Da die Reichen meist weniger nach Gott fragen als die Armen, so würde diese Bevorzugung der Reichen im Prinzipe von Oben her und namentlich solche ausdrückliche Erwähnung und feierliche Zusicherung wenig mit Gottes Gerechtigkeit stimmen. Zu dem springt auch diese Deutung aus der allegorischen in die buchstäbliche über. Das schwarze Pferd und die Wage und das Maß und der fixirte Preis sind Bilder, also auch das Oel und der Wein. Letztere beiden sind also nicht als Delikatessen der Reichen hier zu nehmen. Der Logos, Jesus das A und O ist auch bei dem auf der Erde lastenden Fluche nicht abhanden. Im Namen der unendlichen göttlichen Erbarmung hat er als der rechte barmherzige Samariter für die unter die Mörder gefallene sündige Menschheit noch Heilmittel zur Rettung und Heilung, Oel und Wein in Bereitschaft und dieser Bereitschaft thut der gesammte Sündenfluch keinen Abbruch. (Luk. 10, 34. Wie hier zuerst das Oel genannt wird, also auch Offenb. 6, 6.) Und ist nicht diese seine Bereitschaft unser Haupttrost im dunkeln Erdenthale? Und zugleich der Hauptanker unsrer Hoffnung für die Zukunft diesseits und jenseits, so auch für den Sieg der Kirche Jesu Christi? Vergl. Röm. 8, 32. Also: das Oel bedeutet sein Evangelium von der Sündenvergebung durch ihn und von seinem theuern Verdienste, und der Wein bedeutet die Kraft und Zucht seines Geistes, welcher ist im Gläubigen ein Geist der Wiedergeburt. Vergl. 1. Mose 8, 11. Jes. 1, 6. An beiden Stellen ist das Oel eine sinnbildliche Hinweisung auf das Heilmittel für die sündenkranke Menschheit. Die erste Gabe davon geschah 1. Mose 3, 15.

V. 7 und 8 bringen die Oeffnung des vierten Siegels. Im logischen und geschichtlichen Zusammenhange fortschreitend bringt nun hier die Offenbarung ein Bild, welches zeigt, daß der Tod ist der Sünde Sold. Der Tod, reitend auf einem fahlen Pferde, gefolgt von der Hölle, mit dem auf verschiedene Weise zu früh getödteten vierten Theile der Menschen, dies alles, weil es Vision ist, kann gar nicht buchstäblich als eine spezielle, absonderliche Strafandrohung Gottes für die antichristischen Feinde der Zukunft genommen werden. Dann würde es aufhören Bild zu sein, und wo, wie und wann soll denn diese Strafe künftig einmal oder mehrmal buchstäblich vollzogen werden? Nein, hier wird, um das Verlangen nach Jesu, dem Erretter aus des Todes und der Hölle Rachen zu wecken und zu stärken, dem Johannes und uns im Bilde die Wahrheit in scenerischer Allegorie vor Augen gestellt: der Tod und die Hölle sind der Sünde Sold. Wie Kap. 4, 11 das Wort Schaffen, so gewährt uns hier dies vierte Siegel wieder eine Basis für die hier gegebene Deutung der sieben Siegel. — Der vierte Theil ist eine durch eine runde oder auch symbolische Zahl angedeutete Quantität. Da ist die arithmetische Bestimmtheit ein Bild von der Bestimmtheit und Gewißheit der Sache. Dieser Theil der Menschen, die, wie man sagt, verunglückt sind und zu früh umkamen, ist eine Vertretung aller derer, die in Folge des Sündenfluches, in Folge des Verlustes des göttlichen Ebenbildes durch sogenannte Unglücksfälle oder durch frühen Tod in der Kindheit, z. B. durch direkten oder indirekten Kindermord zu früh weggerafft werden. Da wird ziemlich der vierte Theil, oder wohl noch mehr herauskommen, dahomeische Menschenopferungen, Sklaventransporte, Kriegsschlachten und Pestilenzen noch ungerechnet.

So gedeutet enthalten die Siegel 2, 3 und 4 auch zugleich Gottes Strafandrohungen für die Zukunft. Fluch und Tod werden

Kapitel 6.

auf Erden bis ans Ende fortdauern und diese Schrecken werden je und je besonders bei den antichristischen Mächten und Massen grell hervortreten. Man denke an die Guillotine und ihre Permanenz zur Zeit der ersten französischen Revolution und an das Mähen des Todes da, wo zum A und O, statt des erbarmungsreichen geduldigen Herrn Jesu, irdische Machtgelüste, Nationalitätsschwindel und dergleichen erkoren werden.

V. 9 bis 11 enthalten die Oeffnung des **fünften Siegels.** Hier erscheinen ganz unvermuthet die **Seelen der heiligen Märtyrer,** die **„um des Wortes Gottes willen"** erwürgt waren. Und doch, wie richtig geht die Logik des heiligen Geistes. Sie begegnet hier nämlich dem **durchdringenden** Schmerzensrufe aus der leidenden Christenheit, zugleich gethan im Namen der Märtyrer, dem Ausrufe und Einwande, der nach dem vierten Siegel eben zu erwarten war, wegen der scheinbar gleichen Verunglückung der Märtyrer durch einen frühen Tod, als ob ihr Tod auch mit jenem Fluchtode zusammenfiele. Daß die Seelen unter dem Altare erscheinen, das ist eine bildliche Erklärung der Wahrheit, daß sie bei dem Herrn sind, (Röm. 14, 8) und daß es mit ihrem Tode eine andre Bewandniß hat, eine gar tröstliche. Pf. 116, 15. Ihr Schreien mit großer Stimme um Rache ist ein Bild von den Kleinmuthsanwandlungen, bei denen wir uns versucht fühlen, den Märtyrertod als etwas Schreckhaftes, vom Herrn nicht Gewürdigtes anzusehen. Da soll nun das im 11. Verse erwähnte, von Christo dem A und O uns erworbene und zu bekommende weiße Kleid und der dortige Zuspruch uns sein ein Bild und Zusicherung des himmlischen Trostes, welcher uns in Märtyrerzeiten und bangen Stunden, die auch künftig bis ans Ende nicht ganz ausbleiben werden, nicht fehlen wird. Auch enthält dieses Siegel für Märtyrer und ihre Mörder die Aussicht, daß allerdings um des Todes jener willen ein Rächer lebt und naht, was bei den andern in der Welt Verunglückten nicht der Fall sein kann.

Folgerichtig bringt nun das **folgende 6. Siegel** etwas von diesem himmlischen Rächer. V. 12 bis 17 besagen dies: Wiederholendlich werden Zorngerichte des himmlischen Rächers hereinbrechen, da wird es dunkel und angstvoll werden, „gleich als ob der jüngste Tag im Anzuge sei." Vergl. Jef. 34, 1—4. Die Sterne hier sind die Großen der Erde, die Weisheitshelden, Maulhelden und andre Helden der Welt: die werden verzagen und Muth, Rath und Besinnung verlieren, wie der Feigenbaum seine Früchte verliert, wenn der Sturm sie abschüttelt. Der Himmel ist hier die weltliche Ordnung und der weltliche Schutz im Staate, der eine Zeit lang wie ein schützendes Dach die Menschen unter sich gehabt hatte: dies wird aufhören, ehe man sich dessen versehen wird. Die Berge und Inseln bedeuten die Reiche der Erde: diese werden in ihren Grundfesten wanken.

Ganz angemessen und natürlich ist es, daß in Folge der durch diese sechsfache Vision im Geiste des Johannes gesteigerten Sensation die visionär allegorische Darstellung dem Schwinden nahe kommt und in die Prophetie mit unbildlichen Worten übergehen will, wovon der 15., 16 und 17. Vers Zeugniß geben. Sofort aber im 1. V. des 7. Kap. tritt die Allegorie und die scenerische Vision wieder ein. Also was viele schon in den ersten Siegelvisionen finden, künftige vorläufige Strafgerichte, das ist erst der Inhalt des 6. Siegels. Sonst würden die Tautologien hart aufeinander folgen...

Von den so eben geoffenbarten Schrecknissen lenkt die Offenbarung nun den Blick des heiligen Sehers auf die tröstliche und erquickliche Zukunft der Kirche. Diese Wendung, gleichsam zu einer Zwischenvision, ist motivirt durch die hier sich aufdrängende Frage: Was geschieht inzwischen mit der Kirche Christi und mit dem Reiche Gottes auf Erden? Darauf giebt das 7. Kap. durch die Einschiebung einer Zwischenvision vor dem letzten Siegelaufbrechen die Antwort: Inzwischen wird das Ende der Welt von Gott noch aufgeschoben, damit die erlösende und seligmachende Mission des Sohnes Gottes das Ihre wirken und vollenden kann. Auch hierin bleibt er sich als A und O treu. Vom Anfange bis zu Ende bleibt er der treue gute Hirte, der das Verlorene sucht, bis das Haus seines Vaters die von diesem gewollte Zahl der erretteten Menschenseelen umfaßt und voll ist. So kommt denn zu Jesu ihr Sünder und selbst Lasterknechte! Alles ist bereit! Jesus nimmt die Sünder an, sagt doch dieses Trostwort allen!

Kap. 7, V. 1. Und barnach sahe ich vier Engel, damit wird hier die Zwischenvision eingeleitet oder vielmehr begonnen. Die vier Engel, welche den die ganze Erde beschädigenden Wind aufhalten, sind eine bildliche Bezeichnung vom Aufschube des jüngsten Tages. Dieser ist der Wind, der alle Feinde des Herrn auf ewig wegfegen und eine Veränderung der bisherigen Weltordnung zur Folge haben wird. („Beschädigung"). Vergl. Jes. 40, 24. Jer. 4, 11—13. Matth. 7, 27. Hiob 21, 18. Matth. 3, 12.

V. 2. Der andre Engel, von der Sonne Aufgang auffteigend, ist Christus der Morgenstern, der Aufgang aus der Höhe. Dieser Morgenstern kann nicht ohne Weiteres zum Abendstern werden. Er muß vorher, ehe er als Morgenstern des künftigen Lebens nach dem jüngsten Tage aufgeht, die andern Schafe aus dem andern Stalle (Joh. 10) herzuführen. Hierzu hat er das Siegel des lebendigen Gottes, das ist das Erlösen und Gerechtmachen durch sein Blut. Vergl. V. 14. Dieser bittet für uns. Darum verzieht der himmlische Vater noch mit dem jüngsten Tage, um für die Mission Jesu Christi auf Erden noch Zeit zu lassen. So ist denn hier für den Johannes, wie auch für uns noch eine rechte Zukunftsvision. Die Kirche und die Mission haben eine Zukunft hienieden, dies wird hier geweissagt und zum Troste der Gläubigen verheißen.

Auffallend ist nun im Folgenden die Angabe der Geretteten nach der Zahl und nach den zwölf Stämmen der Kinder Israel, wie auch die Weglassung des Stammes Dan, für den ein Stamm Joseph gesetzt ist. Offenbar ist hier eine Bezugnahme auf die ältere Geschichte der Kinder Israel. Daraus folgt aber keineswegs, daß diese alte Geschichte auch die Deutung hergeben müsse. Ist doch die ganze Geschichte des alten Testamentes selber Typus, oder Vorbild auf Christum und seine Kirche. Die Bedeutung liegt gleichsam hinter dem typischen Vorhange.

Also das Recht der Vision und des Apokalyptisch-allegorisch-scenischen geht so weit, daß hier V. 4 bis 8 dasselbe gemeint sein kann, was im 9. Verse gleichsam zur Erklärung kurz beigefügt ist. Schon Paulus sagt Röm. 9, 6: es sind nicht alle Israeliter, die von Israel sind und Gal. 6, 16 nennt er die Christen das Israel Gottes. Wie viel mehr können hier in der Ekstase und Vision die „von allen Geschlechtern der Kinder Israel" Versiegelten bekehrte Christen bedeuten aus Juden und Heiden. Sind nun die zwölf Geschlechter Israel bildlich zu nehmen als Bilder der verschiedenen Völkerschaften und Nationalitäten auf Erden, wo irgend die Mission segenbringend auftritt, so ist auch die bestimmte Zahl 12000 aus jedem Stamme symbolisch zu nehmen als Bezeichnung einer Schaar von Erretteten aus jedem Volke, die für den Himmel groß genug und für den Plan Gottes entsprechend genug sein wird. Darum wird es hier auch nach dem Vorgange Anderer mit den alten Namen der zwölf Stämme nicht so diplomatisch genau genommen, weil sie blos zu einem Bilde hier dienen sollen. — Daher ist nicht lange darüber zu kalkuliren, warum der Stamm Dan ausgelassen ist. Für diese Deutung spricht auch die, wie es scheint, absichtliche Mischung der Söhne Jakobs durcheinander. In diesem Punkte hatte Johannes einen Vorgänger an Hes. 48. Daß hier bei allen Stämmen genau dieselbe Zahl der Erretteten ausdrücklich angegeben wird, ist ein bezeichnendes Bild erstlich von dem richtigen Verhältnisse, nach dem die rettende Hirtentreue bei den Völkern der Erde verfahren wird und zweitens von der sehr zum Trost gereichenden Unparteilichkeit Gottes, welche schon von Petrus Ap.-Gesch. 10, 34 f. erkannt und gepriesen wird. Auch Bossuet und Hengstenberg deuten diese Stelle auf solche allegorisch-theologische Weise. Kaum ist nöthig, noch zu bemerken, daß vor Menschenaugen eine buchstäbliche Erfüllung dieser geweissagten Bekehrungen aus Israel schon deshalb unmöglich geworden, weil jene Sonderungen in zwölf Stämme unter Israel auch physisch längst aufgehört haben. Wie könnten z. B. von den nach Nordamerika ausgewanderten Deutschen und ihren Nachkommen immerzu eine gewisse Zahl Sachsen, Preußen, Hessen u. s. w. ausgeschieden und nach Europa zurückversetzt werden? Man vergl. Hes. 39, 28: Ist absolut genommen unmöglich.

Also auf dieses: „Herr, es ist noch Raum da" und auf diese Befriedigung der erlösenden Liebe hat nach dem 7. Kapitel der jüngste Tag zu warten. Nicht eine Spur von Andeutung findet sich hier wie auch nicht Kap. 11 V. 19, daß der jüngste Tag auf das Vorausgehen eines irdischen tausendjährigen Macht- und Freudenreiches Jesu zu warten habe. Kap. 7, 13—17 kommen die Auserwählten in den Himmel aus großer Trübsal her, aber nicht aus einem Glanzreiche. Auch sind die Seligen hier selig, nicht in einem herrlichen irdischen Reiche, sondern „vor dem Stuhle Gottes." V. 15. Zufolge der Stelle Kap. 7, 9—17 sollen wir mit Johannes zum Troste und zur Belebung unseres Glaubens an Christum das A und O und zur Stärkung unseres freudigen Siegesgefühles unsern Blick im Geiste erheben und richten mitten in den Chor der Seligen und der glücklich durch Christi Versöhnung in den Himmel Geretteten, Gerechtfertigten und Auserwählten.

V. 14. Aus großer Trübsal, nämlich die, sie eine Zeit lang um Christi willen hatten. Es giebt an Erkenntniß arme Christen, die auf jede Thränenaussaat auf Erden eine Freudenernte im Himmel erwarten, auch wenn es zu keiner Buße und Bekehrung, zu keiner Schmach Christi gekommen.

Aus dem Himmel soll sich nun der betrachtende Blick wieder auf irdische Scenen und Katastrophen lenken. Vom 8. Kapitel an bis 11, 19 folgen die sieben Posaunen. Da wird gezeigt, was während der Ruhe der selig Dahingeschiedenen in Gott, der Herr an Zucht=, Läuterungs= und Strafmitteln über die Erde wird kommen lassen. Gott, der da reich ist an der Barmherzigkeit in Christo, ist auch reich an Zucht=, Läuterungs= und Strafmitteln. Sie sollen Posaunenstöße Gottes oder Weckrufe für die Bekehrten und Unbekehrten sein zur Buße und zum Glauben, namentlich für die Ungläubigen und Unbekehrten, dem dreifachen großen Wehe, das auf der Menschheit lastet, da es noch Zeit ist, zu entrinnen, anstatt gemeinschaftliche Sache mit dem Seelenverderber zu machen, der bald heuchlerisch zulispelt, bald wie ein hungriger Löwe durch seine Anklagen und Vorwürfe brüllt. Die Posaunenstöße sind also nicht als die Ur=sachen der bezüglichen Erscheinungen anzusehen, sondern theils sind die letzteren selbst nach Gottes Willen Weckrufe, theils erheischen sie Aus=legungen, welche Buße und Trost predigen. So verhielten sich auch das Siegelöffnen und die Erscheinungen dort nicht wie Ursache und Wirkung. Das scheinbare Nacheinander ist eigentlich ein Nebeneinander. — Daher konnte dort wie hier Zukünftiges angedeutet werden, das auch schon Altes, Dagewesenes ist, welches sich auch künftig wiederholt zeigt. Mit dieser Deutung der Posaune stimmt ganz Hoseas 8.

Das erste große Wehe ist der Sündenfall der bösen Engel und Menschen und das sündliche Verderben des menschlichen Herzens, das zweite der Fluch, der auf der Sünde ruht, das dritte, das schreck=lichste, ist das letzte Gericht. Vergl. 9, 12. 11, 14.

Daher ist es keineswegs unlogisch, noch ohne Zusammenhang, daß hier die Vision bei der fünften Posaune zurückgreift in der Weltgeschichte bis zum Falle der bösen Engel, weil diese Begebenheit der Ursprung des menschlichen sündlichen Verderbens geworden, aus dem Jesus Christus, das A und O aller Hülfe zum Heile, uns retten soll.

Majestätisch und ergreifend ist der Sinn dieser Visionen, wenn sie auf diese Weise theologisch=allegorisch gedeutet werden. Weniger, wenn alle sieben Posaunen immer wieder tautologisch (fast battologisch) meist auf lauter künftige Strafen Gottes, die hienieden kommen sollen, ge=deutet werden.

Kap. 8. V. 1 und 2 zeigen selbst den engsten Anschluß des Folgen=den an's Vorhergehende an. Es ist aber hier nicht ein geschichtlicher Zusammenhang, sondern ein logischer zur Ergänzung.

V. 1. Die hier erwähnte halbstündige Stille im Himmel ist verschieden gedeutet worden. Erstlich haben wir dieselbe als eine bildliche Andeutung zu nehmen, daß im Folgenden nicht eine Fortsetzung des in der letzten Vision Gegebenen folgt, sondern eine Unterbrechung

Kapitel 8.

der geschichtlichen Folge. Dann ist das Wort Himmel hier nicht buchstäblich zu nehmen, sondern bildlich. Jedoch auch nicht so sehr bildlich, daß aus dem Himmel die Erde wird. Einige sagen: Auf Erden soll einmal nach den erfüllten sechs Siegelvisionen Ruhe für die Christenheit eintreten, eine halbe Gottesstunde lang. Nein, vielmehr gilt bis zum jüngsten Tage die Anweisung: „Wachet und betet und kämpfet den guten Kampf des Glaubens. Siehe, ich sende euch wie Schafe unter die Wölfe. Ruhe suchet nur in Gott und bei und in euerm A und O." — Das Wort Himmel ist in der Apokalypse häufig und so auch hier bildliche Bezeichnung der höheren, nämlich der Gott dienenden Geisterwelt im Himmel und auf Erden. Dagegen durch das Wort Erde werden die Menschen, besonders die irdisch gesinnten Menschen bezeichnet. In noch tieferer Bedeutung ist diese Stille eine bildliche Bezeichnung der heiligsten und gespanntesten Erwartung von Seiten der heiligen Geisterwelt. Und wenn Engel Gottes sich freuen über bußfertige Sünder und trauern über unbußfertige (Luk. 15), so ist in noch tieferer Bedeutung diese Stille im Himmel ein Bild von einem gewissen Erstaunen und Bestürztwerden der höheren Geisterwelt über den Mißbrauch der göttlichen Langmuth, über die Verachtung der göttlichen Erbarmung und väterlichen Züchtigung und über die ungläubige Mißdeutung der Verzögerung des jüngsten Tages von Seiten der in der unseligsten Gefahr schwebenden Menschen. Gleichsam eine ängstliche Stille, wie die unter uns, die die Pause zwischen einem schrecklichen Blitz und seinem Donner ausfüllt, oder die bei plötzlich aufhörendem Regen einem kräftigen Donnerschlag vorhergeht. Desto lauter redet nun Gott, der so herausgeforderte, durch die sieben posaunenden Engel und nicht, ob er auch könnte, durch die sofortige Vernichtung der gottlosen Welt. Aber je stärkere Zwangsgerichte Gottes kommen, desto mehr gehen auch Buß- und Trostpredigten Gottes jenen zur Seite. So von 1. Mose 3, 8 an. 1. Mose 3, 7 ist auch so eine „halbstündige Stille" angedeutet, als ob es anstatt des zu erwartenden göttlichen Zorngerichtes über Adam und Eva stille bleiben wollte. — Zum Zeichen, daß auch hier die Heiligkeit Gottes und seine Untadelhaftigkeit gewahrt und ohne Makel bleibt, gehen den sieben Posaunen Anbetungen Gottes von Engeln und von den Heiligen Gottes voraus, wie V. 3—5 gemeldet wird. Wieder eine überraschende Disposition in diesem Predigttheile zum Entzücken. Zugleich liegt hierin auch eine Andeutung von der Verbindung des Gebetes der Gläubigen mit Gottes Straf- und Zuchtplane.

So bedeuten denn die posaunenden Engel im Allgemeinen dies: Gott redet durch diese hier bezeichneten schrecklichen Zulassungen seit dem Sündenfalle im Paradiese laut und vernehmlich zu dem Menschen, näher zur Sünderwelt. Aber er wird von Vielen doch nicht verstanden oder sie wollen nicht auf ihn und seinen Gnadenwillen achten. So wird aus seiner Zucht eine peinliche Züchtigung und aus dieser ein Krieg Gottes gegen seine Feinde. Also stehen die verfolgten Gläubigen nicht allein da in dem ihnen verordneten Kampfe. — Wohl dem, der bei den hier bildlich gezeigten Schrecknissen den gewahrt, der da spricht: Ich bleibe bei euch alle Tage bis an der Welt Ende, ich bin das A und O.

Selig, bei dem es dann heißt im Herzen und in der That und im Leiden: Lasset uns aufsehen auf Jesum, den Anfänger und Vollender unseres Glaubens. — Also kann man allerdings auch sagen, daß durch die sieben Posaunen eine „allmählige Anbahnung dessen, was zu seinem Ende geführt werden soll" (Gottes Plan) hier beschrieben werde.

B. 7. **Hier vernimmt Johannes die erste Posaune.** Bildlich wird ihm hier geoffenbart, daß die Zulassung der Kriege unter den Menschen von Seiten Gottes nicht blos ein Mittel zur Zucht und Strafe in Gottes Hand ist, sondern auch ein Weckruf Gottes zur Buße sein soll, indem sie, je länger, je mehr blutig werden und den Mörder von Anfang immer deutlicher verrathen, wer ihn erkennen will. Weil dies Letztere bei vielen nicht erreicht wird, so werden die Kriege in der That immer blutiger und der menschliche Erfindungsgeist in dieser Beziehung dem Mörder von Anfang immer dienstbarer. Man denke an die Erfindung des Schießpulvers, der immer mörderischer werdenden kleinen und groben Geschütze u. s. w. und man wird ohne Commentar das Bild sich deuten können: Es ward ein Hagel und Feuer mit Blut vermenget. Das Feuer haben die kämpfenden Krieger nicht blos in ihren Geschützen, sondern auch in ihren in Kampfeswuth auflodernden Herzen.

Was bedeutet nun der Zusatz: das dritte Theil der Bäume verbrannte? Bäume sind oftmals Bilder der Menschen, besonders der Männer. Vergl. Ps. 1, 3. 52, 10. Jes. 61, 3. Matth. 3, 10. Ferner Jes. 10, 19 sind sie Bilder der Mannschaften, so auch hier. Der Sinn ist: ein großer Theil der Männerwelt kommt um, Männer, die sonst als Begründer christlicher Hausstände Fruchtbäume Gottes sein könnten: Verlust für's Weltreich und für's Gottesreich. — Und alles grüne Gras verbrannte, fügt die Offenbarung hinzu. Das grüne Gras ist unter Andern auch ein Bild von Wachsthum und Wohlstand, wie Jes. 44, 4. Ps. 92, 8. Ps. 37, 2. 20 Krieg ist eine Vernichtung des Wohlstandes. Das grüne Gras auf der Aue ist ferner ein Bild von der guten Weide des guten Hirten. Ps. 23. Inter arma silent leges. Wenn Krieg ist, baut der Teufel die Hölle weiter, sagt ein Sprüchwort. Aber die Posaune der evangelischen Bußpredigt soll nicht fehlen.

B. 8. **Nach dem Ertönen der zweiten Posaune fährt ein großer Berg mit Feuer brennend in's Meer.** Das Meer ist, wie noch öfter in der Apokalypse, ein Bild der Menschenwelt auf Erden. Vergl. Kap. 17, 15. Hier hat man sich noch das Merkmal des Weltverkehres hinzuzudenken, der ja auch der Erfahrung gemäß immer weiter über Land und Meer sich ausdehnt, die Menschenwelt einem Tag und Nacht unruhigen Meere ähnlich macht und zur Verbrüderung der Menschen und Nationen dienen könnte, wenn die Macht der Sünde nicht wäre. Darein fuhr (eblethē hypo Satana) wie ein großer Berg mit Feuer brennend, das ist die Sünde, die sich da mächtig hineinmischt und schließlich alles verdirbt, Spekulationsschwindel und anderen Schwindel voll Sünde und dazu noch allerhand Uebelstände erzeugt (z. B. die Sonntagsentheiligung). — **Das dritte Theil des Meeres ward Blut,** d. h. ein großer Theil der Menschen will alles auf Kosten

Anderer, nach Befinden im Zorn, durch das Recht des Stärkeren, durch Socialismus, Kommunismus, Majoritätenwillkür, mit Blut ausmachen. — **Der dritte Theil der lebendigen Kreaturen im Meere starben**, d. h. in Folge der Betheiligung am allgemeinen Menschen- und Weltverkehr, wozu die Geschäftsreisen, Lustreisen, besonders am Sonntage gehören, stirbt so Mancher den geistlichen und ewigen Tod. **Und das dritte Theil der Schiffe wurden verderbet**, d. h. in Folge dessen geht ein großer Theil der christlichen Lebensordnungen bei Individuen, Familien, Parochieen und Missionsstationen gänzlich verloren. Wie die Schiffe sicher über das gefährliche Meer geleiten sollen, so jene Ordnungen und Anstalten, besonders wo Jesus das A und O, der Steuermann bleibt, über das Gefährliche des alltäglichen Menschenverkehres. Oft verdirbt aber die Gefahr das Schiff. Desto lauter soll da die Posaune der evangelischen Bußpredigt sich hören lassen: Suche Jesum und sein Licht, alles Andre hilft dir nicht.

In den Offenbarungen bei den Posaunen findet eine Stufenfolge zum Schlimmern statt. Immer traurigere Zulassungen Gottes werden der Betrachtung vorgeführt. Schlimmer wie der Krieg ist der zu= nehmende (künftige) durch die Sünde vergiftete tägliche Weltverkehr. Aber keine solche Zulassung kommt ohne die Posaune Gottes, ohne Bußpredigt und ohne daß Jesus das A und O bliebe.

Eine noch schlimmere und auffälligere Zulassung Gottes wird beim Tone der dritten Posaune zur Betrachtung gezogen: Die direkte geistliche Verführung durch Irrlehrer, es sei antichristliche Philo= sophie, oder Religion, oder irreligiöse, verderbliche Volksliteratur, Miß= brauch der Presse, Mißbrauch der bildenden Künste u. s. w. **Ein großer Stern fiel vom Himmel.** Der Himmel ist hier wieder ein Theil der Geisterwelt, die Lehrerwelt, solche, denen überhaupt das Wort und die Feder zu Gebote stehen. Der fallende Stern ist Symbol jedes hervorragenden Irrlehrers, schädlichen Tonangebers. Er brennt und leuchtet, aber wie eine rußige Fackel oder Lampe. Er verbittert gleich dem Wermuth und macht ungesund die geistige Nahrung des Volkes. Viele Menschen sterben davon den geistlichen und ewigen Tod. Jedoch ist auch hier die Posaune Gottes dabei, die da warnt, weckt und zur Buße und zu Christo dem A und O aller rechten Propheten ruft.

Diese Zulassung Gottes bei der dritten Posaune wird bei der vierten Posaune mehr specialisirt und erscheint darum in einer noch schrecklicheren Gestalt. Was Kap. 8, 12 steht, ist auf die traurigen Zeiten zu deuten, da sogar die verordneten Oberbischöfe in der Chri= stenheit („**die Sonne**"), die Prediger („**der Mond**") und die Pro= fessoren und Schullehrer („**die Sterne**") zum großen Theile selbst durch Aberglauben, oder Unglauben verfinstert sind und ein unheimliches Dunkel durch die sogenannte Lichtfreundschaft entsteht. Da seufzt manche treue Christenseele und fragt bekümmerten Herzens: Warum läßt Gott solches zu? Warum muß diese oder jene vielleicht ansehnliche Gemeinde ein Menschenalter hindurch so einen ungläubigen, offenbar unbekehrten, die Welt mehr als Christum das A und O liebenden Prediger haben? Gott ist unschuldig. Mancher war auf den Weg zur Bekehrung ge=

bracht und verschlechterte sich später wieder. Jeder kann, wenn er will, zu seinem Amte auch den Verstand von Oben sich erflehen. Auch ist darüber schon Ap.=Gesch. 20, 29—31. 2. Tim. 4, 3 das Nöthige von Seiten Gottes vorausverkündigt, wie auch hier bei der vierten Posaune, also daß sich Jeder vorsehen kann; dazu tönt auch in diesem Stücke Gottes Bußposaune. Wenn sie nur vernommen und beachtet würde! Jesus aber das A und O verbleibt dennoch seinen Getreuen, wenn auch einige von seinen Knechten untreu werden.

Die aufsteigende Stufenfolge in der Posaunen=Vision ist nun bei der allertraurigsten Zulassung Gottes angelangt, beim Falle des Satan und seiner Engel, also beim Urbilde aller Verführer. Darum, wie früher bei Gottes Thaten in der Apokalypse im Himmel Lobgesänge vorher gehört werden, ehe sie in der Vision namhaft gemacht werden, so umgekehrt erscheint hier Kap. 8, 13 ein Raubvogel, ein Adler, (Luther setzt nach einer andern Lesart: Engel), der krächzt mit großer Stimme mitten durch den Himmel, d. h. mitten durch die Geisterwelt, ein dreifaches Wehe. So geht denn das Folgende noch mehr in die Vergangenheit zurück und ist doch auch zugleich ein Streiflicht in die Zukunft hinein. Es heißt hier Kap. 8, 13: Wehe denen, die auf Erden wohnen, d. h.: Wehe denen, die der Erde und ihrem Fluche zugethan bleiben! —

Das 9. Kapitel enthält die Visionen beim Ertönen der 5. und 6. Posaune. Die ersten drei Verse greifen weit zurück. V. 4 bis 11 sind dann auch zugleich wieder Fortsetzung und Ergänzung vom 8. Kap., insofern als hier das Stufenmäßige weiter geht und in Bildern gezeigt wird, daß die Macht der Sünde und des sündlichen Genusses und Ge= lüstens, das der Mensch in sich selbst hat und herumträgt, noch schlim= mer und gefährlicher ist als die Versuchung und Verführung von Außen. Jene inwohnende mächtige Sünde ist aber durch den Teufel und seine Verführung verursacht, daher wird dessen Abfall von Gott selbst zuerst bildlich angedeutet. Kap. 9, 1. 2. Im 11. Vers wird ein König der scorpionartigen Heuschrecken erwähnt, der ein Engel sei aus dem Abgrund mit dem Namen: Verderber (Vergl. 19, 11—16.), also das Gegentheil vom Namen Jesus, Seligmacher. Dieser Engel ist allerdings nicht geradezu selbst der Teufel, weil dieser eigentlich in der heil. Schrift nirgends mehr Engel genannt wird; aber hier in der Vision ist dieser Engel ein Bild des Teufels und dieserhalb kann auch der Stern im ersten Verse, den Johannes als einen bereits gefallenen sieht, und der eben die Heuschreckenschwärme herausläßt, niemand anders sein als der Teufel und das Wort gefallen weist noch dazu hin auf seinen Abfall von Gott. Vergl. Luk. 10, 18.

V. 2. Hier und im Folgenden wird in Bildern gesagt, daß der Satan die ersten Menschen verführt hat (die Sonne ist Adam, die Luft Eva) und daß er der Vater aller Sünden und Laster ist. Dem= nach bedeutet der aufsteigende Rauch seine List und Verführung gegen das Menschengeschlecht und die Verfinsterung der Sonne und der Luft den Sündenfall und das sündliche Verderben des Menschen= geschlechtes. Die Heuschrecken bedeuten die Sünden und Laster der

Menschen; denn die Sünde verdirbt das Heil des Menschen wie die Heuschrecken in der Natur das schönste Grün der Erde. Die Scorpionen verletzen tödtlich, die Sünden auch. Diese Heuschrecken hier in der Vision sollen das Gras, das Grüne, die Bäume unbeleidigt lassen. Das heißt, den Gläubigen Jesu Christi, den Versiegelten des Herrn (Psalm 1, 3. Jes. 61, 3) werden die Sünden, weil sie vergeben sind und vollständig in Jesu Blut gesühnt, nichts schaden, sondern nur den Nichtversiegelten. Mit dieser Deutung der Scorpionen stimmen Luk. 10, 19. Hes. 2, 6, ja, allegorisch auch Joel 1.

V. 5. Hier wird im Bilde gesagt, daß geistlicher und ewiger Tod nicht unbedingt mit Lasterdienst verbunden ist, als ob für keinen Lasterknecht mehr Hülfe, Bekehrung und Vergebung möglich wäre. Jesus Christus, das A und O allein weiß und schafft noch Rath.

V. 6. Hier sagt die Vision, daß die verzweifelnden unbußfertigen und trotzigen Sünder und Gottlosen, besonders die Selbstmörder vergeblich wähnen, der leibliche Tod sei eine gänzliche Vernichtung des Menschen.

V. 7. 8 und 9 enthalten im Bilde die Wahrheit, daß die Sünden und Laster etwas mächtig Reizendes, Vielversprechendes, Einnehmendes und dennoch auch Gefährliches an sich haben. Das Rasseln der Flügel ist ein Bild stürmischen Verlangens. Die Weiberhaare erinnern an die Weiber Kap. 14, 4, welche dort Sünden bedeuten. Und wie bezeichnend für die Sünden und Laster ist, was Vers 10 gesagt ist: Ihre Macht war durch die Schwänze zu beleidigen: Des Lasters Bahn ist anfangs zwar ein breiter Weg durch Auen, allein sein Fortgang bringt Gefahr, sein Ende Nacht und Grauen. Der sündliche Genuß ist zuerst für die sündliche Lust süß, zieht aber unfehlbar Ach und Weh nach sich.

Die sechste Posaune bringt das zweite Wehe, jedoch nicht bloß dieß, sondern auch zur Erquickung die neben diesem Wehe einhergehende Heilsthätigkeit Jesu Christi auf Erden bis ans Weltende. Das zweite große Wehe ist der Fluch, der auf der Sünde ruht und der concentrirt sich in der Wahrheit: der Tod ist der Sünde Sold. Zwar ist davon schon bei den Siegelöffnen gehandelt, allein der hier angenommene Stufengang und der Zusammenhang und die Wichtigkeit der grauenhaften Sache erfordern hier gegen das Ende der ersten Hälfte des zweiten Haupttheiles noch ein summarisches Hervorheben obiger Wahrheit, welches denn auch nicht schauerlicher und malerischer geschehen konnte als hier Vers 13—19. Vier Engel des Todes vom Euphrat her sollen ihr Werk verrichten, d. h. nach Gottes Willen soll der Tod, um jene Wahrheit: der Tod ist der Sünden Sold, zur Buße zu predigen, also als Bußprediger selber je und je unter den Menschen kolossal auftreten. Dies soll zugleich eine Rache, oder lieber eine Rechtfertigung sein der Märthrer Kap. 6, 9. 10., worauf das hindeutet, daß hier Vers 13 der güldne Altar erwähnt wird. Der Engel der sechsten Posaune soll die vier Todesengel vom Euphrat kommen lassen. Herder findet hierin eine Anspielung auf den tödtlichen Feuerwind Samiel aus der euphratischen Wüste her. Dies ist sehr wahrscheinlich, nur ist mit dieser Deutung der Sinn der Vision nicht erschöpft. In den Versen 16—19 sind die verschiedenen Pestilenzen gemeint, welche Gott je und je zuläßt, bald unter Erwachsenen und Kindern, bald nur unter Kindern, aber die Absicht der Vision ist, den Tod uns von dieser Seite als Gottes kräftigste Bußpredigt vorzustellen, damit wir zu Christo fliehen, welcher als das A und O auch ist die Auferstehung und das Leben. Darum heißt es hier Vers 18. 19 im Gegensatz zu Vers 10: ihre Macht war in ihrem Munde, d. h. die von Gott zugelassenen Pestilenzen, oder „Plagen" haben gleichsam einen Mund, nicht blos zum Todthauchen, sondern auch zum Predigen, um auf diese Weise der Absicht Gottes und dem Heile der Menschen zu dienen. Wenn auch nicht bei allen Menschen, so doch bei einigen, oder vielen erreicht Gott Etwas dadurch, wie die Erfahrung bestätigt durch die in den alten gläubigen Gesangbüchern vorkommenden Lieder zur Pestzeit. Leider bestätigt auch die Erfahrung, was die letzten beiden Verse dieses Kapitels sagen, daß bei vielen Gottlosen auch diese Bußpredigt und Bußposaune Gottes nichts fruchtet, noch die größten Strafgerichte Gottes. Der im 20. Vers beschriebene verschiedene Götzendienst ist nicht ängstlich speciell auszudeuten, so systematisch auch die Ordnung hier ist. Diese Verschiedenheit des Götzendienstes ist hier einfach ein nochmaliges Bild der mannichfachen Lasterknechtschaft, zu welchem auch der weltliche, weder Bequemlichkeit, noch Nutzen gewährende Luxus, besonders der übertriebene zu rechnen ist.

Soll nun, was im Himmel als erstes und zweites großes Weh auf Erden angesehen wird, uns nicht zum Nachdenken, zur Besinnung bringen, daß wir von Herzen in die Offenbarung einstimmen und fort und fort als das größte Ach und Weh auf Erden die Sünde und den Sündentod ansehen? Lasset uns Buße thun für unsere Sünden und Laster! Lasset uns aufsehen auf Jesum, den Anfänger und Vollender unseres Glaubens. Er habe und behalte unser Heil, unsere und der Kirche Zukunft in seinen Händen (Joh. 10, 28.) Laß, Liebster, mich erblicken dein freundlich Angesicht! Wenn dieser Seufzer in uns entsteht bei diesen schauerlichen Visionen im 9. Kapitel, so ist die Absicht derselben bei uns erreicht, besser, als wenn hier bloß zukünftige Strafen des Antichrists zu lesen wären.

Dem zweiten Wehe, dem Sündenfluche zur Seite geht die Mission des Sohnes Gottes, oder die Mission der Kirche, im Namen und Geiste Jesu Christi. Daher folgt jetzt ein lieblicheres Tableau in der Apokalypse im 10. und 11. Kapitel. Hier wird die Aufgabe, der Segen und das Leiden der Mission, der inneren Mission wie der Heidenmission in Bildern geweissagt und dargestellt.

Kap. 10, V. 1. **Und ich sahe einen andern starken Engel.** Dies ist der Erlöser. Die Wolke, die ihn bekleidet, ist die Knechtsgestalt des Herrn auf Erden, sammt seinem Leiden und Sterben. Durch diese Wolke waren die Juden und sonst Viele, trotz der prophetischen Weissagung Jes. 53 verhindert, ihn zu erkennen. Der Regenbogen auf seinem Haupte ist ein Bild davon, daß mit ihm die erlösende Liebe Gottes in die finsteren Gewitter- und Regenwolken des sündlichen

Verderbens der Menschen hineinscheint. Sein Antlitz wie die Sonne, diese Worte deutet Johannes selbst im Ev. 1, 14. Die Füße wie die Feuerpfeiler sind Bilder theils seiner Sieghaftigkeit (daher auch säulenartig hier), theils des neuen himmlischen Lichtes, das durch ihn kommen und verbreitet werden soll. Daher auch das Büchlein des neuen Bundes in seiner Hand und das Postofassen über Land und über Meer. So müssen auch die Knechte des Herrn in seinem Weinberge, die verordneten Prediger und Seelsorger gleichsam Posto fassen bezüglich ihrer ganzen Gemeinden und nicht einseitig und auffällig es halten mit einer Partei, mit der vornehmen oder geringen, mit der von ihrer Nation oder der andern, mit eingebürgerten Nation, mit der mehr weltfreundlichen und weltgeschäftlichen, oder mit der mehr weltfeindlichen, die etwa glaubt an 2. Kor. 6, 17; 1. Joh. 2, 15—17 eine hinlängliche Zuflucht zu haben gegen alle Schmähungen und sei es von ihrem eigenen sie verlassenden Geistlichen. Jene Partei haben sie zu bekehren und diese, die sich für bekehrt hält, zu „strafen" mit dem Gesetzworte und mit Gottes Hülfe im reinen christlichen Wandel weiter zu fördern, nicht aber zu schmähen. Sie haben allen ihnen anvertrauten Seelen noch Viel zu sagen.

V. 3. Dieser Gesandte schreit zuerst mit Löwen= und Donnerstimme, aber Johannes soll dies nicht schreiben noch mittheilen. Warum nicht? Theils, weil es ein Niederdonnern des übermüthig gewordenen Teufels war, (vergl. nur Matth. 4, 8. 9.), worüber wir, wie über Christi Höllenfahrt Spezielles zu wissen nicht nöthig haben, theils weil ein Nachhall davon in dem später geoffenbarten Untergange der gottfeindlichen Mächte sich findet.

V. 5—7. Der hier gemeldete Schwur dieses Engels besagt: 1) daß hinfort für den Teufel keine solche freie Zeit (hebr. haet hasseh) mehr sein soll, wie bisher, daß er vielmehr von jetzt an gleichsam Christum das A und O auf den Fersen haben und auch kein Aufschub der Mission Christi mehr sein werde. 2) daß aber auch die Langmuth Gottes sicherlich einst ihr Ende haben und das dritte Wehe, das Weltgericht kommen werde, wobei das große Geheimniß Gottes, Sünder zu erlösen und in den Himmel zu bekommen, soll vollendet werden. Der Schwur dieses Engels nach seinem Sinne und Inhalte war für den heiligen Johannes und ist noch für die Christenheit aller Zeiten von höchster Wichtigkeit und ein köstlicher Trost, wenn es scheint, als ob das Wüthen der Hölle den Donner des göttlichen Wortes (Ps. 29) übertönen und alle Mission an Menschenseelen wieder aufheben oder erfolglos machen wollte. Das Wort sie sollen lassen stahn —. Jes. 55, 10. 11.

V. 8. Das Büchlein ist das neue Testament oder das Evangelium aus dem alten und neuen Testamente, also hier ein Bild des neuen Gnadenbundes durch das Evangelium von Jesu Christo. Hier ist nun Johannes Bild oder Repräsentant aller Christen auf Erden. Der neue Bund durch Christum mit Gott, durch die Vergebung unsrer Sünden in Christi Blute (Eph. 1, 7) geht über und soll übergehen in succum et sanguinem (in Saft und Blut), ist, wie Paulus 1. Tim. 1, 15 bestätigt, dem bußfertigen Sünderherzen süß wie Honigseim, jedoch auch durch die fortgehende und nun erst recht beförderte Buße durch das neue geschenkte sensible Gewissen und durch die Zucht des heiligen Geistes, durch das nun begonnene Wachen und Kämpfen auch schmerzlich, eine neue Unruhe, aber selige Unruhe erzeugend. Der alte süße Sündenschlaf und die süße sündliche Träumerei in der Blindheit hat aufgehört. Daher ist hier bildlich von einem Grimmen im Bauche die Rede, das auf das Verschlingen des Büchleins folgen sollte und auch erfolgte.

V. 11 enthält zugleich für uns die Anweisung: Du Christenheit, du mußt aber auch im Namen deines Herrn und Seligmachers abermal und abermal, unermüdlich der Mission, der äußeren und inneren dich annehmen und deine hierin thätigen bestellten Seelsorger aufs Eifrigste durch Gaben der Liebe und durch brünstige Gebete des Glaubens und der Hoffnung unterstützen. „Wer nicht mit mir ist, ist wider mich!"

Ganz folgerichtig kommt nun die Prophetie der Offenbarung auf die Erfolge der Mission.

Kap. 11 beginnt mit dem Auftrage an Johannes, den Tempel Gottes zu messen u. s. w. Johannes ist hier wieder Repräsentant der gläubigen, missionsfreundlichen, zu Jesu dem A und O haltenden Christenheit aller Zeit. Der Tempel Gottes hier ist nicht ein Bild vom Tempel zu Jerusalem, denn diesen hatte ja Gott damals aufgegeben (Matth. 24, 1. 2) und folglich konnte er in der Apokalypse nur in typischer Bedeutung vorkommen. Er ist hier ein Bild von der durch die Mission dem Satansreiche abgewonnenen Gemeinde des Sohnes Gottes. Hengstenberg sagt auch: „Wer das Judenthum so ansieht, wie der Verfasser der Apokalypse, der kann unter dem Tempel um so weniger den zu Jerusalem verstehen, da hier von dem Tempel schlechthin die Rede ist, nicht von einer Stätte der Anbetung des Herrn, sondern ohne Weiteres von seinem Heiligthume auf Erden. Vergl. Joh. 4, 21. Wie mit dem Tempel, so verhält es sich auch mit Jerusalem: es ist in der Apokalypse Bezeichnung der Kirche. So ist auch Zion Röm. 11, 26 Bezeichnung der christlichen Kirche." Der Befehl: Miß ihn, ist, wie Alles, bildlich zu nehmen und enthält nicht blos eine Erlaubniß, sondern geradezu eine Aufforderung, die räumliche Ausbreitung und den inneren Gehalt dieses neuen Gottes Tempels, der Kirche und ihrer Mission in Betracht zu ziehen und zu erforschen. Sollte wohl diese Stelle hier nicht ein Wink sein, wie Johannes die letzten neun Kapitel beim Hesekiel sich mag ausgelegt haben? Der hier zu messende Altar ist ein Bild, welches den inneren Gehalt der Gemeinde Christi bedeutet. Und die darin anbeten: die sollen auch gemessen werden. Damit ist gesagt: Es werden zu allen Zeiten als Frucht der Mission und Seelsorge Anbeter Gottes und Christi sich finden, die kirchliche Statistik wird nicht abnehmen, sondern zunehmen. Neben dem dicksten Schatten wird auch immer intensives Licht irgendwo sein. Welche tröstliche Weissagung für die Zukunft der Kirche! Schon wegen dieser Weissagung haben diejenigen Unrecht, welche dem Johannes oder dem Verfasser der Apokalypse vorwerfen, er habe irrthümlich mit Gewißheit angenommen, der jüngste Tag sei absolut vor der Thüre. Wozu wären dann diese beiden die Mission betreffenden Verse nöthig gewesen? Es ward mir ein Rohr gegeben. Dies Rohr bedeutet, wir sollen bei der Mission und den

Erfolgen der evangelischen Predigt nicht unsere eigenen sanguinischen Erwartungen zum Maßstabe nehmen, sondern das uns gegebene Wort Christi, z. B. „Ich bin ein guter Hirte. Ich bin das A und O." Dies soll allzeit unser Maßstab sein bei kirchlich=statistischen Betrachtungen und bei Missionsberichten, da werden wir nie den Muth sinken lassen, sondern einstimmen in das Wort: „Du mußt abermal weissagen!" Kap. 10, 11.

V. 2. Der innere Chor (nach dem Griechischen: der äußere Vorhof) soll hinausgeworfen werden und ungemessen bleiben. Das griechische Wort aule bedeutet einen Vorhof, Veranda, Vorgemach, Hausflur. Also hier geschieht der Durchgang, um in's Innere zu gelangen. — Die alttestamentliche Gemeinde war bis zu Christo der Durchgang für's Reich Gottes in die neutestamentliche Gemeinde. Es war aber ein trauriger ungläubiger Rest von der alttestamentlichen Gemeinde im starren Judenthume geblieben, auf welchen die Apokalypse schon Kap. 2, 9 nicht gut zu sprechen war. Somit ist hier V. 2 eine Hinweisung auf den traurigen Zustand des noch übrigen Judenthums und auf sein Schicksal, zumal weil dabei steht: Er ist den Heiden gegeben und die heilige Stadt werden sie zertreten 42 Monden. Letzteres hatte damals schon durch die Zerstörung Jerusalems buchstäblich seinen Anfang genommen. Hier erfahren wir nur noch, daß die Christenheit bei ihrer Missionsarbeit durch den Widerstand des Judenthums, durch seine Verstoßung sich nicht soll aufhalten lassen noch untröstlich werden. Es ist einmal nach Dan. 9, 27 Gottes Strafgericht, daß die jüdische Nation im Ganzen als Volk die Missions= und Kirchenzeit hindurch (42 Monate) soll ausgeschlossen bleiben und daß kein neues irdisches Jerusalem für die gesammte Kirche aufkommen soll, gleich der Stadt Mekka mit der Kaaba für die Muhamedaner. Man könnte hier einwenden: „Wo bleibt aber dann die Erfüllung jener Verheißung von einer Heerde und einem Hirten, Joh. 10, wenn bis gegen das Ende der Welt hin eine ungeheure Masse von Ungläubigen und Nichtchristen, von Unbekehrten und Unchristen bleiben soll, dazu wohl auch noch die confessionellen Unterschiede unter den Christen fortbestehen sollen?" Darauf ist zu antworten, daß der Herr jene Verheißung nicht auf eine künftige sichtbare Allgemeinschaft bezogen haben will, weil sein Reich sich nie wie ein Weltreich ausnehmen wird, sondern wir haben gläubig zuzugeben, daß die Gemeinde der Heiligen, bestehend aus Heidenchristen und Judenchristen, als Gemeinde unsichtbar vor Menschenaugen, doch dem Herrn offenbar, aus allen Nationen und Confessionen der bibelgläubigen Christenheit, von jeher eine Heerde unter einem Hirten vorgestellt hat. Wer dieses erst in einer goldenen Zukunft suchen oder erwarten wollte, der käme auch in Widerspruch mit dem, was der Herr Matth. 13, 30 vom Unkraute unter dem Weizen gesagt hat: „Lasset Beides mit einander wachsen bis zur Zeit der Ernte." Das Christenthum hat das Wort Gottes, die Sacramente, den heiligen Geist und Jesum Christum ihr A und O und daran genug davon, was dienet zum göttlichen Leben und Wandel. Würde die gesammte Christenheit durch eine neue Hauptstadt und Centralheiligthum, es heiße Jerusalem, oder Rom, oder Kirchenstaat äußerlich bereichert, so wäre dies im Grunde eine Verarmung. Das Christenthum ist hierzu zu sehr etwas Geistiges und darf nie neben Christo „Fleisch für seinen Arm halten." Stünde hier V. 2 oder später: Schaffe nachher den innern Chor wieder hinein, so könnten diejenigen Recht haben, welche hoffen und behaupten, dem jüdischen Volke stehe im Ganzen noch eine künftige Verherrlichung bevor. Die Geschichte zeigt, daß das noch übrige jüdische Volk je länger je mehr in's neue Heidenthum übergeht und den dahin sich neigenden untreuen Christen gern durch seine ungläubigen Gelehrten und Volksmänner Vorschub leistet. Diese traurige Erfahrung stimmt ganz mit dieser Weissagung: „er ist den Heiden gegeben," ingleichen stimmt es mit Luk. 19, 41. Matth. 27, 25. 1. Mose 25, 34. Esra 4, 1—3. 2. Kön. 17, 1—23. Das „ganze Israel", von dem Paulus Röm. 11, 25. 26 redet, ist nicht arithmetisch, sondern dogmatisch und relativ zu nehmen von dem noch sich vorfindenden wahren Israel, das an dem Messiasglauben nach dem alten Testamente noch festhält und aus einer nicht unheilbaren „Blindheit" (Röm. 11, 5) bisher in Christo diesen Messias nicht erkannt hat. Vergl. Röm. 9, 6. Wie für den historischen Christus zeugt der Augustus im Evangelio und der Pontius Pilatus im apostolischen Glaubensbekenntnisse, so das annoch restirende Judenvolk in seiner Diaspora fort und fort. Die bekehrten Juden gehen alle in der Kirche auf. Jeder Anblick eines unbekehrten Juden folglich soll uns predigen: a) Jesum Christum das A und O und den Kommenden; b) Buße und Glauben. Auch diese „Steine schreien."

Hier findet sich zum ersten Male die apokalyptische Zahl und Zeitbestimmung: 42 Monate. Vergl. 13, 5. 12, 14. 12, 6. Diese Zahlen „haben nur ideale Bedeutung, gehören nicht vor das Forum der Chronologie, sondern vor das der Symbolik. Wir haben hier eine Darstellung vor uns, die nicht etwa blos einen einzelnen Moment der Geschichte in's Auge faßt, sondern den ganzen Verlauf derselben, nur daß gegen das Ende zu alles in gesteigertem Verhältnisse sich realisirt." (H.) 42 Monate sind 3½ Jahr, 1260 Tage. Diese, als eine gebrochne heilige Sieben, sind jedoch nicht schlechtweg „Signatur der Herrschaft der Welt über die Kirche", sondern noch etwas mehr. Erstlich diese Genauigkeit der Angabe und die verborgne Siebenzahl soll uns ein Bild sein von der Wichtigkeit dessen, was in diesem Zeitraume unter Gottes Augen geschehen soll, das ist nicht blos die Verstoßung des Judenvolkes im Ganzen, sondern auch und besonders die Kap. 10 bis 11, 2 erwähnte Mission der Kirche, welche trotz der feindlichen Mächte unter dem Schirme dessen, der hier sich als das A und O offenbart, fortdauert und bis gegen das Ende der Welt fortdauern soll. Matth. 24, 14. Diese Zeitangabe bezeichnet also kurzweg gesagt die Kirchenzeit als Missionszeit, wo Jesus Christus als Gottes Missionar mehr zu bedeuten hat als der Teufel, so sehr dieser auch seinerseits daneben missionirt. Gottes Wirksamkeit gegen ihn in Christo, dem A und O ist doch immer auf dem Plane. Darum: Immerzu! Frischauf! Glückauf! ihr Missionare, ihr Missionsvereine, ihr Missionszöglinge und Missionsdirectoren, ihr Missionsfreunde und Missions=

blattschreiber! Frischauf gewagt im Namen Jesu! Und ob die Welt hier und da noch voll Teufel wär! So wenig es auch zuweilen den äußern Anschein haben mag, daß es mit dem Reiche Gottes vorwärts geht; Jesus Christus ist doch das A und O. Er streitet für uns, der rechte Mann, den Gott selbst hat erkoren und der Satan ist während dieser Zeit beschränkt, gebunden. Diese Kirchenzeit heißt daher recht passend in andrer idealer Angabe das tausendjährige Reich und wenn Christus während dem schon ist das A und O, so müssen auch seine Gläubigen mit ihm schon leben, herrschen, regieren, richten, und wenn die ganze Welt voll Teufel wär, sie sind doch gebunden. Die oben gegebene Deutung der 3½ Jahre findet auch einen Anhalt in der heiligen Schrift selbst, nämlich Luk. 4, 25 und Jak. 5, 17. Besonders nach Luk. 4, 25 sind die 3½ Jahre der Trockenheit und Theuerung zur Zeit des Elias als Typus oder Bild der ganzen circa 3½ tausend Jahr dauernden alttestamentlichen Adventszeit, zum Theil einer „Zeit des göttlichen Zornes" anzusehen. Somit entsprechen wiederum die apokalyptischen 3½ Jahre der Gnadenzeit, dem neutestamentlichen Gnadenadvent oder der Kirchenzeit. Vergl. „Gesetz und Zeugniß" von L. und Z. 1862, S. 642.

Weil Gott der Vater aus weiser Absicht den Termin des jüngsten Tages uns durchaus verborgen lassen will, so durfte auch Johannes in dieser Beziehung nicht mit wirklichen definitiven Angaben die Apokalypse versehen. Dies ist der Sinn davon, daß die Kirchenzeit hier symbolisch auf 42 Monate, dort in runder Zahl auf 1000 Jahre angesetzt wird.

Weiter folgerichtig enthält der folgende Abschnitt Kap. 11, 3—19 eine speciellere Weissagung über das Schicksal des Wortes Gottes und seiner Predigt während der Kirchenzeit, = 1262 Tage = 3½ Jahr, vergl. Kap. 11, 3.

Kap. 11, 3. Und ich will meine zween Zeugen geben. Diese zwei Zeugen sind das Wort Gottes und die Predigt desselben, concreter gesagt: die Bibel und das Amt des Wortes in der Kirche und in der christlichen Schule. Die Zweizahl der Zeugenschaft, die, wie wir wissen, auch in der That in der Gemeinde Jesu immer vorhanden gewesen, hatte von Alters her ein merkwürdiges Vorbild, oder Abbild in dem so häufig vorgekommenen paarweisen Auftreten der Boten Gottes, z. B. Abraham und Melchisedek, Moses und Aaron, Serubabel und Josua, Johannes und Jesus, Luther und Melanchthon, wo gewöhnlich einer mehr Gesetzthümliches, der andere mehr Priesterliches, oder Evangelisches an sich hatte. Wollte man hier einwenden, daß die Zahl Zwei somit eigentlich, oder buchstäblich aus der Vision herausgedeutet würde, so wäre es im Grunde doch nur eine symbolische Zwei und die Bedeutung wäre die Zeugenschaft und Bestätigung durch Zeugniß gläubiger Menschen und Prediger. Jede christliche Predigt soll ein Product, oder Herzenserguß solcher lebendigen, aufrichtigen Zeugenschaft sein. Das Wort Gottes, ob auch Gesetz und Evangelium, ist eigentlich doch nicht eine Zwei, sondern eine Eins: göttliche Wahrheit, die in Christo dem A und O sich erfüllt hat und immer noch fort an uns seinen Gliedern sich erfüllt. Joh. 17, 17. Matth. 5, 17.

Nun lassen sich auch die übrigen Züge im Gemälde ohne Schwierigkeit deuten: Angethan mit Säcken werden die zwei Zeugen des Herrn erscheinen; dies ist eine Bezeichnung der Unscheinbarkeit in der äußeren Form. Auch äußerlich im Prachteinbande ist die Bibel, das liebe Wort Gottes zu allen Zeiten für Viele doch etwas sehr Unscheinbares, Trockenes, eine ungenießbare Lektüre, wenn man nicht mit Gebet zum Lesen schreitet und nicht vom Worte Gottes gestraft, gemeistert, gebessert, getröstet sein will. Die Herolde der Könige müssen bei ihrem öffentlichen Erscheinen Etwas vom königlichen Luxus in ihrer Dienstkleidung zeigen: Die Herolde des Herrn Jesu Etwas von seiner Demuth und Knechtsgestalt.

V. 4. Diese sind die zween Oelbäume. Die Predigt des Wortes Gottes, des Gesetzes und des Evangeliums, zugleich in den Predigern und Missionaren durch ihren Wandel verkörpert, von Oben gesegnet hilft bei ihren Zuhörern das Oel des Glaubens erzeugen, ohne welches dort die zehn Jungfrauen (Matth. 25, 3. 4. 8) ihre Lampen nicht brennend erhalten und in den Hochzeitsaal gelangen konnten. Und zwo Fackeln. Die Fackeln sind Bilder der guten Beispiele, die, wie es der Heiland haben will, ihr Licht leuchten lassen vor den Leuten, selbst furchtlos vor dem Gott der Erden, dem Teufel in's Gesicht. Die Bibel ist eine Sammlung solcher guter Exempel und so soll dies auch der Stand der Prediger und der Lehrer sein. Stehend vor dem Gott der Erden, dies ist eine Anspielung auf das Auftreten des Moses und Aaron vor Pharao in Aegypten.

V. 5 und 6. Was hier von der großen Gewalt der Zeugen Jesu gesagt wird, erinnert ebenfalls an Mosis und Aarons Wunderthätigkeit vor dem verstockten Pharao, zugleich stimmt es auch mit Jesu Verheißung Marc. 16, 17. 18 und ist jetzt noch zu beziehen auf die Kraft ihres Gebetes und des Gebetes ihrer Bekehrten. Das Feuer aus dem Munde der Zeugen Jesu ist nicht eine Verfluchung zum ewigen Feuer, oder zum Feuer aus den Wolken, oder der Scheiterhaufen aus Zorneseifer. Nach dem, was Johannes Ev. 9, 54—56 von Christo hatte hören müssen, konnte er nie mehr einen solchen Feuereifer empfehlen. Es sind hier die zu verkündigenden Androhungen Gottes, die Drohungen mit dem höllischen feurigen Pfuhle gemeint, worin sich allerdings Johannes in der Apokalypse den Mund nicht hat zubinden lassen. So ist auch das Schlagen der Erde mit allerlei Plage im 6. Verse auf die zu haltenden Droh=, Straf= und Bußpredigten zu deuten.

V. 7. Der Sinn dieses Verses ist: Wiederholt bekämpft der Satan durch seine Gehülfenschaft das Wort Gottes und dessen treuen Verkündiger, scheinbar auch mit Erfolg.

V. 8 Die Leichname der Zeugen sind ein Bild des scheinbaren Endes der christlichen Predigt. Das Liegen auf der Gasse ist ein Bild der Preisgebung, die Perle ist vor die Säue gekommen und die politische Machthaberschaft ist zur Partei für diese gegen jene geworden, das Thier aus dem Abgrunde V. 7. Die große Stadt ist ein Bild der ungläubigen Welt, daher sie hier mit Sodom und Aegypten verglichen wird, ja diese beiden Namen erhält, obgleich dabei steht, daß der Herr da gekreuzigt worden. Hier erhalten wir einen Wink, daß die in der Apokalypse vorkommende schändliche große Stadt bildlich zu nehmen ist von der Welt und zugleich von jeder schändlichen großen Stadt auf Erden, in der die Welt verkörpert erscheint und unser Herr durch Mißbrauch seiner Gnade und Geduld immer fort von Neuem gekreuzigt wird.

V. 9. Hier wird angedeutet, daß periodisch eine scheinbare Niederlage des Wortes Gottes und seiner Zeugen sogar dergestalt eintreten wird, daß die Hyperkritik und der bibelverspottende Unglaube auch die für todt gehaltenen Zeugen, Bibel und Prediger nicht in Ruhe lassen wird; daher heißt es hier bildlich: das Begräbniß wird ihnen verweigert, die Leichname sollen gleichsam zum gewünschten Spotte und Skandal öffentlich liegen bleiben. Die kurze Frist von **drei und einem halben Tag** bedeutet ebenfalls, daß hier etwas Wichtiges unter Gottes Augen vor sich gehen und periodisch vorkommen werde.

V. 10. **Die auf Erden wohnen, werden sich freuen**, das sind, wie ganz deutlich zu ersehen, die irdisch und antichristisch gesinnten Menschen. Vergl. Kap. 6, 10. 8, 13. 12, 12. **Diese werden gequält von jenen Zeugen**, d. h. diese Art Menschen halten die Bußpredigt und die Vermahnung zur Bekehrung und zum Gebrauche der Gnadenmittel oder der christlichen Besserungsmittel für eine unnöthige Quälerei und die Prediger deshalb für überflüssige Menschenquäler. Dies weissagt die Apokalypse. So ist's auch gekommen, so ist's und so wird's auch künftig solche Menschen geben. Unlängst las man in einem öffentlichen Blatte eine Nachricht, der zufolge von jener Seite her die Gründung eines Antimissionsvereines, die Abschaffung des Predigtamtes und Einziehung der geistlichen Dotationen beantragt worden war. Also in der Idee erfüllt, oder zeigt sich auch schon das hier erwähnte Wohlleben und Geschenke unter einander Senden. In spe ist's schon da. Aber es wird ihnen nicht viel helfen, so wenig sie es glauben wollen. Ist die erste Hälfte dieser Weissagung V. 7—10 bereits eingetroffen, mehr wie einmal, so wird auch, was V. 11 kommt, wie früher, auch später wieder sich erfüllen. Aber das Sodom und Aegypten der Welt läßt sich weder durch die Erfahrung noch durch Schaden, noch durch die Apokalypse klug machen, obgleich manches Mitglied schon über 40 Jahre alt ist.

V. 11. Hier heißt es dem Sinne nach: Aber, siehe da, Gottes Wort und seine Predigt wacht wieder wie von den Todten auf und die es sehen, kommen darüber in große Furcht. So haben auch in der That nie und nirgends Bibelvernichtungen, Bibelverbote, Autodafee's, Aufhebung des Christenthums durch die politische Gewalt auf die Länge der Zeit ihren Zweck erreicht. Allmälig ist desto mehr das Wort Gottes wieder aufgekommen, nach dem Vorbilde Christi, unseres A und O, wieder gleichsam von den Todten auferstanden. Daher ist auch nach der Siechzeit des Rationalismus innerhalb der Kirche wieder eine neue Zeit des Glaubens gekommen. In der Welt und mit der Welt wird's freilich alle Jahre ärger, doch in der Kirche Christi erfüllt sich noch immer die hier V. 11 enthaltene Weissagung, wenn die schlimmen Tage (3½) vorüber sind. **Und eine große Furcht fiel über sie, die** sie sahen: Die Geschichte weiß in der That zu erzählen von dem Verdruß, von dem Kummer, auch Zorn, mit welchem ohnmächtig gewordene Religionsfeinde, auch Evangeliumsfeinde unter Ultramontanen, Muhamedanern, stolzen Mandarinen der Verbreitung und der Predigt des göttlichen Wortes hier und da zusehen müssen. Darum wohlan, ihr schon längst gesegneten Vereine für die Bibel und für Ausbreitung und Erhaltung des Evangeliums, ihr treuen, den Herrn Jesum und eure Seelen liebenden Seelenhirten! „Seid getrost und unverzagt, fürchtet euch nicht und lasset euch nicht vor ihnen grauen; denn der Herr, dein Gott wird selbst mit dir wandeln und wird die Hand nicht abthun, noch dich verlassen." 5. Mose 31, 6.

V. 12. Dieser Vers weissagt das einstige Aufhören der göttlichen Gnadenmittel, also den Anfang vom Ende, von dem dritten Wehe, vom letzten Gericht. Zugleich liegt in diesem Verse eine Hindeutung auf den seligen Abschied aller treuen Zeugen Gottes, wenn sie ruhig, erbaulich, selig im Herrn diese Welt verlassen und als fromme und getreue Knechte Gottes zu ihres Herrn Freude eingehen.

V. 13. Hier bedeutet die Stadt wieder die ungläubige Welt und das Erdbeben die letzte Bußpredigt, die Gott selbst vor gänzlicher Entziehung seines Wortes durch irgend ein ergehendes Strafgericht hält. Durch diese Bußpredigt werden sehr viele geistlich Sterbende vollends verhärtet und geistlich getödtet (2. Kor. 2, 15. 16), die andern bekehrt.

Manche finden in vielen Visionen der Apokalypse, so auch hier bei den zwei Zeugen Anspielungen auf Scenen aus dem jüdischen Kriege bei der Zerstörung Jerusalems, weil die Beschreibungen dieses Krieges bei Josephus zu dieser Vermuthung Anlaß geben. — So sollen die zwei Hohenpriester Ananus und Jesus solche edle Persönlichkeiten zu dieser Zeit in Jerusalem gewesen und auf solche traurige Weise um's Leben gekommen sein, wie hier von den zwei Zeugen gesagt ist. Daraus folgt aber keineswegs, daß die Apokalypse in solchen Visionen blos mit jener Katastrophe Jerusalems und der Juden sich beschäftigt. Dies war für's A- und O-Sein des Herrn und für's künftige Wohl seiner Kirche Nebensache. Vielmehr folgt daraus, daß die Zerstörung Jerusalems schon vorüber, aber mit ihren Schreknissen beim Apostel Johannes noch im Andenken war, als er die Apokalypse verfaßte.

Das dritte Wehe, das größte, nämlich das letzte Weltgericht, wird nun vorläufig Kap. 11, 14—19 kurz erwähnt und zwar in Verbindung mit der siebenten Posaune, als mit der Posaune des Gerichts. — Kurz wird des Gerichtes hier gedacht, weil es am Ende des ganzen zweiten Haupttheiles abermals vorzubringen war. Welch eine traurige Vorhersagung: die letzte Posaune, keine Bußposaune mehr, sondern Posaune des jüngsten Gerichts und dazu vorher nach Kap. 11, 12 noch eine kurze Suspension der göttlichen Gnadenmittel für die Welt! Doch dies Beides voraus zu wissen, soll uns allen allezeit sein ein Weckruf zur Buße, zum Danke, zur Treue und Geduld und zum Gebete: Ach bleib' mit deiner Gnade bei uns Herr Jesu Christ!

Das dritte Wehe kommt schnell (V. 14). Dies erinnert an 1. Thess. 5, 2. 4. Offenb. 3, 3. 16, 15. Zugleich liegt in diesen

Worten das furchtbarste „Zu spät!" das es nur für einen Menschen geben kann, wenn er würde etwa Gnade begehren, wo keine mehr sein wird. Unerwarteter Weise wird nun hier das letzte Weltgericht nicht in Visionen abgebildet, sondern es wird in einer Vision durch Stimmen aus der Geisterwelt und durch Lobgesänge der erretteten Sünder als eingetreten gefeiert. Die Worte: Es sind die Reiche der Welt unsers Herrn und seines Christus worden, dies sagen die Engel im Himmel, darum heißt es seines Christus und nicht unsers Christus. Sie sagen damit, daß Gott und sein Logos auf Erden nun seinen Zweck erreicht hat gegenüber dem Teufel und seinem Selbstruhme. Matth. 4, 8. 9. Die 24 Aeltesten auf den Stühlen sind Vertreter der geretteten Sünder, an denen sich das Wort Christi erfüllt: Wo ich bin, da soll mein Diener auch sein, zur Rechten Gottes, zum Richten der Welt, also sogar noch erhaben über die guten Engel, weil angethan mit der Gerechtigkeit des Sohnes Gottes und seine Miterben. So sehr verfehlt und unerreicht und zu nichte gemacht wird der Satan seine Absicht am menschlichen Geschlechte sehen müssen. Wohl dir, mein Christ, du hast es gut! Halte nur und wahre dir was du hast in Christo deinem A und O. — Dr. Hengstenberg sagt: „Was wir hier erwarten, das wird Alles im 19. Verse als eingetreten bezeichnet, weil der Seher sich die eingehende Schilderung dieser letzten Dinge auf einen späteren Theil seines Buches aufbewahren und die Erwartung auf diese Schilderung spannen wollte."

V. 18. Lohn, d. h. Gnadenlohn. — Heiligen, d. h. Christen, Erlöste Jesu, welche sich heiligen ließen vom heiligen Geist durch die Gnadenmittel.

V. 19. Die Arche seines Testamentes ist bildliche Bezeichnung des von den Erretteten und Seligen erfüllten Himmels, von dem die Apokalypse die Arche Noahs als Vorbild ansieht. Hier wird ebenfalls mit wenig Worten die einstige Vollendung des Kap. 5—7 und Kap. 10, 7 erwähnten geheimnißvollen göttlichen Heilsplanes angedeutet. Weil diese Arche schon jetzt im Himmel vorhanden ist und alle Seelen, die durch einen seligen Tod zur Ruhe in Gott gelangen, schon jetzt vor der Auferstehung der Leiber von ihr und in sie vorläufig aufgenommen werden, so kehrt der Blick des heiligen Sehers aus der künftigen seligen Ewigkeit plötzlich zurück in die Zeit der noch streitenden Kirche auf Erden und es heißt im 19. Verse: es geschahen Blitze und Stimmen und Donner und Erdbeben und ein großer Hagel, zum Zeichen, daß Gott neben seiner rettenden Arche der Kirche noch Vorrath genug an Strafmitteln hat für die dem Gerichte Verfallenen, sowohl hienieden, als auch dereinst, um nach dem jüngsten Gerichte auch die Vollziehung desselben eintreten zu lassen zu Ehren dessen, welcher ist das A und das O. Wer an ihn glaubet, der wird nicht gerichtet werden. Wer aber nicht glaubet, der ist schon gerichtet; denn er glaubet nicht an den Namen des eingebornen Sohnes Gottes. (Joh. 3, 19.) Alle Dinge sind möglich dem, der da glaubet. Ich glaube, lieber Herr! Hilf meinem Unglauben! Marc. 9, 23. 24.

D 2. Es folgt nun der zweite Untertheil vom zweiten Haupttheile Kap. 12—18, wo gezeigt wird, wie Jesus Christus, als das A und O, als der Erchomenos, sich verherrlicht gegen die ihm feindliche Bundesgenossenschaft, welche sind der Satan und seine Gehülfenschaft unter den ungläubigen Menschen auf Erden. Was also im ersten Untertheile dieses Haupttheiles Kap. 4—11 von diesem Siege Jesu im Allgemeinen geschildert worden war, das wird nun vom 12. Kapitel an im Besonderen noch abgehandelt, indem hier die bezüglich des Reiches Gottes und des göttlichen Heilsplanes einander feindlich sich gegenüberstehenden Parteien im Bilde als lebendige Figuren, also verkörpert erscheinen. Daraus ist schon von selbst zu vermuthen, daß hier folgenden apokalyptischen Scenen immer interessanter, aber auch immer ergreifender, erschütternder und zum Nachdenken und zur Buße erweckender werden müssen. Hier soll ein tieferer Blick in's innere Wesen und Getriebe des Kampfes gewährt werden, in welchem alle Christen und alle Menschen auf Erden mitten inne stehen. **Es ist ein Kampf des dreieinigen Gottes um die zu rettenden Menschenseelen gegen den Satan und seine beiden systematisch ihm beistehenden Gehülfen,** die gottfeindliche politische Machthaberschaft und die gottfeindliche Weltweisheit, welche beide auch in der heil. Schrift der Antichrist genannt werden. Diese drei Feinde erscheinen hier unter den grausigen Bildern des Drachen, des Thierungeheuers aus dem Meere und eines solchen vom Lande. Ein merkwürdiges Gleichniß oder fast Karrikatur von diesem Kampfe hat sich in unserer Zeit im verjüngten Maßstabe ergeben in dem Kampfe, der sich um das Sein oder Nichtsein eines Kirchenstaates entsponnen hat. Da handelt es sich auch nicht blos um Gold und Silber und Einkommen der römischen Kurie, sondern um Menschen, welche als Unterthanen des Kirchenfürsten ihm verbleiben sollen und meist nicht wollen. Da giebt es auch eine dem Papstkönigthume feindliche kombinirte Weltmacht, auch eine feindliche Doctrin (Passaglia, Döllinger ꝛc.). Nur handelt es sich bei alle dem nicht um die Rettung jener abtrünnigen Seelen, sonst müßten ja alle Staaten dem Kirchenstaate einverleibt werden, sondern um irdischen Besitz, um äußerliche Macht, um im Kleinen in einer Papstkirche auf Erden ein Gleichniß vom tausendjährigen Reiche, wie es sich Manche denken, in natura zu realisiren. Der Herr zeigt uns allmälig, daß Diejenigen sich irren, welche seine Kirche auf etwas Anderes, als auf ihn, das A und O, basiren wollen, auf die heilige Maria, auf äußere Macht, Hierarchie, Intoleranz u. s. w.

D 2a. Verherrlichung Christi als A und O durch Besiegung des Hauptfeindes, des Satan im Kampfe, den derselbe gegen den dreieinigen Gott führt, um wo möglich ihm alle Menschenseelen zu verderben und im Verderben zu behalten. Davon handelt das 12. Kapitel. Da in dem hier bezeichneten Kampfe die beiden Hauptspitzen auf einander treffen, so müssen hier die lieblichsten Bilder mit den gräßlichsten abwechseln. So ist's auch der Fall. Das lieblichste Bild aus der ganzen Offenbarung fängt die Schilderungen an Kap. 12, 1.

V. 1. Die Worte: Und es erschien ein großes Zeichen,

Kapitel 12.

deuten selber das zuletzt Gesagte an von der Wichtigkeit des Bildes. Diese Worte erlauben auch, daß wir nach dem Schlusse des 11. Kapitels eine kleine Pause oder einen kleinen Zwischenraum zwischen jenen und diesen Tableaux denken. Hier in dieser neuen Vision wird der Blick abermals, wie zu Anfange der sieben Siegel, weit, weit zurück in die Vergangenheit gelenkt, wieder in die Zeit des ersten Menschenpaares und doch sind auch zugleich spätere zukünftige Zeiten berücksichtigt. Die Siegelvisionen fingen an mit Adam im Stande der Unschuld vor dem Sündenfalle. Diese Vision hier beginnt mit Adams Noth im Stande der Sünde nach dem Sündenfalle. Das Wort im Himmel bedeutet hier wieder die gesammte Geisterwelt mit Einschluß des dreieinigen Gottes.

Wer ist unter dem Weibe zu verstehen, das hier mit der Sonne bekleidet erscheint?

Einige sagen, dies sei ein Bild von der Gemeinde Israel. Allein die zwölf Sterne in dieser Vision sind das Bild von Israel und zwei Bilder für einen Gegenstand finden sich wohl schwerlich auf einem Gemälde, zumal wo die Erklärung so schon schwierig ist. Ferner galt der hier geschilderte Kampf des Drachen oder des Teufels ja nicht dem Volke Israel, wie aus V. 7 zu ersehen, sondern einer durch das Weib abgebildeten viel höheren Potenz. Auch befindet sich der Rest vom Volke Israel gegenwärtig keineswegs in einer Lage, die einer Wüste gleicht, sondern geistlich umgeben von der Christenheit und leiblich, was ihm viel lieber zu sein scheint, von seinen Gold= und Silberhaufen umgeben.

Andere sagen, dies Weib sei die christliche Kirche. Allein Christus ist nicht ein Sohn der Kirche, sondern umgekehrt, die Kirche ist aus Christus geboren. (Joh. 3, 5. 1, 12. 13.) Auch paßt nachher, was von dem Entrücken in die Wüste gesagt ist, nicht auf die Kirche, zumal wenn die 1260 Tage die ganze Kirchenzeit bedeuten. Und wie soll die gesammte Christenheit einmal zu ihrer Bewahrung in eine Wüste kommen? Nach V. 17 soll sie auch wieder wo anders sein, wo der Satan sie und ihren Samen findet. Die Gegnerschaft des Satans in der Kulmination ist eine noch höhere, ein noch liebenswürdigeres Weib, so wie dasselbe hier abgebildet wird. Auch die Annahme, daß die eine unzertrennliche Gemeinde des alten und neuen Bundes unter dem Weibe gemeint sei, entspricht dieser Kulmination nicht und der Satan wenigstens ist listig genug, um den Feind da aufzuspüren und anzugreifen, wo er kulminirt.

Die Katholiken sagen, dies Sonnenweib sei die Maria, die Mutter des Herrn. Allein wie soll dann gleich das gedeutet werden, was V. 2 ff. gesagt ist? Und was soll denn diese fortdauernde Wuth des Satans gerade gegen die unschuldige Maria bedeuten und bezwecken? Satan hatte einen gar anderen Hauptgegner und hat ihn noch.

Dieses Sonnenweib ist ein Bild von der sich offenbarenden welterlösenden Liebe und Erbarmung Gottes. Diese, welche schon Jes. 49, 15. Joh. 3, 16 gemeint und gepriesen war, erscheint hier wegen der zu beschreibenden Scene verkörpert und wegen Jes. 49, 15 und wegen ihrer Natur in der herrlichen Gestalt eines Sonnenweibes. Darum steht auch dreimal der Himmel als Kampfplatz angegeben, V. 1. 3. 7. Auch dieses Merkmal paßt nicht auf das Volk Israel, auf die Kirche oder auf die Maria. Da müßte ja Himmel geradezu Erde bedeuten. Dies wäre doch wohl etwas Unerhörtes. Hier haben wir vielmehr eine Illustration zu jenem eben auch von der Liebe und Erbarmung Gottes gemeinten herrlichen Gottesworte: „Kann auch ein Weib ihres Kindleins vergessen, daß sie sich nicht erbarme über den Sohn ihres Leibes? Und ob sie dasselbe vergäße, so will ich doch deiner nicht vergessen. Der Johannes, welcher den Spruch Joh. 3, 16 aus Gottes und aus seinem eigenen Herzen geschrieben hatte, bringt uns hier, was in der Apokalypse gar nicht fehlen konnte, eine ganz besondere Scene zur Verherrlichung der Liebe Gottes in Christo. Auch anderwärts in seinen Schriften kann er diese Liebe Gottes nicht genug preisen und in dieser kulminirt die Gegnerschaft des Satans und gegen diese selbst richtet er seine Angriffe, so gut als es eben gehen will. Sie sind aber alle vergeblich, wie hier uns gezeigt werden soll. O himmlischer Trost!

Nun lassen sich auch alle einzelnen Züge an diesem Gemälde leicht und sehr erbaulich deuten. Also, dies **Weib** ist die Liebe und Erbarmung Gottes in Christo, die auf unsere Errettung und unser Heil bedacht war. Dieß **Weib erscheint mit der Sonne bekleidet.** Ps. 104, 1. 2. steht: Herr, mein Gott, du bist sehr herrlich. Licht ist dein Kleid, daß du anhast. Ferner: Ps. 84, 12. **Gott der Herr ist Sonne und Schild.** Vergl. auch 1. Tim. 6, 16. Jak. 1, 17. 1. Joh. 1, 5. Diese Liebe Gottes ist die wohlthuende Gnadensonne für uns im dunkeln Erdenthale, das durch die Sünde so dunkel geworden, daß man nur finstere Aussicht in die Zukunft hat. Jes. 9, 2. Diese Liebe Gottes, die auf unser Heil Bedacht nimmt, hat aber schon vom Protevangelio (1. Mos. 3, 15) her ein wechselndes Geschick hinsichtlich ihrer Würdigung bei uns im Allgemeinen, wie auch bei jedem Einzelnen von uns, bei mir und dir gefunden, aber sie wird obsiegen zum Heile derer, die da glauben und dadurch ihr angehören. Daher hat dies Weib den wechselnden **Mond** bei sich, aber unter den Füßen. Die Krone von zwölf **Sternen** ist eine Hindeutung auf das Volk Israel, wo diese Liebe Gottes zuerst ihren festen Königsthron aufgeschlagen hatte und trotz verschiedener Abfälligkeit Israels dennoch glücklich in Christo bereits zu dem einen herrlichsten Ziele durch Vollbringung des Erlösungswerkes gelangt ist.

V. 2. **Und sie war schwanger,** d. h.. sie blieb nicht ein bloßer unfruchtbarer Gedanke. **Sie schrie in ihren Geburtswehen** gleichsam. Das erste Schreien enthielt die Worte: Adam, wo bist du? Du solltest mich suchen und meine Gnade, und du verbirgst dich vor mir und ich muß dich suchen gehen? So rief, so ruft sie fort und fort durch das heilige Bibelwort, das intensivste Rufen und Schreien von ihr waren die sieben Worte Jesu am Kreuze. Damals waren recht eigentlich die Schmerzen der Liebe auf's Höchste gestiegen. Dieß Leiden und andere Leiden dieser Liebe sammt ihrer unsäglichen Geduld und Langmuth gegen die Bösen gehören im Allgemeinen alle zu ihren Geburtsschmerzen, damit aus Christi Blut, Verdienst und Liebe bis in den Tod am Kreuze ihr Kinder geboren werden, wie der Thau

Kapitel 12.

aus der Morgenröthe, was ja Pf. 110, 3 schon gesagt worden war. Auch bei der Liebe Gottes sind Geburt und Geburtsschmerzen beisammen, denn sie macht sich in der That um unsere Wiedergeburt unsäglich zu schaffen. —

Auf die erlösende Liebe und Erbarmung Gottes gehen also V. 1 und 2 und wenn man genauer nachsieht, so findet man in dieser Vision, wie dort vor der Siegelvision in der himmlischen Scene, ebenfalls den dreieinigen Gott. Mit dem Sonnenweibe wird hingedeutet auf Gott, den himmlischen Vater, der „der rechte Vater ist," mit dem Erzengel Michael auf Gottes Sohn Vers 7 und im 17. Verse liegt eine Hindeutung auf Gott den heiligen Geist, welcher eben die beseelt und treibt, welche Gottes Gebot halten und haben auch das Zeugniß Jesu und feststehen und ausharren und mit Geduld laufen in dem Kampfe gegen den Satan und sein Reich, wie es uns verordnet ist, (Hebr. 12, 1. 2) aufsehend immer auf Jesum, den Anfänger und Vollender, das A und O.

V. 3. Der Teufel erscheint hier unter der Figur eines Drachen auf dem Plane, in Rücksicht auf 1. Mose 3, wo er als Schlange den ersten Menschen nahte und sie verführte. Figur und Name des Drachen sind also stets eine Hindeutung darauf und auf den Kampf, den er nun auch gegen die rettende Gottesliebe unternimmt, besonders durch seine antichristische Gehülfenschaft. Vergl. Jes. 27, 1. Jer. 51, 34. Hes. 29, 3. 4. Weil er es am gröbsten und am liebsten durch die gottfeindliche Weltmacht, durch antichristisches Faustrecht versucht, so werden dem Drachen hier mit Beziehung darauf sieben Häupter, zehn Hörner und sieben Kronen zugetheilt. Er brüstet sich mit den Mächten und Massen, die hinter ihm stehen. Dies alles stimmt ganz mit Matth. 4, 8. 9. „Roth ist der Drache als Menschenmörder von Anfang, als Vater der Sünde und als gezwungener Inhaber des höllischen Feuers." Im Himmel erschien dies Zeichen, d. h. im Bereiche der gesammten Geisterwelt und näher im Bereiche des Erlösungsplanes. Auch jetzt noch nistet dieser Drache innerhalb der Christenheit in den politischen Staaten fort, wie der Wurm in der Frucht. Beweise: die Kriege, die konzessionirten Spiel-„Höllen," Bordelle, Saufhäuser, nackte Majoritätenherrschaft (Matth. 7, 13), Terrorismus bei politischen Fragen, der Konflikt des Staates mit der Kirche, z. B. über Ehescheidung und Wiedertrauung von Geschiedenen u. s. w.

V. 4. Die hier erwähnten Sterne, die sein Schwanz nachzieht, sind die ihm zufallenden Geister unter den Engeln, ferner unter Predigern, Lehrern, Vorstehern, Obrigkeiten, Regenten.

Auf daß er ihr Kind fräße. Diese Worte beziehen sich auf die leibliche und geistige Verfolgung des Sohnes Gottes durch den Satan. Matth. 2, 4.

V. 5. Und sie gebar einen Sohn, der u. s. w. Da dies nach der deutlichen Anspielung auf Pf. 2 der Sohn Gottes ist und das Weib hier die Maria nicht sein kann, wie oben gesagt, so ist eben dies Weib die Liebe Gottes, weil Christus als Sohn gedacht werden kann entweder der Maria, oder Gottes des Vaters. — Pf. 2, 9 steht: Du wirst sie, die Heiden, zermalmen mit eisernem Stabe.

Die 70 Dolmetscher setzten weiden, statt zermalmen und dies Wort ist in die Offenbarung Johannis hier übergegangen. Das hebräische Wort bedeutet Beides. Das Weiden des guten Hirten muß bei den beharrlich Widerspenstigen in ein Strafen und Vernichten übergehen, sonst wäre er nicht vollständig das A und O. Vergl. Kap. 19, 15.

Und ihr Kind ward entrückt zu Gott. Diese Worte sind nicht blos eine Hindeutung auf den Schutz des Vaters, unter dem Christus auf Erden stand, sondern auch und noch mehr auf den Erfolg seines Todes am Kreuze, wo nicht der Satan, sondern Gott seinen Zweck erreicht. Vergl. Jes. 53, 8.

V. 6 erzählt von der Flucht des Weibes in die Wüste, wo sie 1260 Tage (oder nach V. 14 3½ Jahr) geborgen sein und ernährt werden sollte. Diese Zeitbestimmung ist wieder bildliche Bezeichnung der ganzen Kirchenzeit oder Missionszeit (s. Kap. 11, 2). Die Wüste ist bildliche Bezeichnung der bußfertigen, heilsbegierigen menschlichen Herzen. Dort und nicht in äußerlichen Sicherheitsmaßregeln behält die Kirche ihren Halt und die Liebe Gottes in Christo ihre Herberge. Nämlich solchen Herzen ist die ganze sichtbare Welt ohne Christum eine Wüste, auch mitten in scheinbarem irdischen Paradiese. Vergl.: Du, o schönes Weltgebäude —, ferner: Was frag' ich nach der Welt —, ingleichen die sieben Bußpsalmen. Daher versetzt auch die Weissagung des Jes. 40, 3 die Stimme des Bußpredigers in die Wüste und das Auftreten Johannis des Täufers in der Wüste selber war schon eine symbolische Bußpredigt und um die Buße krystallisirt sich gleichsam die Kirche und dort verhegt sich die Liebe und Erbarmung Gottes in Christo, während in der „tollen und vollen Welt" Niemand etwas von ihr wissen mag, folglich kein Raum für sie da ist. — Jesus Christus selbst, obwohl er keiner Buße bedurfte, ward doch vom Geiste in die Wüste geführt und in diese eben muß jeder Nachfolger Christi zuerst ihm nachfolgen. Dort kehrt Gott in die Herzen ein, wie er Jes. 66, 3 verheißen hat. Dort bei den armen Sündern findet die erlösende Liebe Gottes in Christo gleichsam ihre Nahrung, nach der unsern Herrn am Kreuze verlangte, als er rief: „Mich dürstet!" Dort findet die Liebe Gottes, so zu sagen, ihre Rechnung, nämlich Menschenseelen, die sich von ihr retten lassen, nach denen sie fort und fort hungert und dürstet. Ezech. 33, 11. Luk. 15. Diese Deutung der Wüste entspricht auch ganz dem Worte des Herrn: Selig sind, die da geistlich arm sind, denn das Himmelreich ist ihr. Wenn also auch in der großen Welt von der im Namen dieser Liebe missionirenden und rettenden Kirche nichts zu sehen ist, so ist sie verborgen doch noch da und kommt zu Denen, die in Buße und Glauben bitten: Zu uns komme dein Reich u. s. w. und in diese rechte Wüste der Buße und des Glaubens reicht die Gewalt des Seelenverderbers nicht hin, da hat er verloren, da zeigt sich Jesus dann als das A und O für solche Mühselige und Beladene. — Nach Daniels Weissagung ist die Zeitbestimmung 3½ Jahre Signatur des scheinbaren Sieges der Welt über die Kirche. Dies stimmt ganz wohl mit dieser Offenbarung hier überein, denn Buße und Bekehrung gelten der Welt für weniger als Nichts. Endlich, wenn man die Erklärung der Bibelstelle Matth. 24, 26 im Bibelwerke von Dr. P. Lange für richtig ansieht, so stimmt obige Deutung der Wüste mit dem Gebrauche des Wortes Wüste, den Jesus selbst an jener Stelle macht. Dort warnt nämlich der Herr vor der Heuchelbuße, vor der hochmüthigen Buße, durch welche der Sünder selbst seine Versöhnung mit Gott bewirken will und die Christum, den Mittler und Versöhner, als entbehrlich ansieht. Wie im Evangelio (Kap. 1, 23, Kap. 3, auch 12, 40. 13, 8) Johannes die rechte Buße für nothwendig erklärt, so mußte auch die Apokalypse ihrer gedenken, was auch der Fall ist in den sieben Sendschreiben und hier Kap. 12.

Daß die von Christo gewollte Buße, Bekehrung und Wiedergeburt, wovon Joh. 3 und in den 95 Thesen Luthers namentlich die Rede ist, immer viel zu wenig in der Christenheit gepredigt und eingeschärft und dadurch jener Richtung Vorschub geleistet wird, bei der man sich erlaubt, statt Buße zu thun, seine Religion sich selbst zurecht zu legen, d. h. zu machen und Christum den Versöhner und seine theure Perle immer mehr auf die Seite zu schieben, dies hat zur Folge, daß bei den Verhandlungen über Kirchenangelegenheiten, namentlich über Kirchenverfassung, weil das rechte Zentrum fehlt (Christus, das A und O, bei der von ihm gewollten Buße), jeder seinen (alten Starr=) Kopf für sich behält und der Eine rechts, der Andere links will und Jeder etwas Anderes betont, nur nicht das genug, was in der Apokalypse von Johannes, ja von Christo selbst betont wird, obgleich der Herr es rund heraussagt: Ohne mich könnt ihr nichts thun. — Viele Predigten von wirklichen Rednern auf der Kanzel rühren schön, führen aber die Zuhörer zu wenig in die Wüste (Matth. 3, 1—3) und predigen indirekt doch Christum mehr aus dem Herzen heraus wie hinein, indirekt auch die Zuhörer aus der Kirche heraus und vom Abendmahlstische weg.

Die hier gemeinte Wüste hat gleichsam ihre Konzentration in der Gemeinde der Heiligen, von der in jeder christlichen Gemeinde ein Bruchtheil vorhanden sein soll. Denn alle Gemeindeglieder gehören doch nie und nirgends dazu. Sie sollen aber allmälig hineinkommen, dafern möglich, darauf muß das Augenmerk der Prediger und Seelsorger gerichtet sein, sonst könnte die Gemeinde der Heiligen aus dem dritten Artikel als eine überflüssige Bemerkung gestrichen werden. Jene „Wüste" strebt zu Zeiten auch durch die Erweckten und tiefer Blickenden sich zu consolidiren, wenn sie durch des Teufels List und seiner Gehülfen Maßnahmen dazu gedrängt werden. Z. B. wenn die demokratische moderne Gesellschaftsverfassung vom Staate nach Befinden auch in die Kirche wird hineingebracht sein, so wird dann der antichristische Theil der Gemeindeglieder, die ihren Taufbund aufgegeben, folglich vom heiligen Geiste sich entleert haben, dies für seinen Zweck ausbeuten. — Nach Christi Ausspruche, der doch wahr sein muß (Matth. 7, 13), geht die Mehrheit auf dem breiten Wege. Das sind solche, welche in der Seligkeit durch Christum unerfahren sind und ihre Lasterseligkeit noch zu lieb haben. Zu diesen Lastern gehört vor Allem das Laster des Hochmuthes, der unfehlbar die Unbußfertigkeit, den Unglauben, die Kirchenscheu und endlich Christusfeindschaft zu seinen Kindern hat. —

Alle solche sind natürlich ungeneigt, das eigentliche Evangelium, die theure Perle von der einzigen rechten Versöhnung des armen (d. h. bußfertigen) Sünders mit Gott durch Christi Sühnung zu vertheidigen und streng beizubehalten. Unwillkürlich oder auch willkürlich nach dem Wunsche des „Drachen" streben sie das Christenthum auszuwässern, den vielleicht an sich unschuldigen Namen der Union zu einer Schraube ohne Ende zu gestalten, um das Christenthum immer tiefer herabzustimmen bis zur Union mit dem Heidenthume, wodurch dann die Geburt des Gog und Magog (Offenb. 20) befördert wird. Da werden dann solche freie christliche Gemeinden entstehen, die aus der Charybdis der Liebe Gottes in Christo lieber in die Scylla der Liebe des Drachen übergehen. Incidit in Scyllam, qui vult vitare Charybdin. Tertium non datur. Dies Agitiren wird auch so ein Strom sein aus dem Drachenmunde gegen das Sonnenweib (Offenb. 12, 15). Dann werden endlich die bußfertigen Sünder Jesu Christi in die Wüste der Separation sich hinausgedrängt sehen. So wird die Wüste sich zur Freikirche konsolidiren müssen und der Gog und Magog wird sie umfluthen. Jetzt haben die Prediger des Evangeliums und die kirchlichen Behörden die schwere Aufgabe, diesen Riß aufzuhalten, bis endlich durch Gottes Zulassung der Braut Christi, der Kirche, die irdischen Dotationen vom Antichrist mit Gewalt entrissen werden. Indeß die himmlische Dotation muß und wird ja ihr bleiben. Das Sonnenweib bleibt ja, wenn auch in der Wüste. Auch dieser Anlauf des Antichrist wird seines Zwecks verfehlen, denn nicht die irdische Dotation ist der Fels der Kirche, sondern Jesus Christus, das A und O. Dies Wort sie müssen lassen stahn —.

Gegenwärtig ist diese Auslegung zum Theil ein oraculum post eventum, aber für Johannes war V. 6 eine Zukunftsvision.

Auf diese trübe Aussicht in die Zukunft, die V. 6 angedeutet ist, folgt nun eine herrliche Tröstung durch die von V. 7 an folgende siegreiche Bekämpfung des Drachen durch den Sohn Gottes. Dem Anschein nach ist hier nur ein Moment beschrieben, aber der Sache nach geht diese Bekämpfung die ganze Kirchenzeit hindurch, wo irgend sich ein satanischer Anlauf gegen die Kirche regt. Der Hauptschlag gegen den Satan wurde aber vom Herrn auf Golgatha glücklich ausgeführt.

V. 7. Das Wort: im Himmel, ist eine bildliche Bezeichnung vom Bereiche der Geisterwelt, hier besonders der christusfreundlichen Geisterwelt. Michael, der Erzengel der That, galt für den Schutzengel des Volkes Gottes. Er ist hier das Bild für den Sohn Gottes. In diesem Namen (Wer ist wie Gott?) liegt abermals das Thema der Apokalypse verborgen. Hier sehen wir abermals die beiden Hauptgegner, die Spitzen der Kampfreihen auf dem Kampfplatze einander gegenüber. Vergl. Dan. 10. — Die Engel des Michael sind Christi Boten, als sein Geist, seine Engel, seine Prediger, Beter und Kampfgenossen.

V. 8. Dieser Vers sagt: Obgleich der Satan den Sündenfall des Menschengeschlechts bewirkt hat, so siegt er doch nicht, sonst wäre Christus nicht das A und O. Dasselbe wird V. 9—11 bestätigt. — Der Drache wird ausgeworfen, d. h. in den Herzen der Erlösten Christi hat nun der Erlöser seinen Thron. Vergl. Luk. 10, 18.

Kapitel 12.

V. 9. Er ward geworfen auf die Erde, d. h. bei den irdisch gesinnten Menschen, in der Welt, da treibt er noch sein Wesen fort. Aller Unsinn in der Welt, alle Sündengräuel in ihr, die sind sein Werk, daher steht hier: der die ganze Welt verführt. Allein die Entschuldigung der Verführten: „Der Teufel hat mich verführt," diese Entschuldigung ohne Buße und Bekehrung kann nicht das Mindeste zur Seligkeit helfen, sondern ist nur ein Bekenntniß ihres Verlustes. Das hier erwähnte Auswerfen des Drachen ist zugleich eine Erklärung, daß das Wort erfüllt ist: Er wird der Schlange den Kopf zertreten.

V. 10. Die große Stimme ist der lobpreisende Chor der Engel und der Kirche im Diesseits und Jenseits. Das Triumphlied selbst ist wieder eine Umschreibung des Thema's der Apokalypse. Hier wird gesagt, daß der Satan weder als Verführer, noch als Verkläger der Erlösten etwas ausrichtet. Zum Verklagen hat er wohl Stoff genug, aber er zerrinnt ihm gleichsam bei den Erlösten durch das blutige Verdienst Jesu Christi. Ihre Treue bis in den Tod, das Märthrerthum ist ein Beweis ihres Sieges über den Satan. „Dies Blut (Jesu) allein giebt Kraft, bis auf's Blut zu widerstehen."

V. 12. Wehe denen, die auf Erden wohnen, das sind Diejenigen, welche als Lebensprinzip behalten den Satz: Genießt den Reiz des Lebens, man lebt ja nur einmal. An diesen will der Drache sein Müthchen kühlen, je beschränkter seit Christi Höllenfahrt seine Zeit, seine Luft, sein Spielraum ist. Er ist gebunden, daher seine Zornwuth. Dies Wehe in V. 12 geht also nicht auf die Treuen des Herrn, wiewohl er sich eine teuflische Offensive ausgesonnen hat, von der auch die Gläubigen je und je etwas beiläufig erfahren, die aber der Existenz der erlösenden Liebe eigentlich gilt. Das Weib muß nämlich flüchten (V. 13), aber getragen von zwei mächtigen Adlersflügeln. Die Liebe Gottes in Christo, als im Glauben genossen, muß zuweilen bei dem Gläubigen blos im Innern festgehalten werden, hat äußerlich zuweilen keine Spur, aber sie ist fest gegründet auf Gottes Wort, Gesetz und Evangelium, das sind die beiden tragenden Adlersflügel, darauf bleibt der Glaube an eine erlösende und seligmachende Liebe Gottes in Christo festgegründet, denn nur da wohnt diese Liebe effektiv, wo die Buße und der auf Gotteswort sich stützende Glaube zusammen kommen. Da sind wohl die Schlangen der Versuchung nicht fern (V. 14) in solchen Zeiten innerer Anfechtungen, des Zweifels, aber Gottes Wort steht fest und so findet und behält die Liebe Gottes ihre Nahrung, die geretteten Sünderseelen.

V. 15. Das Wasser, wie ein Strom, aus dem Munde der Schlange geschossen nach dem Weibe ist a) ein indirekter Strom durch grauenhafte Verfolgung der Gläubigen und der Kirche von Seiten der Bösen. Zuletzt fällt auf Letztere, die hier durch die den Strom verschlingende Erde bezeichnet werden, der vom Drachen mittelst des Stromes der Mehrheit und des Faustrechtes auf die Kirche geführte Schlag zurück, wie aus der Geschichte der ersten französischen Revolution zu ersehen; b) ein direkt gegen die Liebe Gottes in Christo geschleuderter Strom. Dies ist die Fluth der teuflischen Verdächtigungen an den Erlösten, ja an der Heiligkeit und Wirklichkeit der evangelischen Liebe und Huld Gottes selbst. Daher schwemmt der bußfertige, über sich und seine Sünde erschrockene König David sein Bette in Bußthränen (Ps. 6), so schwer kann er sich zufrieden geben. Nach Satans Vorspiegelungen soll sogar der Glaube an einen allheiligen und allgerechten Gott und die Zuverlässigkeit des irdischen Einmaleins den Glauben an eine wirkliche erlösende Liebe Gottes in Christo und an Christi sühnenden und versöhnenden Tod aufheben. — Aber die Erde half und verschlang den Strom (V. 16). Die bußfertigen Gläubigen nehmen die ganze Anklage auf sich (Ps. 51, 6) und auf ihre irdische Kurzsichtigkeit und Geistesarmuth, „auf daß du, o Gott, Recht behaltest in deinen Worten und rein bleibest, wenn du gerichtet wirst."

V. 17. Hier wird gesagt, daß Satan das Weib lassen muß; also die Liebe Gottes gegen die Sünder bleibt. Die Uebrigen von ihrem Samen (vergl. 1. Kön. 19, 18. Jes. 54, 10) sind alle Diejenigen, welche ihre Kniee vor der Welt, als dem Baal, noch nicht gebeugt haben, sondern Christen heißen und sein wollen, von denen allerdings manche gegen die Angriffe des Satan durch die antichristische Machthaberschaft und Weltweisheit, wovon im Folgenden geredet wird, auf schwachen Füßen stehen mögen.

Darum rette sich, wer kann, d. h. wer dies hört, zur Liebe Gottes in Christo. Diese steht ja fest, wenn Alles wankt. O Liebe, die den Himmel hat zerrissen! —

Weil es Jes. 44, 3 heißt: Ich will meinen Geist auf deinen Samen gießen und Jes. 59, 2: Mein Geist soll nicht weichen von dem Munde deines Samens und 1. Joh. 4, 13. 14: Er hat uns von seinem Geiste gegeben und wir haben gesehen und zeugen, daß der Vater den Sohn gesandt hat zum Heilande der Welt (vergl. auch 1. Joh. 5, 10. Röm. 8, 16), so folgt daraus, daß im letzten Verse des 12. Kapitels der heilige Geist mitgemeint ist; somit ist in diesem Kapitel der Kampf des Satan unmittelbar und mittelbar gegen den dreieinigen Gott beschrieben, doch so, Gott Lob! daß aus dieser Beschreibung für die Gläubigen der Ruf herausklingt: Seid getrost und hocherfreut, Jesus trägt euch seine Glieder! Ach bleib mit deinem Schutze bei uns, du starker Held!

I) 2b. Verherrlichung Christi, als des A und O, durch Beschreibung des für ihn siegreichen Kampfes mit dem planmäßig dem Satan helfenden antichristischen gottfeindlichen Mächten auf Erden, welche sind das politische christusfeindliche Machthaberthum und das christusfeindliche falsche Prophetenthum. Diese werden zunächst sammt ihrer Hauptwirksamkeit Kap. 13 beschrieben. Diese beiden sammt der Welt, die in der Apokalypse genannt wird Hure und Babel, bilden gleichsam fort und fort den sich noch tapfer regenden Drachenleib oder Schweif, wenn auch der Kopf schon zertreten ist. Kap. 14 wird dann der Sieg Christi über alle dreie gefeiert.

Das 13. Kap. wird eingeleitet durch die Worte: Und ich trat an den Sand des Meeres. In der Apokalypse und auch sonst (z. B. Jes. 57, 20) ist das Meer ein Bild der Menschenwelt. So auch hier. Der Sand ist etwas, das vom Meere ausgespült zu Tage gefördert ist.

Kapitel 13.

Daher sagt dieser Vers: Ich gelangte im Geiste zur apokalyptischen Betrachtung der zahllosen Thätigkeiten, Bestrebungen und Ziele, die aus dem Getriebe der unerlösten Menschheit zu Tage kommen. Johannes gewahrt nun hierbei zwei Instanzen, zwei im Laufe der Geschichte in zahllosen Verkörperungen, besonders aber in gewissen Erscheinungen sich offenbarende Potenzen, die im Antichristenthume als Ausgeburten der Welt und als Gehülfen des Drachen, d. i. des durch sie antichristisch wirkenden Satan sich zeigen. Die eine Gehülfenschaft ist die gottfeindliche, antichristliche Weltmacht oder politische Machthaberei, hier durch das siebenköpfige Thierungeheuer aus dem Meere abgebildet; die andere satanische antichristische Gehülfenschaft ist die gottfeindliche Weltweisheit oder das falsche Prophetenthum.

Kap. 13 V. 1. Bei dem aus dem Meere aufsteigenden Thiere sollen die sieben Häupter, zehn Hörner und zehn Kronen, weil das Ganze Vision ist, uns weniger Ursache sein, darüber sehr zu sinnen und zu streiten, wie aus der Weltgeschichte wirklich buchstäblich so und so viel Weltmonarchieen und nachfolgende europäische Königreiche sich nachweisen lassen und die Apokalypse hier in den Zahlen auf's Haar Recht hat; sondern diese Attribute sollen uns hauptsächlich Winke sein, wer durch dieses Thier gemeint ist. So finden sich auch noch im zweiten Verse nähere bildliche Andeutungen der massiven und täppischen Gewalt und Macht bei der gottfeindlichen Staatsgewalt und Weltmacht. — **Der Drache gab ihm seine Kraft und seinen Stuhl und große Macht.** Dies erinnert zuerst an Matth. 4, 8. 9 und besagt: Diese Weltmacht, weil sie von gottfeindlichen Inhabern gehandhabt wird, sieht der Satan sehr gern und sucht sie auf möglichste Weise zu unterstützen und für seinen Zweck auszubeuten.

Die im ersten Verse erwähnten Namen der Lästerungen auf den Häuptern sind Bilder der in solchen irdischen Machthabern personifizirten Gottes- und Christusfeindschaft bis zur Selbstvergötterung: „Ich bin der Herr, mein Gott selbst." Urbild dazu ist der Pharao in Aegypten zu Mosis Zeit. 2. Mose 5, 2.

V. 3. Die tödtliche Wunde des einen Hauptes ist ein Bild von der durch Revolutionen erfolgten Abschaffung der Fürstenmacht, worauf aber allmälig sie wieder ersetzt wird. Darum heißt es hier, die tödtliche Wunde wird wieder heil. So war es z. B. in Rom, in Frankreich und anderwärts. Also sagt die Apokalypse hier: darauf, daß die Republik bleibt und wie lange nach Vertreibung der fürstlichen Dynastie, darauf ist kein Verlaß. Trotzdem wird sich aber dies Spiel in der Welt wiederholen, wie manches andere Gefährliche, Heillose, denn die Welt ist blind, hochmüthig und grausam zugleich und dazu noch gottfeindlich. Insofern Neurom etwas vom Antichrist an sich trägt, dergestalt, daß Manches aus V. 2 auf dasselbe paßt, so gewährt die römische Weltmacht unter andern das frappanteste Beispiel von diesem wieder Heilwerden. Aber hienieden ist Alles vergänglich und veränderlich. Die am Aeußerlichen hängenden menschlichen Gemüther verwundern sich darob und lassen sich gern und gewaltig durch solch Heilwerden und Wiederaufstehen imponiren, wie V. 3 gesagt ist.

V. 4 enthält die Andeutung, daß der natürliche Mensch nach seinen Begriffen der antichristischen Macht nachgiebt und sie gewähren läßt.

V. 5 sagt, daß zugelassen wird, daß diese Weltmacht große Dinge befiehlt und Lästerungen sogar, wie z. B. Domitian als Gott angebetet sein wollte. 42 Monate lang währt dieses Wesen, das ist die ganze Kirchenzeit hindurch. Nun gab es zwar eine gottfeindliche Weltmacht schon vor der Zeit der Kirche, von der Daniels Visionen wie auch diese hier Kapitel 13 mithandeln, allein hier kommt nicht die Gesammtdauer dieser gottfeindlichen Weltmacht in näheren Betracht, sondern die Dauer ihrer der Kirche schadenden Gottfeindschaft. Irgendwo ist sie also stets vorhanden, wenn nicht in Europa, so in Dahomei, Cochinchina, Japan, Madagaskar 2c. 2c. — Diese Feindschaft der Weltmacht gegen Gott ist während der Kirchenzeit, wo sie gegen das Christenthum auftritt, viel intensiver und noch viel unverantwortlicher, als früher.

V. 6. Gottes Hütte bei den Menschen ist die Kirche Christi auf Erden. In ihr thront der dreieinige Gott. Den wahren Namen Gottes, als des Vaters, Sohnes und heiligen Geistes, kann und mag der Antichrist nicht leiden, das heißt hier: Das Thier lästerte Gottes Namen und seine Hütte und die aus der Geisterwelt (Himmel) ihr zugethan sind.

V. 7. Dieses Ueberwinden hier ist nur äußerlich zu verstehen. Durch Tödtung der Bekenner Christi glaubt der Antichrist gesiegt zu haben. — Alle Geschlechter, Sprachen und Heiden stehen unter seiner Macht, das ist zu verstehen von allen Menschen auf Erden mit Ausschluß der Heiligen oder der wahren Christen, die von Christo sich erlösen und vom heiligen Geiste sich auch heiligen lassen. Diese Heiligen sind nicht fertige Heilige, nicht solche, die in der Heiligkeit stehen, sondern in der Heiligung.

V. 8. Die auf Erden wohnen, das sind die Nichtchristen, alle die irdisch gesinnt sind, statt himmlisch, geistlich, heilig und christlich. — (Vergl. zu Kap. 5, 1.)

Zum Beschlusse dieser Vision kommt noch eine scharfe Admonition, welche doppeldeutig ist und wohl auch sein soll, denn es waltet hier einmal die orientalisch-visionäre Sprachweise, die sich um unsere in der Schule erlernte Schreibregel nicht ängstlich bekümmert, welche lautet: sprich und drücke dich so aus, daß nur ein Sinn deutlich mit deinen Worten verbunden sich zeigt.

V. 10 wird angedroht, daß die Christenverfolger einst in das ewige Gefängniß werden geworfen und durch das Schwert des Wortes Gottes gerichtet werden, mitunter auch auf Erden schon Gottes Rache empfinden. Jes. 33, 1. Zugleich wird auch den Christen gesagt, was schon der Herr Matth. 26, 52 dem Petrus gesagt hat. Sie sollen ja nicht mit Gewalt, nicht mit Feuer und Schwert, sondern durch heilige Geduld und Glauben den Sieg erlangen, der die Welt überwindet. Darum steht noch dieses Prinzip der Kirche mit klaren Worten dabei: **Hie ist Geduld und Glaube der Heiligen.** Anders geht's auch nicht, wenn wir Christi Wort Matth. 5, 5 beachten wollen: Selig sind die Sanftmüthigen, denn sie werden das Erdreich besitzen. Den verkehrten Weg, um zur Weltherrschaft oder politischen Bedeutung zu gelangen, mittelst Feuer und

Schwert, Gift, Dolch, Meuchelmord, sollen die Christen der blinden Welt überlassen, die, wenn sie schon glaubt nahe am Ziele zu sein, doch unterliegt und sich betrogen sieht, wie in der ersten französischen Revolution eine solche Partei immer die andere unter die Guillotine, oder wenigstens um das Machthaberthum brachte.

V. 11. Von diesem Vers an folgt die Vision des zweiten Thieres. Das Wort: von der Erden, deutet hin auf eine Verkörperung der irdischen Gesinnung, die aus dem Irdischen heraus irgend eine Basis für den Menschengeist gewonnen und von der aus sich und der Umgebung aus der Erde eine wohlige Heimath, ausschließlich einer höheren, schaffen will und durch Ueberredung, Belehrung, Mißbrauch geistiger Ueberlegenheit und durch Proselytenmacherei ihren Zweck verfolgt. Somit sind Prinzip, Gesinnung, Zweck, Treiben a priori schon antichristisch, weil die Christen den Himmel zum Vaterlande haben, den Christus ihnen erworben. Dieses Thier, äußerlich dem Lamme ähnlich und mit der Drachensprache, was ist es anders, als der Wolf im Schafskleide, vor dem Christus selbst warnt Matth. 7, 15, also das falsche Prophetenthum, das bald allmälig, bald geradezu mit seinen gotteslästerlichen, Religion und Glauben schmähenden antichristischen Thema's, Texten, Reden, Schriften, Liebeheucheln hervortritt? Vergl. Kap. 19, 20. Diese falschen Propheten, mitunter vielleicht selbst erst Verführte und, ohne es zu merken, blinde Nachbeter und Nachtreter anderer mit Prunk und Schimmer erscheinender und alsbald jämmerlich, mit Gestank vergehender geistiger Meteore, treten gewöhnlich unter dem Vorwande des Nützlichkeitsprinzips, der Belehrung, der Wissenschaft, der Aufklärung, des Fortschrittes, der Volksfreundschaft u. s. w. und zugleich antichristisch mit auf, als ob sie bessere Volksfreunde wären, als Jesus Christus gewesen und annoch ist. Kommen sie noch anfangs allenfalls mit einer gewissen Reverenz gegen Christum, so gerathen sie doch auf ihrer schiefen Ebene immer tiefer hinab, zuerst in eine widrige Vermischung des Kirchlichen mit dem Politischen, dann immer tiefer in die irdische Politik des Egoismus hinein. So sinkt dann der Geist des Menschen, seine egoistischen und sinnlichen Triebe für Geist und Weisheit haltend, immer tiefer hinab in den Schlamm der Erde, aus dem heraus er durch den Erlöser vom Himmel befreit und erhoben werden und die Richtung nach Oben und Kraft des Geistes über den Leib und zum Dulden und Ertragen, zum Glauben und Seligwerden erhalten sollte. Das Reich aber, welches die falschen Propheten erstreben, ist nicht das sichtbar-unsichtbare Gottesreich, sondern es ist von dieser Welt und daher für alle Menschen im natürlichen Zustande des Herzens lockend und annehmlicher, als das Reich Gottes und Jesu Christi, Gerechtigkeit, Friede und Freude im heiligen Geiste. Letzteres Reich verheißt nach dem Bußkampfe, der zu Christo führt, himmlische Kronen und „Gewinn" diesseits und jenseits des Grabes. Matth. 6, 33. 1. Tim. 4, 8. 1. Tim. 6, 6. Psalm 1. Ps. 37, 25. 37. Jes. 3, 10. Joh. 10, 11. Luk. 22, 35. Das falsche Prophetenthum spottet und lästert hierüber und verheißt nach blutigem, oder doch Gewalt gebrauchenden politischen Freiheitskampfe eine Gleichheit und Brüderschaft, ein irdisches neues Staatsbürgerthum, panem et

Circenses, eine irdische Glückseligkeit, die mehr werth sei, als jene Kronen, welche nach seiner Ansicht und Lehre nur in der fixen Idee existiren, weil es ganz ohne alle Erfahrung darüber abspricht. Wenn nun auch dieses falsche Prophetenthum, verlangend nach größerer politischer Freiheit und nach Geldersparniß, gelegentlich beiträgt zur Vertreibung erblicher Fürsten und ihrer Dynastieen, so kann es doch damit nicht die Staatsgewalt ganz entbehrlich machen. Eine solche ist immer da. Ist es keine legitime, so ist es eine usurpirte Staatsgewalt oder Machthaberschaft, welche, so weit sie gottfeindlich sich erweist, sie sei monarchisch oder republikanisch, hier durch das erste Thier aus dem Meere abgebildet wird. Darnach läßt sich nun der 12. Vers leicht verstehen, wo es heißt, daß das zweite Thier thut alle Macht des ersten Thieres und die Menschen läßt anbeten das erste Thier, welches tödliche Wunde war heil geworden, wie wenn an die Stelle der geopferten antichristischen monarchischen Machthaberei nur früher oder später die antichristische republikanische getreten ist. Dazu verhilft, wie Johannes hier in der Vision gesehen hat, das zweite Thier, der Wolf im Schafskleide. Zuerst möchte man die Christen von der Zukunft der Kirche, d. h. von Christo, dem A und O, zur Kirche der Zukunft, oder zu einem willkürlichen Nebelgebilde bekehren, später das Wort Gottes und das Wesen der Kirche ganz auf die Proskriptionsliste bringen, denn die Seele des zweiten Thieres ist Antichristenthum und das Wort Christi ist wahr, welches sagt: Wer nicht mit mir ist, ist wider mich. So spricht auch Kol. 3, 11 gegen Nationalitätsschwindel, „Nationalkirchenthum" u. s. w.

Dieser Theil der Apokalypse greift nolens volens in das politische Gebiet, weil jene beiden Mächte von jeher und vorher in das kirchliche Gebiet eingegriffen und dem Satan geholfen haben, das Heil der Menschen in Christo möglichst zu hintertreiben und Unheil zu stiften. Vestigia terrent!

V. 13. Dies zweite Thier, das falsche Prophetenthum thut große Zeichen, nämlich durch Wort und Schrift. Z. B.: es liefert eine dem Umfange und Inhalte nach kolossale schlechte Literatur, es bekehrt den großen Haufen im Volke, den Pöbel unter Vornehmen und Geringen viel schneller zu sich, als Christi Missionare die Menschen zur Buße und zu Christo. Feuer macht es sogar fallen vom Himmel, nicht nur, weil ihm gezückte Dolche, Feuer, Brandstiftung, „Feuerwasser" und allerlei Gewalt als Mittel zum Zwecke gelten, sondern auch, weil es seine Proselyten mit dem Feuer des Zornes, des Aufruhrs, der Rache und anderer Leidenschaft im Herzen erfüllt. Matth. 24, 24. 2. Thess. 2, 9.

Im 14. Verse bis zum 18. wird noch spezieller auf die Thätigkeiten und erzielten Errungenschaften des zweiten Thieres eingegangen. — Da bekanntlich das falsche Prophetenthum gern auf das politische Gebiet hinüber führt und führen muß, so wird auch auf diesem Gebiete dem Johannes das zweite Thier in seiner vollen Thätigkeit gezeigt. Es giebt den Menschen auf, die auf Erden wohnen, d. h. deren Herz an der Erde hängt und keine himmlische Heimath kennt, daß sie dem verwundeten ersten Thiere ein Bild machen sollen. Das heißt: die Menschen,

Kapitel 13.

die dem falschen Prophetenthume Gehör geschenkt haben, sollen nach Vertreibung der Fürstengewalt aus eigener Machtvollkommenheit eine republikanische Präsidentschaft einsetzen und erwählen, damit die politische Machthaberschaft fortgesetzt werden kann, ohne die es einmal nicht geht.
In der „Zeitschrift für Protestantismus und Kirche" 1863, 1. H., S. 45 ff., wird folgende Schrift besprochen: „Der Zeitgeist und das Christenthum," von J. B. v. Schweitzer. Leipzig. Wigand. 1862. Hier wird der Zerfall des Christenthums als Offenbarungsreligion proklamirt und gesagt, der moderne Zeitgeist und das moderne demokratische Prinzip vertrüge sich nicht mit dem Christenthume.

V. 15. Das zweite Thier giebt nun dem Bilde des ersten Thieres den Geist, denn ohne Witz und ohne die nöthigen geistvoll klingenden Phrasen der falschen Propheten von der schönen irdischen Zukunft würde diese neue Machthaberschaft nicht lange Bestand haben. — Das Bild des Thieres redete, d. h. diese Machthaber geben Gesetze und regieren ebenfalls. — Welche nicht des Thieres Bild anbeten, werden ertödtet. Auch dies hat sich unter andern erfüllt in der ersten französischen Revolution, wie auch in unsern Tagen in Nordamerika, auf den Schlachtfeldern. Hier muß zuletzt doch auf einer der beiden Seiten ein falsches Prophetenthum sein.

V. 16. Die Maalzeichen an der Hand sind zu deuten auf die schriftlichen Legitimationen der Staatsbürgerschaft und auf andere schriftliche Bescheinigungen, betreffend gewisse Berechtigungen als Quelle der verheißenen Glückseligkeit. Das Maalzeichen an der Stirn ist der Unglaube und nationaler oder patriotischer intoleranter Hochmuth, der in den Kopf steigt, aus den Augen leuchtet, durch den Mund spricht und nach Befinden durch die Faust agirt.

V. 17. Hier heißt es, daß Jeder, der nicht mit einstimmt, proskribirt oder in die Acht erklärt wird.

V. 18. Hier ist die erste Frage, ob dieser Vers noch mit zur Vision gehört, oder gleichsam eine Inschrift des Bildes mit eigentlicher Redeweise vorstellt. Rechnet man diesen Vers noch mit zur Vision, so ist auch Alles bildlich zu nehmen, besonders die Zahl 666 nur als eine symbolische Zahl. Dann würde Zahl seines Namens bedeuten die immer wiederkehrende, niemals fertige Art seines Wesens (vergl. zu Kap. 1, 4), wie denn auch das erste und zweite Thier bis zum jüngsten Tage immer wieder in neuen Phasen und Verkörperungen zum Vorschein kommen werden, so oft auch Erfahrung und Weltgeschichte das Bestandlose und Unheilvolle derselben gezeigt haben. Menschenzahl würde dann bedeuten Art und Weise des Menschengeschlechtes von Natur, nämlich die alten Thorheiten und Irrthümer immer wieder aufzuwärmen oder zu wiederholen und mit Trotz und Gewalt durchzusetzen. Darauf paßt nicht nur die Figur der Zahl 666 (zugleich im Bilde ein freches Ueberbieten der heiligen Dreizahl und eine falsche Vorspiegelung) sondern auch die symbolische Bedeutung der Sechs und die Deutung des ersten Thieres, welche Kap. 17, 8 von der Apokalypse selbst gegeben wird und ganz ähnlich klingt. Ingleichen stimmt damit Kap. 13, 5, wo das Vorkommen des ersten Thieres als die ganze Kirchenzeit hindurch während angedeutet wird. — Wird aber der 18. Vers im buchstäblichen Sinne genommen, dann muß das Räthsel oder vielmehr Zahlen- und Namenaufgabe wohl ungelöst bleiben, weil erst, wer das allgemeine Zeugniß der **Weisheit** und des **Verstandes** erlangt hat, nach dem Buchstaben dieses Verses an die Auflösung schreiten soll und einen solchen hat es bisher noch nicht gegeben. Wer für sich selbst dies Wagstück unternimmt und hierzu seine ganze vermeintliche Weisheit und seinen Verstand zu Rathe nimmt, der hat deshalb noch nicht die **Weisheit und den Verstand**, der hier erforderlich und gemeint sein kann. Einige haben nach dem alten Zahlenwerthe des Alphabets den Namen **Lateinos** herausgebracht, andere den **Bileam**, wieder andere den **Adonikam** Esra 2, 13 und dieser gegenseitige Widerspruch schon ist nicht ein Zeugniß für, sondern gegen den Besitz der hier erforderlichen Weisheit, weil ohne Weisheit Niemand an diese Art Deutung und Lösung schreiten soll und es doch solche Versuche gegeben hat. Vor Gott ist es ja Weisheit, wenn man sich in rechter Demuth für unweise hält und manche Geheimnisse auf sich beruhen läßt und dabei recht gewissenhaft Jesum Christum bei sich das A und O der Weisheit sein läßt, wie Paulus 1. Kor. 1, 30. 2, 2—8. Eph. 3, 19. Möge uns also immerdar des „Menschen Zahl" oder sündliche Art zu **Christi Zahl** und Art treiben. Der Name Jesus ergiebt aus dem Zahlenwerthe seiner Buchstaben die Zahl 888, ein Bild von seiner alles neu schaffenden Siegsgewalt und seine Art ist die eines stillen Lammes, welches unvermerkt siegt, wie ein Löwe und die eines Sohnes, der seinem Vater gehorsam war bis in den Tod am Kreuze. — Dr. Hengstenberg sagt auch: „Die Zahl muß bezeichnend sein für das Wesen des Thieres. Wie kann man nach Kap. 15, 2 den Sieg erhalten über die **Zahl** des Thieres, wenn diese nur die Zeit seiner Währung angiebt." Manche haben das Thier auf's Papstthum gedeutet und die Zahl 666 auf die Jahre seiner Dauer. Da sollte das Thier mit den Lammeshörnern zu deuten sein auf die Mönchsorden, welche hauptsächlich dem Papstthume zur Stütze dienten. So deuteten die Waldenser, Wiklefiten, Hussiten, auch Luther, Bengel, Vitringa. Wenn gesagt würde, daß Johannes ausschließlich mit dem ersten siebenköpfigen Thiere das Papstthum gemeint hätte, so wäre dies eine falsche Auslegung, denn die antichristliche Weltmacht und Staatsgewalt hat sich ja unter den heidnischen römischen Kaisern schon deutlich genug kund gegeben und wird auch künftig sich zeigen, wenn eine Pöbelmajorität wird das Staatsruder an sich gebracht haben, unterstützt vom falschen Prophetenthume. Eine eklatante Probe davon hatte man in der ersten französischen Revolution, wo anno 1793 die Aufhebung des Christenthums von Staatswegen versucht wurde. Wenn nun aber das Papstthum mit wirklicher irdischer Staatsgewalt versehen erscheint und diese und seinen Einfluß auf andere Staatsgewalten unter anderem darauf verwendet hat, den durch die Reformationen angestrebten reinen evangelischen, bibelgemäßen Jesuskultus als A und O zu vertilgen und dafür seinen Marienkultus, also Menschenkultus, neben dem Jesuskultus möglichst einzuführen und zu erhöhen, so ist keinem, der die Lehre der Propheten und Apostel aus der heil. Schrift kennt, zu verdenken, wenn er in jenem

Kapitel 13.

Gebahren des Papstthumes Antichristenthum findet und wegen Besitzes äußerlicher Macht etwas von dem ersten Thiere in der Offenbarung. Wenn man aber gewahrt, wie das Papstthum durch Ausbreitung seiner Traditionen als L e h r e und durch konsequente Deutung seiner L e h r e von der allein seligmachenden Kirche des Papstthumes eigentlich eine Staatsgewalt postulirt, die alle Jesusgläubige, sogenannten Ketzer, die sich ihm nicht unterwerfen, von Staatswegen vertilgt, so könnte man insofern am Papstthume auch etwas vom falschen Prophetenthume finden. Aber auch das zweite Thier ist der Antichrist. 1. Joh. 2, 18. Uebrigens wird es sich mehr der Mühe verlohnen, den Antichrist, wo er sich en detail oder en gros findet, ausfindig zu machen und vor ihm zu warnen, als lange zu beweisen, wo die antichristischen Bilder der Apokalypse eine oder keine kongruente Anwendung erleiden. — Immer werden sich auf Erden zweierlei Faktoren desselben finden: a n t i c h r i s t i s c h e ä u ß e r l i c h e M a c h t h a b e r e i und a n t i c h r i s t i s c h e g e i s t i g e M a c h t h a b e r e i.

Demnach ist Denen nicht beizupflichten, welche annehmen, daß hier unter dem ersten Thiere eine einzelne antichristische Person, gleichsam eine Inkarnation des Antichristenthums gemeint sei, z. B. Nero, oder eine künftige antichristische Hauptpersönlichkeit. Diese berufen sich auf 2. Thess. 2, 3. Daher sind die sieben Häupter auch nicht auf die ersten heidnischen Kaiser zu deuten, sondern der Sinn ist tiefer zu fassen. — Das Thema und die Anlage der ganzen Offenbarung läßt alsbald vermuthen, daß außer den beiden individuellen Spitzen der zwei Heerlager, das sind der Herr und sein Hauptfeind, der Satan oder der Drache, sonst keine Individuen ausschließlich in der Offenbarung gemeint sind. „Christus hat schon in dem Drachen seinen persönlichen Gegenpart. Kap. 12. So wenig die Christenheit auf Erden sich in einen menschlichen Repräsentanten zusammenfaßt, eben so wenig dürfen wir erwarten, daß die Feindschaft wider Christum sich in einem einzelnen Individuum inkarnirt darstellen werde. Johannes kennt keinen Antichrist als bloßes Individuum. Nach seiner Erklärung 1. Joh. 2, 18 ist der Antichrist ihm eine ideale Person (Gedankenbild), die in einer Mehrheit von Individuen zur Erscheinung kommt. 1. Joh. 2, 22. 4, 3. Von einem persönlichen Antichrist wissen auch die Reden des Herrn über seine Zukunft nichts. Matth. 24, 11. 24." (H.) Demnach ist auch 2. Thess. 2 nicht eine wirkliche, sondern eine gedachte Person zu verstehen. Daher auch 2. Thess. 2, 6 „w a s e s a u f h ä l t" eine Personifikation der edlen aufhaltenden Kräfte ausspricht. Man spricht ja oft vom Antichrist unserer Zeit und meint damit das antichristische Wesen und Volk in unserer Zeit. Der künftige Antichrist wird nicht der im alten Testament beschriebene Messias sein wollen, sondern wird aus Unglauben Gott und Christum leugnen, lästern, verwerfen und sein eigner und Anderer Gott und Heiland sein wollen und solcher wird es mehrere, ja viele, viele geben, obgleich einer einmal den Superlativ vorstellen kann.

Kap. 14 gehört noch mit zu diesem Untertheile, weil hier der Sieg des Lammes über den Antichrist gefeiert, folglich auch zugleich verheißen wird. Denn die Siegesfeier in der Vision bedeutet zunächst eine zuverlässige Verheißung des Sieges zum Troste der Kirche. „Aus dem trüben

Diesseits mit seinen Kämpfen und Versuchungen werden wir im Geiste entrückt und auf den himmlischen Zion versetzt, wo wir die Gemeinde der Heiligen nach bestandenem Kampfe um ihren Heiland versammelt finden, fest und unerschüttert in ihrem Bekenntnisse, siegesfreudig, rein und heilig, trotz aller Versuchungen, welche die Erde bot."

V. 1. Luther hat übersetzt „ein Lamm." Nach einer anderen bewährteren Lesart soll es heißen, das Lamm. Nach den im Vorhergehenden geschilderten Ungethümen soll hier diese Bezeichnung des Herrn einen Kontrast ausdrücken, der auch um so wirksamer ist, wenn man sich recht erinnert, daß es das Lamm Gottes ist, das der Welt Sünde getragen hat leidend und sterbend und nun von Golgatha siegend auf Zion gelangt ist, trotz des Aufruhrs der Hölle und ihres ganzen Aufgebotes. Nach dem Griechischen fängt der Vers an: Und ich sahe und siehe, um so recht zur genauen Betrachtung aufzufordern. Das Wort stehen ist hier nicht überflüssig, obwohl der Satz ohne dasselbe verständlich war. Dies Stehen ist eine Hinweisung auf den Sieg und das Nichtüberwundensein des Lammes. Zion ist eine bildliche Bezeichnung nicht blos des himmlischen Jenseits, sondern zugleich auch der himmlischen Wahrung und Sicherheit, deren sich die Auserwählten dort wie in einer festen Burg vor dem Satan auf ewig erfreuen werden. Diese 144000 sind abermals wie früher Repräsentanten aller Auserwählten, gleichsam nach der dem Herrn genügenden himmlischen Statistik. Den Namen seines Vaters. Nach anderer Lesart soll es heißen: seinen Namen und den Namen seines Vaters hatten sie geschrieben an ihrer Stirn. Also diese haben die Demuth und den Glauben, der da bekennt und Treue bis in den Tod hält, bis nach Zion bewahrt. Dies bildet einen Gegensatz zu dem, was Kap. 13, 16. 17 steht, wo die Antichristischen Hochmuth und Unglauben an und hinter der Stirn tragen.

V. 2. Die Stimme hier ist die der Erwählten, die zugleich sehr laut und sehr lieblich ist, wie die Vergleichungen besagen, die dabei stehen.

V. 3. Das neue Lied besteht in jenem himmlischen Hallelujah, das durch kein Kyrie eleison mehr unterbrochen wird, wie früher auf Erden. Darauf weisen auch hin die Worte: Stuhl, vier Thiere und die Aeltesten. Die letzteren sind als Repräsentanten der heiligen Patriarchen, Propheten und Apostel, der wahren Erstlinge seiner Kreaturen, zu betrachten. Niemand konnte das Lied lernen, als —, d. h. nur die durch Jesum Geretteten gelangen zum Antheil an jenem reinen seligen himmlischen Hallelujah.

V. 4 enthält eine Umschreibung der Bundestreue, welche die Erwählten gehalten haben. „Weiber sind hier bildliche Bezeichnungen der Sünden." (H.)

V. 5. Auch dieser Vers geht auf die Treue, wo sonst dem Buchstaben nach eine verdienstliche Heiligkeit den Erwählten zugeschrieben wäre gegen Kap. 7, 14.

V. 6—13 folgt eine neue Vision. Johannes sieht drei Engel nach einander durch den Himmel fliegen. Aus dem, was diese Engel verkündigen und aus der angegebenen Reihenfolge kann man ersehen, daß die drei Engel Bilder vorstellen von drei ganz speziellen Instanzen oder

Kapitel 14.

Faktoren der Kirche, welche jene seligen Lobpreisenden liefern soll und welche eine Lehrkirche ist. Der erste Engel repräsentirt die Mission, die rechte evangelische Mission, äußere und innere, mit Einschluß der Reformation und aller Reformatoren selbst. Daher konnte Bugenhagen in Luthers Leichenpredigt diese Stelle auf Luther beziehen. Der zweite Engel repräsentirt oder zeigt personifizirt die ganze Geschichte des Reiches Gottes mit Einschluß der Kirchen- und Weltgeschichte aller biblischen Historien. Der dritte Engel ist eine Personifikation des christlichen Predigt- und Seelsorgeramtes mit Einschluß des Religionsunterrichtes in allen Schulen. Wie kommen nun diese drei Engel in dies Kapitel hinein? Dieser Abschnitt ist eine Vorbereitung auf den folgenden von V. 14 an. V. 1—5 gewähren einen Blick in den Himmel, V. 14—20 geben einen Blick auf die Vernichtung der Feinde Gottes auf Erden. Zur Rechtfertigung Gottes wird nun V. 6—13 gezeigt, daß Gott zum Lehren und Warnen genug Fürsorge getroffen hat und sich mit Auslassung seines Zornes also keiner Uebereilung schuldig macht.

V. 6. Hier übersetzt Luther: ich sahe einen Engel. Die richtigere Lesart soll sein: ich sahe einen anderen Engel. Dies ist eine deutliche Hinweisung auf die symbolische Bedeutung dieses Engels. Das Wort: mitten durch den Himmel, ist eine bildliche Bezeichnung der gesammten Geisterwelt, besonders der erlösungsbedürftigen menschlichen Geister, also eine Parallele zu 1. Tim. 2, 4. „Gott will, daß allen Menschen geholfen werde und daß alle zur Erkenntniß der Wahrheit kommen."

Das ewige Evangelium ist das, welches die evangelische Mission von der Apostelzeit her (Ap.-Gesch. 4, 12) zu verbreiten und zu verkündigen hat, was auch die Reformation gethan hat. In nuce liegt dies ewige Evangelium im Thema der Apokalypse. Das Wort ewig erinnert hier an Christi Wort Matth. 24, 35. „Himmel und Erde werden vergehen, aber meine Worte werden nicht vergehen." Dies zu verkündigende ewige Evangelium ist die Summe des Evangeliums Johannis, der vier ersten Evangelien, des ganzen neuen Testamentes, ja der ganzen Bibel. Das gnadenreiche Evangelium von Jesu Christo soll nicht fleischlich mißdeutet werden, sondern die rechte Herzensstellung und Verfassung zur Folge haben, kindliche Ehrfurcht vor Gott und die rechte unermüdliche Gottesanbetung, darum fügt dieser Engel noch bei, was V. 7 geschrieben steht: die Zeit seines Gerichtes ist kommen; dies ist nach Joh. 3, 14—21 zu verstehen.

V. 8. Hier hören wir, was das große Gemälde der Weltgeschichte uns summarisch zeigt vom Ende der „Welt." Denn das Ende der „Welt" oder Babels ist nicht blos einmal am Ende des Weltgebäudes, oder bei der Zerstörung einer Weltstadt am Euphrat oder an der Tiber, sondern ist vielmal im Kleinen wie im Großen dagewesen. Hurerei der Welt bedeutet so viel als Gottlosigkeit. Die Welt ist von Gott, ihrem rechtmäßigen Herrn los und läuft in Geilheit ihren Gelüsten als ihrem Götzen nach. Und dieser Brunst finden sich besonders die armen Heiden ganz preisgegeben, die kein geoffenbartes Gesetz Gottes haben und an das im Gewissen ihnen gegebene Gesetz Gottes nicht glauben.

Statt der rechten Hülfe im Evangelio wird ihnen von der aus christlichen Kulturländern hervorkommenden Welt nur die Weltgeilheit gegen Gott in neuerer Form, oder auch in alter Form mitgetheilt. Weil hier steht: Babylon, die große Stadt, die alle Heiden verführt, so paßt dies nur auf die Welt. Denn weder das eigentliche Babylon, noch Rom, noch Jerusalem haben alle Heiden verführt. Wie Christus selbst, so ist auch Johannes und jeder rechte christliche Prediger und jeder wahre Nachfolger Christi auf die Welt nicht gut zu sprechen. Vergl. Matth. 18, 7. Joh. 15, 18. 19. Joh. 17, 16. 1. Kor. 11, 32. Jak. 4, 4. 1. Joh. 2, 15—17. 2. Kor. 6, 17. Offenb. 11, 8. 18, 4. Darum heißt die Welt die Braut des Teufels und Johannes nennt sie in der Offenbarung gar die Hure des Teufels. Der Zorneswein ihrer Hurerei (Kap. 18, 3) ist nur eine bildliche Bezeichnung von der lockenden betäubenden Verführung, womit die Welt zornmüthig gegen Gott und seine Kirche ihre teuflische Antimission unter den Menschen fortsetzt und wie wir leider sehen, mit nicht geringem Erfolg, bald in Sachen der fleischlichen Unzucht und Hurerei, bald in der Trunksucht und Völlerei, bald in Fluchen und Lästern, bald in anderen Sündengräueln. — Die Welt ist gleichsam die Mutter des ersten Thieres und doch auch wieder durch ihren neuen scheußlichen Anflug die Nachkommenschaft aus der Ehe des ersten und zweiten Thieres. Daher sitzt Kap. 17 dies Weib auf dem siebenköpfigen Thiere. Darum ist ihr Zugrundegehen wichtig genug, so daß diesem und seiner Schilderung ein ganzes Kapitel (18) in der Offenbarung gewidmet wird. Den Untergang einer einzelnen Weltstadt kann die Apokalypse nicht so wortreich schildern. Sie hat Wichtigeres zu thun.

V. 9—13 wird gezeigt, was das christliche Predigtamt besonders zu lehren und einzuschärfen hat. Als Text zu den christlichen Buß- und Trostpredigten soll Beides gebraucht werden, der künftige Zorn Gottes gegen die, welche in und mit der Welt gelebt haben und gestorben sind und die selige Ruhe derer in Gott, die im Herrn gelebt und ausgekämpft haben. Etwas davon muß also in jeder Predigt vorkommen. So ist nun leicht zu verstehen, was hier V. 9—13 gesagt ist. Hier hören wir, daß es auch einen künftigen heiligen, reinen, ungemilderten Zorneswein Gottes giebt. Ps. 75. Jer. 49, 12. 25, 15. Dieser wird bestehen in dem ewigen Verstoßensein zur steten und schrecklichsten Qual. Schärfer konnte es nicht ausgedrückt werden, wie hier V. 10. 11. Im 11. Verse liegt auch noch dies, daß durch die Gottesfurcht die Menschenfurcht soll ausgetrieben werden.

V. 13. Die Worte: von nun an sind nach Luk. 23, 43 so zu verstehen, daß die Seligkeit des im Herrn und „mit" dem Herrn Dahinscheidenden sofort im himmlischen Jerusalem ihren Anfang nimmt, kraft des theuern Verdienstes Jesu als des A und O. Diese beiden Stellen, wie auch die Parabel vom reichen Mann und Lazarus widersprechen der Lehre von einem Zwischenstadium für die erlösten und begnadigten scheidenden Menschenseelen, zwischen dem Diesseits und dem seligen Jenseits, wenn auch diese vorläufige Seligkeit und Erlösung von allem Uebel vor der Auferstehung des Fleisches mehr nur eine Ruhe in

Kapitel 14.

Gott (Hebr. 4, 9. Offenb. 14, 13) zu nennen ist, vor der Vollendung der Seligkeit durch Verleihung eines neuen verklärten Leibes an die Seele, wie denn Christus unser A und O auch hierin durch seine Auferstehung unser Vorgänger geworden ist. 1. Kor. 15, 20—23. Das selige Scheiden in dem Herrn, wie bei Paulus Philipp. 1, 21 ist als eine vollendete Erlösung von aller Noth und besonders als ein seliges Ueberwinden des Todes und als ein Scheiden im hochzeitlichen Kleide der vollen Gerechtigkeit, die vor Gott gilt, auch als eine Vollendung anzusehen, wenn auch immer noch relative und negative. Insofern kann in Lebensläufen und beim Gedenken der selig Verstorbenen auch von „selig im Herrn Vollendeten" die Rede sein. Ganz schulmäßig genau und absolut genommen giebt es erst nach der Auferstehung der Todten im Himmel selig Vollendete, denen nun zur Erhöhung der Seligkeit und zum Vollgenuß des ewigen Lebens auch das neue Organ eines verklärten Leibes nicht mehr abgeht. Aus der Naturwissenschaft und Erfahrung wissen wir, daß der Holzstoff aus der Urwelt, welcher gewissen Verkohlungs- und Versteinerungsstadien ausgesetzt gewesen, jetzt der Verwesung und Verbrennung Widerstand leistet und daß todte animalische Körper oder Fleischmassen, auf gewisse Art der Wässerung ausgesetzt, nicht verwesen und sich auflösen, sondern in eine Talgmasse sich verwandeln. Dies sind nur zwei Analogieen aus der Natur. Der Apostel Paulus deutet auch auf die Analogie in der Natur hin 1. Kor. 15, 34—153. Nun sagt uns die Offenbarung Gottes, daß gleich wie der „beseelte Staub" am Menschen als Wiege und Wohnhaus des vernünftigen und unsterblichen Menschengeistes physiologisch und daher auch im Grunde physisch, ob auch sehr verborgen, ein anderer sei, als der von Thierseelen beseelte Staub der Erde, ebenso auch der beseelt gewesene Staub des Menschen, ob auch vor Menschenaugen in unsichtbare verloren gegangene Atome aufgelöst, vor Gottes Augen, vor seiner Schöpferweisheit und Allmacht doch ewig ein anderer bleibt, als der vom thierischen Aase. Es liegt auf der Hand, daß die blinde und ungläubige Welt dies nicht wissen und glauben kann, da ihre Geistesrichtung nach unten zur Selbstvernichtung, zum ewigen Tode geht und daß, gleichwie die den Geist erhebenden Analogieen in der stufenmäßig und planmäßig geordneten sichtbaren Schöpfung, so auch und noch vielmehr alle höheren und himmlischen Geheimnisse Gottes nach seinem geoffenbarten Worte ihren Horizont weit übersteigen. Darum kann es zu allen Zeiten auf dieser Welt sehr gescheid sein wollende Naturforscher und andere Lehrmeister geben, die aber bei aller einnehmenden Beredtsamkeit und blendenden Gelehrsamkeit, da sie der „Welt" und somit der verkehrten, von Gott abwendigen Geistesrichtung angehören, dennoch irreführen. Von ihnen gilt das Wort Christi Joh. 3, 11. 12. Luk. 6, 39.

So giebt denn die Lehre des ewigen Evangeliums den Lebenden und Leidenden und Sterbenden mehr Trost, als die Lehre der Ungläubigen, auch mehr Trost, als die Lehre der Uebergläubigen von einem Fegfeuer, von einem vollends reinigenden Zwischenzustande zwischen dem Diesseits und Jenseits bei den Gläubigen, welche Lehre sich gleichsam unberufen zwischen das A und zwischen das O eindrängt und bauge machen muß, statt zu trösten. Und wenn hier durch gewisse bezahlte oder kontraktliche priesterliche Akte nachzuhelfen und ein ergänzendes Omega erst herauskommen soll, so stimmt das mehr mit Tetzel, als mit dem Thema der Apokalypse, namentlich auch nicht mit Kap. 14, 13 und den oben genannten Stellen der heil. Schrift.

V. 14—20. Zu dem V. 1—13 bezeichneten Siege des Lammes zum Heile der Menschen, die sich erretten lassen, kommt nun auch der Sieg oder die Verherrlichung hinzu, welcher bestehen wird in der heiligen und gerechten Zornentfaltung und Gerichtsvollziehung beim Ende der Welt an der Welt und ihren beiden Hauptmächten. Hier folgt nun zur Warnung der Bösen und zur Ermuthigung der Gläubigen eine Vergleichung des künftigen Weltgerichtes mit einer Zornerute Gottes. (Vergl. Joel 3, 17. 18.) Der Menschensohn auf der weißen Wolke erinnert an Dan. 7, 13. Es ist Christus. Diese hier gegebene Vision stimmt mit Joh. 5, 25—30. Der scheinbare Befehl in V. 15: **Sende deine Sichel**, — ergeht von einem Engel und aus dem Tempel zur Bezeichnung, daß bei dem großen Weltgerichte alle Drangsale der Kirche Christi, von der Welt erlitten, in Betracht gezogen werden und die Hauptbasis für das zu fällende Urtheil bilden sollen. Eben so ist der Engel in V. 17 ein Bild von Christo, dem das Gericht übergeben ist und der es nun auch hält. V. 18 kommt nochmals ein Engel aus dem Altar mit der lauten Aufforderung, die Weinlese zu halten. Vergl. Kap. 6, 9—11. Der im 18. Verse erwähnte Engel hat **Macht über das Feuer**, d. h., er war ein Bote Gottes wegen des nahenden Zornfeuers Gottes. Dieses wiederholte Auffordern und Drängen zum Endgerichte ist eine bildliche Hindeutung auf das unausbleibliche und gewisse künftige Strafen und Sühnen alles, besonders gegen die Kirche und Heerde Christi verübten Unrechts. **Außerhalb der Stadt sieht** Johannes die Zorneskelter Gottes mit dem daraus entstehenden Blutmeere. Gleichwie Christus außerhalb des gottfeindlichen Jerusalems gekreuzigt worden ist und Niemand von den Seinen ihm beispringen, noch helfen konnte, also wird auch der einstige große Zorneskelter Gottes nicht in der Welt, sondern an einem besondern Orte aufgethan werden und Niemand von den Ihrigen wird da nur einen Finger zur Abwehr aufheben können. Mitten aus diesem Schreckensgemälde leuchten Strahlen des Trostes für die Gläubigen, eben durch Erinnerung an Jes. 63 und an den Zorneskelter, den Jesus Christus für uns auf Golgatha hat treten müssen.

Gleichwie V. 14—20 enthielten eine Ergänzung des Sieges und der Herrlichkeit des Lammes, von der V. 1—13 die Rede war, so folgt nun hier wieder eine Ergänzung zu dem zuletzt bezeichneten Gerichte der Welt, nämlich eine Vorherverkündigung von künftigen besondern vorläufigen Gerichtskatastrophen, die dem allerletzten Zorngerichte vorausgehen werden. Diese Vorherverkündigung folgt im 15. und 16. Kapitel in der Vision der sieben Zornesschalen. Im Ganzen gehören also diese zu dem dritten Wehe. Damit dieser Theil der Apokalypse uns recht wichtig sei, so geht eine Einleitung im 15. Kapitel voraus, nämlich die Vision einer Scene im Himmel, welche einen Gott lobpreisenden

Kapitel 15.

Chor von Auserwählten darstellt. Die Lehre der sieben Zornesschalen dem Hauptinhalte nach ist: Vor dem letzten Weltgerichte werden schon strafende Endkatastrophen vorausgehen. Da wird Christus ebenfalls das A und das O sein, denn was er selbst in dieser Beziehung einst geweissagt hat Matth. 24, das wird dann zur Ehre seines Namens in Erfüllung gehen. — Die hier angekündigten Endplagen erinnern an die zehn ägyptischen Landplagen und da unter diese Kategorie eine gewisse Endkatastrophe nicht gebracht werden konnte, so wird diese letztere im 20. Kapitel im Besondern nachgebracht und spezieller angekündigt, es ist das Auftreten des Gog und Magog, wiewohl er jedenfalls auch Kap. 16, 16. schon bezeichnet ist.

Kap. 15, 2. Das Meer von Glas und Feuer. Da die Auserwählten im Himmel um dasselbe lobpreisend stehen, so kann es nichts anders sein, als ein Bild vom Vaterherzen Gottes in Christo oder von seiner erlösenden Liebe und Erbarmung in Christo. (Vergl. zu Kap. 4, 6.) Es ist ein Meer, denn diese seine Liebe ist groß. Joh. 3, 16. Es ist von Glas, also lauter und ohne den geringsten Makel und Hintergrund. Gottes Liebe in Christo ist zugleich voller Inbrunst und ihr Feuer ist unauslöschlich in Zeit und Ewigkeit. Darum singen die Umstehenden das Lied Mosis, welches er nach 2. Mose 15 sang nach erlangter Errettung aus dem Verderben, d. h., sie loben und preisen Gott für ihre Errettung durch Christum. Indem wir dies auf Erden mit ihnen thun, stimmen wir also in ihren Chor vorläufig schon ein. — Statt: du König der Heiligen, im 3. Verse, setzt eine andere Lesart: du König der Heiden, wie es auch Jer. 10, 7 heißt.

B. 5. Hier wird der Tempel zugleich Hütte des Zeugnisses genannt zum Zeichen, daß diejenigen nun in Betracht gezogen werden sollen, die das Zeugniß oder Gesetz Gottes freventlich mit Füßen getreten haben. „Schrecklich für die Welt, freudig mit Zittern für die Kirche!"

Das Ausgießen der Zornesschalen erinnert an ein entgegengesetztes Ausgießen von Seiten Gottes, an das Ausgießen des heiligen Geistes, welches vom barmherzigen Gott allem Fleisch angeboten, aber von der Welt als solcher verschmäht wird.

Nach B. 7 gab eins der vier Thiere (vergl. 4, 6) den Engeln die Zornesschalen. Diese vier Thiere sind Repräsentanten der gesammten irdischen (lebenden) Kreatur. Welch ein Wink! Sogar die von der Welt gemißbrauchte vernunftlose Kreatur wird erheischen, daß die gottlose Herausforderung Gottes gezüchtigt werde. Die Schalen von Gold sind Symbol der Reinheit und der Autorität.

B. 8. Der Rauch deutet auf eine zürnende drohende Erscheinung. Vergl. 2. Mose 19, 18. 2. Mose 40, 34. Die im 8. Verse geschilderte Unnahbarkeit des Tempels ist ein Symbol der intensiven Gegenwart des Gottes von energischem Rechtseifer. Wohl dem, der Gott zum Freunde hat.

Kap. 16. Hier heißt es nun für alle Ausleger auf Erden: manum de tabula! Wenn auch in vielen Versen Anspielungen auf verwandte Stellen im alten Testamente vorkommen, so läßt sich dennoch aus dieser

Vergleichung kein Schluß ziehen, welche spezielle künftige Begebenheiten als vorbereitende Endkatastrophen („letzte sieben Plagen" Kap. 15, 1) hier bildlich verkündigt werden. Dies brauchen wir auch nicht zu wissen, gleichwie vor Christo man nicht zu wissen brauchte, daß der geweissagte Vorläufer Christi, Johannes, des Zacharias Sohn, dieses Individuum sein werde. Wenn wir nur vorläufig von den sieben Zornesschalen der Zukunft den Nutzen haben, welcher Kap. 15, 3. 4. 16, 15 angegeben ist. — Kap. 16, 7 soll die bessere Lesart sein: und ich hörte den Altar sagen.

V. 15. Die Warnung vor dem Bloßwandeln bedeutet, daß Jeder, der Jesum Christum angezogen hat, ihn nicht wieder ablegen soll, auch auf kurze Zeit nicht, sondern wir sollen in ihm beständig wandeln. Kol. 2, 6.

V. 16. Harmageddon heißt: Berg von Megiddo, wo einst der fromme König Josias vom ägyptischen Könige besiegt und getödtet wurde. 2. Kön. 23, 29. 30. Dies geschah nämlich im Thale bei diesem Berge. Der Sinn ist, daß künftig einmal der Hauptstreich gegen die Kirche nicht zu ihrer Niederlage gereichen wird, sondern sie wird da an ihren heidnischen Feinden gerächt werden. Jedenfalls ist hier eine Hindeutung auf das Attentat von Seiten des Gog und Magog auf die Kirche. Vergl. Kap. 20, 8., wo einige Worte wie hier gleich lautend vorkommen.

V. 17. Es ist geschehen. Dies Wort drückt aus, daß jetzt schon jeder Gläubige bei diesen Enthüllungen, erfüllt von Zuversicht, im Geiste im Voraus sagen kann: Es ist so gut und gewiß, wie vorüber mit jeder gottfeindlichen Macht und Auflehnung, das Reich Gottes muß uns bleiben. Die siebente Zornschale hat eine Aehnlichkeit mit der siebenten Posaune. Kap. 11, 15—19. Indessen ersieht man aus Kap. 16, daß hier zuletzt bei der 5. 6. und 7. Schale die Plagen mehr auf die gottfeindlichen Mächte berechnet sind, dort aber bei der 7. Posaune als Gerichts=Posaune auf die gottlosen Menschen überhaupt. Jedoch dürfte im 19. Verse unter Babylon immer wieder die gottlose Welt überhaupt zu verstehen sein, folglich ist hier im 19. und 20. Verse ein großer Verfall aller großen Weltstädte und Weltreiche geweissagt. Die drei Theile, in die Babylon zerfallen soll, können sein: 1) die Welt im frechen und lasterhaften Unglauben. 2) die Welt im antichristischen Aberglauben (z. B. bigotte Juden, Muhamedaner, Heiden). 3) die Welt der Heuchler. — Hagel als ein Centner, oder groß wie ein Talent beträge circa 60 Pfund. Es ist ein Bild von der letzten großen Weltplage, also nicht eigentlicher Hagel ist zu denken, sonst hörte es auf, Vision und Bild zu sein.

Die sieben Zornesschalen entsprechen der Weissagung Christi Matth. 24, 21. Bei den sieben Siegeln erhält man Antwort auf die Frage: Wie läßt sich die Zulassung des Sündenfalles und der Folgen davon bis zum jüngsten Tage vereinigen mit einer göttlichen Weltregierung? Gottes Gnade in Christo ist die Lösung dieses Räthsels. Die sieben Posaunen beantworten specieller die Frage: Wie lassen sich die unglücklichen, schrecklichen, von Gott zugelassenen Erscheinungen und Be=

Kapitel 17.

gebenheiten vereinigen mit der göttlichen Weltregierung? Antwort: Die Gnade Gottes geht immer zur Seite, welcher nicht will den Tod des Sünders, sondern daß er Buße thue und lebe. Die sieben Zornesschalen beantworten die Frage: Wird diese Gnade immer ganz gleich bis an's Ende den göttlichen Gerichten zur Seite gehen? Die Antwort ist: Nein, gegen das nahe Weltgericht hin wird die Gnadenzeit dem Sünder abgekürzt werden und die vergeltende Gerechtigkeit Gottes mehr in den Vordergrund treten.

Wenn es erlaubt ist, Muthmaßungen über die Plagen der Zornesschalen auszusprechen, so könnte man sagen: Kap. 16 V. 2 bedeutet die arge Drüse vielleicht auftretende neue Krankheiten des Leibes und des Geistes. V. 3 könnte gemeint sein Verführung der Christen, die sich in die Welt und in den Abfall hineinbegeben, ohne daß einer sich wieder bekehrt. Da hilft dann alle Seelsorge und innere Mission nicht mehr. Blut wäre hier Zulassung, daß der Sünder seinen Lauf nimmt. V. 4 kann gemeint sein, daß dann auch die Kirche und Religion und die Schule zum Verführen, Sündigen und Tödten gemißbraucht werden wird. V. 8 könnte eine besonders heiße Bußpredigt Gottes gemeint sein. V. 10. 11 Krieg Aller gegen Alle, Kannibalismus, Extrem und Ende der Pöbelherrschaft. Vorspiel hiervon in Frankreich zur Zeit der Revolution. V. 12 ist wohl der Gog und Magog geweissagt. Die drei froschähnlichen unreinen Geister sind wahrscheinlich: a) Unglaube, b) Aberglaube, c) Heuchelei, Gemisch aus jenen beiden. Ueber V. 19 und 20 ist schon gesprochen worden.

Kapitel 17 und 18 enthalten den Schluß des zweiten Untertheiles vom zweiten Haupttheile der Ausführung, betreffend die Verherrlichung Christi als A und O durch Besiegung seiner Hauptfeinde, welche einzeln mehrfach aufgeführt werden. — Der erlangte Sieg des Lammes über alle Feinde, also auch über die antichristischen beiden Thiermächte wird im 14. Kapitel, wie wir gesehen haben, gefeiert und geschildert. Das Siegen bestand hauptsächlich auch im Gerichthalten über die Feinde. — Am speziellsten wird nun Beides, Sieg und Gericht über die Mutter des systematischen Antichrist, über die antichristisch gesinnte Welt im Folgenden beschrieben. Im 17. Kapitel wird gezeigt, wie die eigenen Kinder der Welt, nämlich die gottfeindliche Weltmacht und das gottfeindliche falsche Prophetenthum die trotzige, hochmüthige von Glück und Sieg träumende Welt nur selbstsüchtig ausbeuten und im 18. Kapitel wird gezeigt, wie die Welt nach göttlicher Gerechtigkeit endlich der Vernichtung preisgegeben wird. So werden denn in diesen beiden Kapiteln schließlich die gottfeindlichen Mächte auf Erden, die Gehülfenschaft des Satan, so zu sagen, abgethan, denn Kap. 17, 11 steht ausdrücklich, das siebenköpfige Thier fährt in die Verdammniß und aus Kap. 19, 20 ersehen wir, daß, wo dieses Thier bleibt, auch das andere lammähnliche Ungethüm hart dabei ist. Folgerichtig folgt dann im 19. Kapitel die himmlische Lobpreisung für diesen Endsieg. In dieser Lobpreisung werden die besiegten und vernichteten Feinde noch einmal erwähnt, jedoch in umgekehrter Reihenfolge, weshalb im 20. Kapitel auch der Sieg über den Satan noch einmal erhoben wird. Darum steht dieser Dankpsalm an seiner richtigen Stelle, nämlich im 19. Kapitel, während, wenn im 20. Kapitel ein ganz neues Ueberwinden und Binden des Satans gemeint wäre, der himmlische lobpreisende Chor hinter das 20. oder gar hinter das 21. Kapitel gehört hätte. Die Apokalypse hat für die Ueberwindung des Satans durch Christum auch, wie zu erwarten, einen besonderen Dankpsalm, welcher an seiner richtigen Stelle angebracht ist, nämlich im 12. Kapitel, gleich nachdem der Sieg über den Satan beschrieben worden. Eine fast babylonische Verwirrung in der Auslegung entsteht hier bei den letzten sechs Kapiteln, 1) wenn man die letzten vier Kapitel nicht als Epilog und summarische Wiederholung, Ergänzung beziehendlich und das neue Jerusalem als Schlußrefrain der Apokalypse ansieht; 2) wenn man durchaus behauptet, daß mit der Hure Babel nur eine bestimmte alte Weltstadt, entweder Rom oder Jerusalem gemeint sei, wodurch ja eigentlich die Vision schon viel von ihrem allegorischen Charakter einbüßt. Auch das Papstthum kann nicht mit Babel gemeint sein, weil dasselbe doch nicht die Mutter der Hurerei (Abgötterei) und aller Gräuel genannt werden kann, wie im 5. Verse zu lesen. Auch auf die Stadt Rom oder Jerusalem, oder überhaupt eine einzelne Weltstadt paßt dies Merkmal im 5. Verse durchaus nicht, wohl aber auf die „Welt." Auch was Kap. 18, 23 steht, paßt weder auf's Papstthum, noch auf eine Weltstadt. Das allergrößte Babel, die Mutter aller Hurerei gegen Gott und Menschen und aller Gräuel ist die Welt, die verkörperte Lüge des Satan, repräsentirt durch jede Weltstadt, wo das Antichristenthum zu Hause ist, oder das gottfeindliche Jagen nach kurzem Scheinglücke, nach süßem, wenn auch noch so schändlichem, giftigen Vergnügen. Daher giebt ihr die Apokalypse den Zunamen Hure. Daher, weil die Welt die Kreuzigung Christi ausgeführt hat, die Welt, kombinirt aus Juden und Heiden, bekommt sie Kapitel 11, 2 gleichsam in einem Athem die Zunamen: Sodom, Aegypten, große Stadt. Bekanntlich ist beim Johannes im Evangelio und in seinem ersten Briefe das Wort Welt ein stehender Ausdruck und Begriff. Daher kann auch die Apokalypse diesen Begriff nicht umgehen, aber sie bringt ihn bildlich unter der Bezeichnung Bileamiten, Nikolaiten, Hure, Babel, oder die große Stadt. 1. Joh. 2, 17 sagt Johannes: die Welt vergeht mit ihrer Lust. Dies ist der Text, der hier gleichsam in einer Rhapsodie ausgesponnen wird im 17. und 18. Kapitel. Die Gläubigen des Herrn sollen treu ausharren und niemals die Weltkinder um ihre Weltlust beneiden, sondern im Geiste voraussehen, was es mit derselben und einst mit der ganzen sündlichen Welt für ein jämmerliches Ende nehmen wird. Die Apokalypse wiederholt hier, was der Herr Joh. 16, 33 meint: Solches habe ich zu euch geredet, daß ihr in mir Friede habt. In der Welt habt ihr Angst, aber seid getrost, ich habe die Welt überwunden.

V. 1. Daß einer von den sieben Engeln zu Johannes kommt, die die Zornesschalen ausgegossen hatten, bedeutet, daß die Welt unter dem Zorne Gottes sich befindet. Die da auf vielen Wassern sitzt, dies ist eine Andeutung der großen Mehrheit (der kolossalen Majorität) unter allen Völkern der Erde.

V. 2. Mit welcher gehurt haben die Könige der Erde,

Kapitel 17.

heißt es hier, weil die antichristischen Machthaber der Erde allezeit mit der Welt gemeinschaftliche Sache gegen die Kirche bereitwilligst zu machen pflegen. Und wiederum von der Bereitwilligkeit der Welt, gegen Christum zu agiren, lassen sich jene ganz betäuben und sind stolz darauf, die Stimmenmehrheit für sich zu haben.

V. 3. **Und er brachte mich im Geiste in die Wüsten.** Hier ist wie im 12. Kap. und sonst das Wort Wüste Symbol der durch Buße und Weltentsagung gehobenen Gemüthsstimmung. Da ist man erst im Stande, im Geiste den jammervollen Flitter und künftigen elenden Ausgang der Welt zu schauen. Im 16. Verse steht, daß die Hure **wüste gemacht** wurde. Hier heißt es aber von Johannes, daß er in die Wüste kam. Diese Wüste ist demnach eine gar andere, als jene. Die antichristische Machthaberei, besonders die in einer etwaigen rothen Republik ist die beste Stütze für die gottlose Welt, darum sieht Johannes hier die Hure sitzen auf dem rosinfarbigen siebenköpfigen Thiere, das noch dazu diesmal ohne Kronen erscheint.

V. 4—6 wird nun die Welt in der goldenen Zeit ihres Uebermuthes und ihrer Christusfeindschaft gezeichnet.

V. 5 lautet eigentlich: Und an ihrer Stirn einen Namen geschrieben: Geheimniß, Babylon, die Große, die Mutter der Huren und der Gräuel der Erde. Sie selber hat's nicht dahin geschrieben, sondern Johannes im Geiste sieht diese Inschrift. Der Sinn ist: Unbegreiflich ist, wie Jemand so etwas Gottfeindliches in solchem Grade werden kann und das noch unter Gottes Zulassung. Darum folgt V. 6.: „Und ich verwunderte mich sehr."

Einen etwas anderen Charakter haben die Visionen in den letzten Kapiteln der Offenbarung, indem hier den eigentlichen Gesichten auch längere Reden oder Erklärungen von Engeln oder Stimmen aus dem Himmel beigefügt sind. Dadurch kommt es, daß an manchen Stellen die bildliche Offenbarung in eigentliche unbildliche Redeweise überzugehen scheint. Dennoch aber bekommen diese Visionen nicht den Charakter poetischer Einkleidung oder fingirter Visionen, weil Johannes, wie man sieht, nicht **seine** Belehrung einflicht, sondern schauend, hörend und in der Ekstase bleibt. So z. B. hier bei dem Unterrichte, den er Kap. 17, 7—18 von dem Engel empfängt. Jeder sieht auch, daß von V. 7 an nicht eine **buchstäblich** zu nehmende Deutung vom Engel gegeben wird, denn da müßte ja z. B. ein wirkliches Thierungeheuer zum wirklichen Vorschein kommen. Es ist Deutung in neuen Bildern. Der Sinn von V. 8 ist der: Jetzt ist dir dies verwunderlich, unbegreiflich, die Welt in solcher Blüthe, in solchem Trotze zu sehen. Das Verwundern wird aber auf die Weltkinder selber übergehen, denn die Welt und ihre Ausgeburten, die antichristische Staatsgewalt und das antichristische falsche Prophetenthum, wenn sie auch immer wieder zum Vorschein kommen, sie nehmen doch ein jämmerlich Ende. Die Welt vergeht mit ihrer Lust, das ist das Ende von ihrem Liede, dies die Auflösung des wunderlichen Geheimnisses jener euch unbegreiflichen Zulassung Gottes.

Damit nun war zugleich dem Johannes und seinen christlichen Zeitgenossen zum Troste speziell mit der bevorstehende Untergang der gottfeindlichen, antichristischen römischen Weltmacht verkündigt und hingewiesen, wie ja auch die früheren gottfeindlichen Weltmächte einander abgelöst hatten und untergegangen waren, worauf die Vision hier ebenfalls hindeutet und solches in Betracht gezogen wissen will.

Da bei V. 9 des 17. Kap. die Vision ihren Fortgang hat, so darf man auch bei dieser scheinbaren Deutung, die hier vorkommt, nicht eine eigentliche Deutung des Thieres, seiner Häupter und Kronen erwarten. Die Anfangsworte: Hie ist der Sinn, da Weisheit zu gehört, diese Worte selbst mahnen zur Vorsicht und Bescheidenheit. Man vertraue nicht dem eignen Wissen und Urtheilen. Man erhole sich Weisheit von Oben, aus der Bibel und aus der Geschichte.

Das siebenköpfige Thier im 13. und 17. Kap. ist offenbar das, was beim Propheten Daniel Kapitel 7 und 8 in verschiedenen Thiervisionen vorkommt. So ist denn der 9. Vers hier in Kap. 17 nur eine bildliche Erklärung, das heißt Vertauschung der Bilder mit andern behufs der Erklärung. Z. B. die sieben Berge hier sind nicht die sieben Hügel Roms, wenn auch eine Anspielung darauf, weil nach Kap. 13, 3 ein Haupt tödtlich verwundet war und ein Berg konnte da nicht füglich gemeint sein, auch Könige nicht, denn waren denn nicht mehr als sieben gottfeindliche königliche Individuen? Wohl aber können wir uns unter den Bergen Reiche der Erde denken, welche von der römischen Weltmacht annektirt waren. Die Zahl sieben ist dann bei den Bergen eine symbolische Zahl und nicht mathematisch zu nehmen. Wenn man aber unter dem Weibe die Welt versteht und bedenkt, was alles an weltförmigen Gestaltungen unter der Aegide der sieben Häupter, oder des Thieres, d. i. der weltlichen Staatsgewalt, allmälig producirt worden, so sitzt das Weib, d. h. so ruht gleichsam die Welt oder die Weltlust und der Komplex ihr fröhnender Weltkinder auf folgenden Stützpunkten: 1) auf der weltlichen, indifferenten oder gar antichristischen Staatsgewalt, welche jetzt von Neuem angestrebt wird, trotzdem, daß es bezüglich der Ehe und des Eides mit einem religionslosen Staate nicht gehen will; 2) auf der Weltweisheit, die a priori einer geträumten Freiheit wegen religionslos sein will und dadurch zugleich jedem Verbrecher das Recht zu seiner Privatweltweisheit einräumt; 3) auf der weltförmigen Geistlichkeit und Kirche, welche Jer. 15, 19 sich ganz aus dem Sinn geschlagen hat; 4) auf dem weltlichen progressiven Luxus und bösem Beispiele in allen Ständen, besonders in den höheren; 5) auf den weltlichen Erfindungen; 6) auf der weltlichen Civilisation oder äußerlichen glatten Abrichtung; 7) auf dem angeborenen sündlichen Hange des Menschen zur Welt und zum Hochmuthe. Auf allen diesen Stationen findet sich etwas von der babylonischen Hure.

V. 9. Und sind sieben Könige. Das heißt, die sieben Häupter bedeuten die circa sieben auf einander folgenden Weltmächte und diese wieder bedeuten den Antichrist, namentlich die antichristische politische Machthaberschaft. Johannes sieht in der Offenbarung überhaupt abstrakte Begriffe in konkreten Bildern; so sieht er hier das antichristische Ankämpfen von Seiten der Staatsgewalt als ein Wesen, daher die Gestalt des Thieres mit sieben Köpfen, obgleich die sieben

Kapitel 17.

Weltherrschaften nicht zu gleicher Zeit da waren, sondern auf einander gefolgt sind. Nach der Weissagung Daniels gab es vier Weltmonarchien, die von Gott dem Untergange bestimmt waren: die chaldäische, medopersische, griechische und römische. Die Geschichte und die heilige Schrift kennt noch zwei, welche jenen vorausgegangen sind: die ägyptische und assyrische. Jes. 52, 4. 5. 10, 24. 26. Die zehn Hörner haben beide gesehen, Daniel und Johannes. Kap. 17 V. 12 heißt es: Die zehn Hörner sind zehn Könige. Wäre dieses wirkliche Deutung und nicht Vision, nicht Theil noch von der Vision (Vergl. V. 7), so müßte man zehn einzelne königliche Individuen darunter verstehen. So aber ist auch das Wort Könige eine neue bildliche Bezeichnung. Wovon? Die aus dem römischen Reiche nach und nach hervorgegangenen europäischen Königthümer können nicht gemeint sein, denn es sind viel mehr als zehn und sie sind ihrer Idee nach nicht antichristisch, sondern christliche Staaten. Wie kann man z. B. England für einen Theil des Antichrist halten, welches in allen Welttheilen sich des Christenthums annimmt? Auch wissen diese Königthümer nichts von einem Hasse gegen die Hure Babylon (V. 16), sondern vegetiren halb christlich, halb weltlich fort, bis je und je die zehn Könige kommen und die „siebente" Weltmacht etabliren, das sind die, der Zahl nach nicht wenige, doch nicht genau zu bestimmenden antichristischen weltlichen Machthaber, die durch „die rothe Republik" oder etwas dem Aehnlichen an's Ruder kommen und zu verschiedenen Zeiten durch ihre tapfern Vorläufer einstweilen vertreten werden. Wenn man sagen wollte, die zehn Könige seien die europäischen Hauptstaaten, weil sie politisch an die Stelle des alten römischen Reiches gekommen seien, und die Völker der zehn Könige, die germanischen seien für Rom ein Salz geworden, so ließe sich das nicht vereinigen mit dem, was Kap. 13, 1 und 17, 16 gesagt ist. Die zehn Könige müssen jedenfalls etwas bedeuten, das auf den Kopf des ersten Thieres gehört. Sie können nichts Gutes bedeuten. Sie werden an der Lästerung Theil nehmen. Sie werden im schmählichsten Egoismus agiren (V. 16). Sie werden das Antichristenthum dekretiren. Es werden meist ungekrönte Häupter, Emporkömmlinge sein, daher bleiben 17, 3 die Kronen weg von den Hörnern, obgleich sie herrschsüchtiger sind wie Könige, weshalb 13, 1 die Hörner Kronen tragen. Die gottfeindliche Monarchie und Aristokratie giebt's dann nicht mehr, sie ist „gewesen", die Völker sind „frei" und regieren sich selbst. Nun soll aber der Thiererscheinung zufolge dieses siebente Vielherrscherthum aus dem sechsten Weltreiche, aus dem römischen hervorgehen, während doch dies Vielherrscherthum effektive noch nicht da ist, obgleich das römische Reich längst aufgehört und sich in eine Anzahl europäische Reiche aufgelöst hat. Man könnte einestheils sagen, daß dieser Zusammenhang, den die Geschichte nicht hergiebt, zum Charakter der Vision gehört und auf ihre Rechnung kommt, gleichwie die sieben Häupter auf einmal dem Johannes sichtbar wurden, während doch die Weltreiche der Vorzeit nach einander gefolgt sind. Andertntheils kann man getrost behaupten, daß durch die nie gänzlich schlafen gegangene, religionslose Demokratie, systematische, in den Staaten und in vielen Köpfen spuckende Revolutionslust und Sucht zu herrschen statt zu gehorchen, doch immer ein gewisser Zusammenhang da ist zwischen dem früheren und dem letzten politischen Antichrist.

Für das kleine Horn, das in Daniels Vision vorkommt, hat Johannes den Gog und Magog im 20. Kapitel, der aber auch früher schon, z. B. 11, 7. 13. 16, 14—16 sich angedeutet findet. Daniel faßt den Endsieg in's Auge. Johannes auch den vorläufigen Sieg Christi und seiner Treuen. Schön, gleichsam in nuce wird dieser Sieg im 19. und 20. Kapitel noch einmal produzirt. Daß Kap. 13, 3 eine tödtliche Wunde an dem einen Haupte als Gegenstück zur Wunde des Lammes, des erwürgten, aber wieder lebendigen und sieghaften Lammes erwähnt wird, wie auch das Kap. 17, 8—11 gemeldete Kommen und Gehen des Thieres soll ein Vorzeichen sein der künftigen gänzlichen Vernichtung des Thieres durch Jesum das A und O und zwar beim Untergange der siebenten antichristischen Weltherrschaft, der gottfeindlichen ochlokratischen Machthaberei, die nach Kap. 17, 10 eine nicht zu lange Zeit sich behaupten wird, wenn sie auch scheint die letzte zu sein auf Erden und bis gegen das Ende der Welt hin zu dauern. Die gottfeindliche Monarchie und Aristokratie ist dann „gewesen" (V. 8), d. h. unterdrückt.

Kap. 17 V. 11. Das Thier, das gewesen ist und nicht ist, das ist der Achte und ist von den Sieben. Namentlich bei diesem Verse ersieht man, daß, wenn man die ganze Stelle vom 7. Verse an nicht als Vision, sondern als eingeflochtene Deutung einer Vision buchstäblich nehmen will, in diesem Verse fast kein Sinn enthalten ist. Die ganze scheinbar hier gegebene Deutung ist aber immer wieder von Neuem Vision und Allegorie und so ergiebt sich denn ganz ungezwungen dieser Sinn aus dem 11. Verse: Es wird angekündigt, daß ein Achtes kommen wird von den Sitten und Verderben, wie die sieben antichristischen weltlichen Machthaberthümer, aber es wird dies Achte kein Herrscherthum sein, wenn auch antichristisch wie die Sieben, sondern nur ein letzter wilder Tumult des Gog und Magog, ohne Haupt oder Spitze, gleichsam der kopflose Rumpf des ersten Thieres, eine unorganisirte rohe Masse antichristischer Menschen und Gemisch von alten und neuentstandenen Heiden. Noch einmal und ergänzungsweise zugleich geschieht davon Erwähnung im Epiloge der Apokalypse Kap. 20, 7—9.

V. 12. Wie Könige werden sie eine Zeit Macht empfahen mit dem Thiere. In diesem Verse wendet sich die Vision wieder zur Betrachtung der oben schon erwähnten zehn Hörner, oder zehn Könige, das sind die ochlokratischen antichristischen Machthaber. Darum steht hier: wie Könige. Fast jeder neue Vers bringt einen Beweis, daß auf diese Weise der Deutung das scheinbar Verworrenste in diesem Kapitel nicht blos Sinn enthält, sondern im richtigsten Einklange steht zum Ganzen, zu den Theilen, zur Geschichte und zur Erfahrung unserer Tage. — Wo gäbe es in unseren Tagen antichristische Menschen und Agitatoren, die sich nicht zugleich für die allerbesten Volksfreunde, für die fähigsten Volksberather und Volksleiter halten und nach Befinden dafür ausgeben? Ist von ihrer Seite aus nicht schon zu hören und zu lesen gewesen, daß erst nach Aufhebung der Kirche und des christlichen Schulunterrichtes das wahre Volkswohl sich werde begründen und herbeiführen lassen? Da es mit dem satanischen Verderben der Menschen mittelst des Antichristenthums nur um so schneller abwärts geht und gehen muß, so ist es wohl nicht zufällig, auch dem heiligen Geiste nicht übel zu deuten, daß er jenes grausige Regiment hier in der Apokalypse unter dem Bilde der Hörner dem Johannes erscheinen läßt. Auf der einen Seite also ruft und lockt bereits diese Hörnerschaft: Kommt her zu mir Alle! auf der anderen Seite das siegende Lamm Gottes, welches die Menschen vom satanischen Verderben erlösen und dafür zu seligen Gotteskindern und Erben erheben will und dazu ist und bleibt das A und O, wenn jene, die Leiter und ihre Geleiteten beide längst werden in die Grube gefallen sein. Ps. 2. Hes. 18, 21—28. Luk. 23, 39—43. Luk. 15. — Der bezüglichen politischen Zukunftsschau der Apokalypse scheint auch das moderne politische Streben der Völker und ihrer Agitatoren hier und da zu entsprechen. Joh. 8, 36. Ap.=Gesch. 17, 26. 27.

V. 13. Diese haben eine Meinung, d. h. allesammt haben die antichristische Gesinnung und weihen ihre Zeit und Kraft dem Antichrist, anstatt Christo. Vergl. V. 14. Da vorläufig schon hier und da das Volk an die wenigstens theilweise Einziehung der Kirchengüter gewöhnt wird und kirchliche Dotationen in Staatsrenten ersetzt werden, so ist für die künftigen ochlokratischen antichristlichen Machthaber der Weg schon gebahnt und die Versuchung gewiß unwiderstehlich, an die Aufhebung des Christenthums wenigstens äußerlich Hand anzulegen. — Das sind bange Aussichten für die kleine Heerde des Herrn, die dann noch übrig sein wird. Luk. 12, 32.

V. 14. Daher enthält dieser 14. Vers einen himmlischen Trost für das bangende Christenherz: Das Lamm wird sie alle überwinden, es ist ein Herr aller Herren und ein König aller Könige und mit ihm die Berufenen und Auserwählten und Gläubigen. Unzählige viel schlimmere Stürme und Feinde, besonders auf Golgatha, hat das Lamm schon überwunden und sein Reich hat sich gemehrt und mehrt sich noch, ob Märtyrerblut in Strömen vergossen würde. Daraus und aus der göttlichen Verheißung folgt unumstößlich, alle seine Feinde, auch künftige, löcken nur wider den Stachel, oder wie Luther sagt, gleichen großbauchigen tönernen Töpfen, die trotzig gegen den Fels ihren Anlauf nehmen. Der 14. Vers besagt zugleich, daß alle jene unbegreiflichen Zulassungen Gottes ihren Aufschluß finden werden in dem herrlichen Siege Jesu und seiner mitsiegenden Berufenen, Gläubigen und Auserwählten.

V. 15. Johannes hatte laut V. 1 das Weib auf dem Thiere am Meere gesehen. Völker, Schaaren, Heiden und Sprachen sollen durch die Wasser angedeutet sein. Dies ist eine Hindeutung mehr, daß unter dem Weibe die Welt im moralischen Sinne zu verstehen ist. Gleichwie die beiden Thiere Feinde und Gewächse aus der Menschenwelt bedeuten, welche bis zum Tage des Gerichts und der Vernichtung perenniren und zu dämpfen sind, also auch der dritte Feind Christi, dies Weib, die Hure Babel.

9*

V. 16. Hier finden wir eine recht bezeichnende bildliche Schilderung des gräßlichen Eigennutzes, aus dem die ochlokratischen antichristischen Machthaber über die ihnen sich zu Füßen legende Welt regieren und selbige für sich ausbeuten werden. Es ist ihnen im Grunde und nach Befinden blos um Genuß, um Ehre und um Befriedigung ihrer Herrschsucht zu thun. Wo Finsterniß ist, da erwarte man aus ihr selbst heraus kein Licht. Das Fleischessen kann man auf die Militärconscriptionen und auf mörderische gelieferte Schlachten und dergleichen deuten. Das mit Feuer Verbrennen würde sich unter andern am buchstäblichsten erfüllen durch Begünstigung und respektive Beförderung der Laster, als der Trunksucht, namentlich mit dem „Feuerwasser" u. a.

V. 17. Hier heißt es, daß unvermerkt darin schon Gottes Gerichte vorspielen. Jedoch geben diese Machthaber ihr Reich, d. h. ihren Einfluß nicht Gott, sondern dem Antichristenthum, bis die Worte der Siegesverheißung von Gott sich ganz erfüllen.

V. 18. Der Inhalt ist: Das Weib bedeutet die Welt, denn die ist die größte Stadt, ohne sie können keine Könige sein. Wahre Kinder Gottes und die Kirche bedürfen keiner Fürsten mit Heeresgewalt, mit kleinen und groben Geschützen, mit Herrschergewalt mit dem Richtschwerte. Jede gottlose Weltstadt ist aber Repräsentantin und Verkörperung der Welt und der satanischen Lüge. 1. Mose 3, 1—8. Matth. 4, 9.

Dr. Hengstenberg sagt auch: „Der Gegensatz, der sich schon durch das ganze alte Testament hindurch zieht, ist der von Kirche und Welt." Vergl. Matth. 18, 7. Joh. 15, 18. 16, 20. 17, 16. Röm. 12, 2. 1. Kor. 11, 32. Gal. 1, 4. Jak. 4, 4. 2. Tim. 4, 10. Pf. 17, 14.

Kap. 18. Verstehen wir unter dem Weibe die Welt, so gewinnt dies Kapitel nicht nur ein leichtes Verständniß, sondern auch eine Bedeutung, die es bei keiner andern individuellen Deutung haben kann. Am Anfange des zweiten Haupttheiles kam in den Visionen ein Weib vor, das Sonnenweib, Bild und Verkörperung gleichsam des Schönsten und Erhabensten, das es für uns arme Sünder geben kann, nämlich der Liebe und Erbarmung und Zuneigung Gottes in Christo. Nun erscheint am Ende des zweiten Haupttheiles in den Visionen auch ein Weib, Bild und Verkörperung gleichsam des Widerlichsten und Empörendsten, was es von Seiten der Menschheit geben kann vor Gottes Augen, nämlich der perennirenden Abneigung und Verachtung von Seiten des Menschengeschlechtes gegen Gott, was sich in der Welt fortzüchtet. Diese Planmäßigkeit der Disposition dürfte zugleich ein Beweis sein von der Richtigkeit ihrer hier geschehenen Angabe. Schon wegen dieser Concinnität muß hier unter dem bösen Weibe etwas Größeres gemeint sein, als blos eine einzelne Stadt oder das Papstthum. Auch passen die beiden Verse 3 und 24 gar nicht auf so eine einzelne Stadt oder das Papstthum. „Wie konnte sich auch wohl dieses Trostbuch, die Apokalypse so ausführlich mit dem Untergange einer einzelnen Weltstadt beschäftigen, welche nach kurzer Zeit vorüber war?" Das 18. Kap. enthält einen visionären rhapsodischen Siegsgesang über den Untergang der „Welt" (Welt in moralischer Bedeutung), welcher einst im Großen bevorsteht, einstweilen aber schon

Kapitel 18.

partiell zu sehen gewesen ist in dem Untergange großer Weltstädte, wie Babylon, Ninive, Jerusalem, Rom, Ephesus, Tyrus. Ja wenn ein rechtes Weltkind stirbt, so ereignet sich jedesmal „in einer Stunde" (V. 17) subjectiv, was hier im 18. Kap. objectiv dargestellt wird. Dieses Kapitel ist ein ausführlicher Commentar zu jenem johanneischen Motto: Die Welt vergeht mit ihrer Lust. Mit dieser Deutung stimmen nun auch ganz und gar die Worte des vierten Verses: Gehet aus von ihr, mein Volk, daß ihr nicht theilhaftig werdet ihrer Sünden. So haben diese Worte nun für alle Christen zu allen Zeiten eine immerwährende Bedeutung, während, wenn blos Jerusalem oder Rom gemeint sei, jene Worte nur die damals in jener Stadt gerade anwesenden Christen angingen. V. 4 sagt: Habt nicht lieb die Welt, noch was in der Welt ist. Dieser Vers erinnert auch zu sehr an 2. Kor. 6, 17, welche Stelle Johannes scheint gekannt zu haben. Vergl. Jes. 48, 20.

V. 6 und 7. Hier sagt die Vision: Ich werde ein gerechtes Gericht über sie halten. Buchstäblich genommen wäre hier eine Aufforderung zur Selbstrache enthalten. Das kann in der Offenbarung nicht gemeint sein.

V. 9—11. Das hier Gesagte erfüllt sich partiell, wenn ein reiches, üppig lebendes Weltkind stirbt und verdirbt. Etwas von V. 9—19 geht leider so eben durch den amerikanischen Bürgerkrieg theilweise buchstäblich in Erfüllung. Die Worte: „in einer Stunde ist sie vernichtet" gehören zur Vision, drücken eine kurze Zeit im Allgemeinen aus und erfüllen sich in Wirklichkeit und vorläufig, so oft eine Weltstadt oder ein Weltreich durch Krieg und Verwüstung vom Gipfel äußerlichen Wohlstandes und Uebermuthes im Kriege sehr schnell herunter kommt, oft so, daß kein Sichwiedererholen darauf folgt. Was war Rom einst als Welthauptstadt und was ist es jetzt? Wie viel Bettler und Gesindel mag es in sich bergen in unverhältnißmäßiger Zahl? Und wie viel weltlichen Pomp, Luxus und Hoffart, weltliche Volkslust in religiösem Gewande? Wollte der heilige und äußerlich arme Herr Jesus Christus eine solche Verkörperung und Darstellung seiner alleinseligmachenden Kirche für arme Sünder?

Was V. 12—16 und 21—23 steht, das geht subjectiv unzählige Mal in Erfüllung, nämlich wenn ein unbußfertiges Weltkind von aller seiner Lust durch den Tod dahin versetzt wird, wo jener reiche Mann im Evangelio den armen Lazarus beneidete.

V. 24 beweist, daß Johannes hier nicht blos die Stadt Rom oder Jerusalem, auch nicht eine „Afterkirche" oder „Pseudobraut" sich gedacht hat, sondern die Welt. Wenn auch das Blut einiger Apostel und vieler Märtyrer in Rom vergossen worden ist, so weist doch das Wort Propheten über Rom hinaus, um so mehr, da die letzten Worte des Verses: aller derer, die auf Erden erwürgt sind, nur von der Welt gesagt werden können. Will man hier das römische Reich verstehen, so giebt man ja dann schon den Begriff: Stadt Rom, auf. Besonders aus diesem Verse sollen wir ersehen, was für ein Babel die Apokalypse gemeint hat.

E. Mit dem 19. Kapitel beginnt die Schlußrede (Epilog) der Apokalypse. Hier finden sich ganz passend und schicklich zuerst Lobpreisungen Gottes für die seinem Sohne und seiner Kirche gewährten, im Geiste alle schon geschauten Siege, dabei auch, wie in der Ordnung, summarische Wiederholungen des Früheren, besonders dessen, was Kap. 12—18 geschildert worden. — Gleichsam als Resultat der ganzen Apokalypse und namentlich ihres Thema's: Jesus Christus das A und O, folgt dann im 21. Kapitel die herrliche Vision des neuen Jerusalems, die herrliche Kirche und Gemeinde des Herrn, die triumphirende und streitende als eine betrachtet, worauf zuletzt die Schlußworte folgen.

Eigenthümlich ist bei diesem Epiloge, daß bei der summarischen Wiederholung der Siege über die einzelnen Hauptfeinde eine umgekehrte Reihenfolge genau beobachtet worden. Im 12. Kapitel wurde der Satan zuerst erwähnt, hier nun im 20. Kapitel zuletzt. Dies ist also offenbar dort so ein Herabsteigen der Vision vom Schlimmsten zum weniger Mächtigen, hier wieder ein Aufsteigen von der Betrachtung der besiegten Welt bis zur Betrachtung des überwundenen Satan, folglich ist die Planmäßigkeit der Apokalypse und der Aufstellung ihrer Tableaux auch hier nicht unterbrochen. Zugleich geht aus dieser Planmäßigkeit hervor, daß wir im 20. Kapitel nicht Visionen bekommen, die ganz abrupt auf die allerletzte Zeit ausschließlich sich beziehen, sondern Wiederholungen, summarisch, auch ergänzend, dessen, was früher schon behandelt und angedeutet worden. Nämlich Tendenz und Plan der Apokalypse sind die einer wohl angelegten Predigt (Weissagung). Kap. 1, 3.

Die epilogische Wiederholung beginnt aber nicht in einfach wiederholenden Visionen, sondern ist visionär eingekleidet in eine von Johannes geschaute Scene der Anbetung Gottes für die erlangten Siege Jesu Christi. An Beidem, an diesem Schauen im Geiste und an solcher anbetenden Lobpreisung soll die ganze Kirche des Herrn, die obere und die untere Theil nehmen und Theil haben.

Kap. 19 V. 1—4 folgt zuerst die Lobpreisung Gottes für den gewährten Sieg über die Welt.

V. 1. Darnach, dieses Wort deutet an, daß hier eine neue Vision angeht. — Die großen Schaaren im Himmel und die starken Stimmen V. 6 sind eine bildliche Aufforderung für alle Gläubigen auf Erden, siegesfreudig sofort mit einzustimmen. Das Wort Hallelujah kommt im neuen Testamente nur hier V. 1. 3. 4. 6, also viermal vor. Vergl. Ps. 104, 35. Die hier vorkommende Lobpreisung Gottes stimmt fast wörtlich mit der im Vaterunser enthaltenen, die Matth. 6, 13 vorkommt (Luk. 11, 4 aber fehlt). Statt Reich steht hier Heil, d. h. die Macht, das Heil zu gewähren. Luther hat nach einer besonderen Lesart Preis dazu gesetzt.

Im 1. und 2. Verse giebt die Vision eine Endfeier des Unterganges der großen Hure, welche also die Welt ist. Des Johannes Hauptfeindin ist nicht Rom, sondern die Welt. Letztere kann Johannes, gleich wie jeder rechte Christ, wie man sagt, ganz und gar nicht leiden. Er sagt

1. Joh. 5, 19: Die ganze Welt liegt im Argen. „Wehe mir, daß ich ein Fremdling bin unter Mesech, ich muß wohnen unter den Hütten Kedars." Pf. 120, 5. Wie Johannes sollen auch wir die Welt haffen und in dieser geschauten Endfeier zugleich eine siegesfreudige Vorfeier haben. Im verjüngten Maßstabe finden sich solche Siegesfeiern Jer. 51, 25. 2. Kön. 9, 7. Also die große schädliche Hure ist die Welt. Mit dem Untergange Roms als Welthauptstadt war ja die Hure auf Erden noch nicht abgethan und wenn nach dem Buchstaben eine einzelne Stadt allein sollte gemeint sein, so ist doch wiederum der im 18. Kapitel beschriebene Untergang nicht an Rom bei seiner Zerstörung buchstäblich in Erfüllung gegangen, namentlich da es gewissermaßen wieder von den Todten auferstanden ist, während es Kapitel 18, 21 heißt, sie soll nach ihrer Verwerfung nicht mehr erfunden werden. Die Apokalypse selbst verlangt gar keine solche buchstäbliche Deutung. Irenäus irrte sich, indem er nach buchstäblicher Deutung die Theilung des römischen Reiches in zehn Königreiche erwartete, welche ja nie buchstäblich gekommen sind. Darin hatte er gleichwohl recht mit Tertullian, Hieronymus, Lactanz und Anderen, daß sie an eine Auflösung der römischen Weltmacht dachten. — Roms Zerstörung soll uns wieder ein Bild sein von der künftigen Zerstörung der eigentlichen großen Hure, der Welt. Diese große Zerstörung hat unzählige Vorspiele und Bilder. Darum ist es auch von um so geringerem Belang, daß die Zerstörung Roms als Weltstadt erst dann sich ereignete, als über Rom keine heidnischen Kaiser mehr herrschten. Johannes hatte ja eine schlimmere, größere Hure im Auge. Jedoch war Rom noch unter dem christlichen Kaiser Theodosius (st. 395) Mittelpunkt des Heidenthums.

B. 4 sind die 24 Aeltesten Repräsentanten der Kirche und die vier Thiere (oder Cherubim, Wunderthiere) Repräsentanten der übrigen lebendigen Schöpfung, geschöpfliche Zeugen und Träger der Herrlichkeit Gottes. — Weil selbstverständlich die selige Lobpreisung Gottes für den erlangten Endsieg über die gottlose Welt von Seiten der seligen Schaaren nicht einen schadenfrohen Charakter im Mindesten haben kann, so geht der angestimmte Lobgesang nicht sofort über auf den Endsieg über die anderen Feinde, sondern auf den Sieg der Kirche Christi (V. 5—8) und auf das vollkommene Seligsein der Gläubigen (V. 9. 10).

V. 5. „Die Kleinen, die Gott fürchten" hier sind die von Zagen und Angst befallenen Frommen. Auch diese sollen demungeachtet in das siegesfreudige Gotteslob mit einstimmen.

V. 6. Die Stimme, als eine Stimme großer Waffer bedeutet, daß auch die untere Kirche, obgleich noch eine kämpfende, in diesen Siegesjubel schon mit einstimmen darf, obgleich, so lange die Kirchenzeit eine Missionszeit ist, das Wort: Gott hat das Reich eingenommen, eigentlich bedeutet: er nimmt sein Reich ein, Niemand kann ihm wehren, auch es ihm nicht entreißen, darum fürchte dich nicht du kleine Heerde!

V. 7. Die Hochzeit des Lammes bedeutet das Heimführen erretteter Seelen in's ewige Vaterhaus Gottes (Joh. 14). — Sein Weib hat sich bereitet, d. h. es wird eine Kirche des Herrn fortbestehen, im Voraus kann man Gott dafür loben, folglich bei der Mission und christlichen Seelenpflege im Allgemeinen des Erfolges gewiß sein. Da ist auch der köstliche 89. Psalm so ein Dankpsalm, der uns in Bezug hierauf schon voraus gegeben ist. Da wird denn die Unverwüstlichkeit der Kirche Christi immer von Neuem bestätigt, welche, wie Dr. Hengstenberg sagt, dort in der Unverbrennlichkeit des feurigen Busches am Horeb schon ab- und vorgebildet war. Da haben wir nun hier ein drittes Weib in den Visionen der Apokalypse (vergl. 21, 2. 9), welches zum ewigen Lobe Gottes, des Dreieinigen, an die Stelle der verloren gegangenen Welt getreten ist und in welcher die geistliche Wiedergeburt zu einer Braut des Lammes und die Liebe und Zuneigung zu Gott und die Treue bis in den Tod personifizirt erscheint und jener Gesang: Wie wohl ist mir, o Freund der Seelen, wenn ich in deiner Liebe ruh u. s. w. wiedertönt.

V. 8. Hier wird der Segen der christlichen Mission weiter beschrieben: Die Bekehrten erlangen aus Jesu blutigem Verdienste das Kleid der Gerechtigkeit (Matth. 22, 12. Eph. 5, 25—27), so daß die christlichen Gemeinden werden wie Leuchter, die ihr Licht leuchten lassen. Offenb. 1, 20. Matth. 5, 16. Für diese Auffassung spricht auch das Wort „berufen." Die sich hier zum Abendmahle des Lammes haben berufen lassen, sind schon selig, ob sie auch hienieden den Kampf des Glaubens noch zu kämpfen haben. Dies stimmt auch mit Matth. 5, 10—12 und mit 1. Petri 3, 14.

V. 9. Hier tritt eine merkwürdige Steigerung der Ekstase und Vision ein: Johannes selbst befindet sich in so seliger Ekstase und Aufgeregtheit, daß die Worte: „Selig sind" plötzlich ein Stück von eigentlicher, unbildlicher Diktion enthalten. Die rechten Gläubigen sind nicht blos in der Ekstase selig, sondern wirklich und immer. Daher folgt sogleich die Erklärung und Bestätigung dazu: Dies sind wahrhaftige (unbildliche) Worte. Der Plural, Worte, erklärt sich daraus, daß diese Versicherung schon wiederholt durch Andeutung gegeben war, z. B. V. 7. Kap. 12, 12. So findet sich hier im 9. Verse das Endresultat der ganzen Offenbarung und ihres Thema's angegeben, welches sie, wie an Johannes, so auch an uns hervorbringen will: Das Seligsein in siegesfreudigem Glauben, Lieben und Hoffen. Vergl. Matth. 16. 17. 18.

V. 10. In dieser seligen Entzückung ist nun Johannes zugleich so voller Lob und Anbetung, daß er sich schon zur Anbetung des Engels oder des göttlichen Botens hingerissen fühlt. Der Engel verbietet es ihm mit ausdrücklichen Worten, mit dem Zusatze: Bete Gott an. Am Ende der Visionen Kap. 22, 8. 9 wiederholt sich ein ähnlicher hoher Grad der Ekstase mit derselben Wirkung bei Johannes, eben weil er in Ekstase war, also des ersten Verbietens nicht eingedenk. So haben wir hier gegen das Ende der Bibel eine Betonung des Verbotes, außer Gott etwas Anderes anzubeten und eine Betonung der seligen Anbetung Gottes; gleichsam ein herrlicher Refrain der ganzen Bibel. Ein bloßes Zeichen der nach dem vierten Gebote dem Höhern schuldigen Verehrung konnte der Engel wohl nicht mit diesen Worten abweisen. Der Engel sagt also: „Gieb kein irreführendes Beispiel als Apostel und Licht in dem Herrn. Gott der allmächtige Schöpfer Himmels und der Erde und der barmherzige Heiland und Seligmacher der verlorenen Menschenwelt in Christo, dem A und O, ist allein anzubeten. Ich bin Mitknecht deiner Brüder, die das Zeugniß Jesu haben," d. h. Mitknecht der guten Geister unter Engeln und Menschen, die auf Seiten Jesu stehen und auf ihre Fahne geschrieben haben, was Jesus durch sein Versöhnungswerk bezeugt hat (alle Menschen sind Sünder, müssen von Neuem geboren werden, der Tod ist der Sünde Sold, die Gabe Gottes ist das ewige Leben in Christo Jesu durch seine Versöhnung in seinem Blut). — Also auch Engel stehen mit auf unserer Seite. Aber das Zeugniß Jesu ist der Geist der Weissagung, d. h. das Zeugniß Jesu ist die Quintessenz, das Geisthabende und Geistgebende aller christlichen Predigt. Welch ein Wink für christliche Prediger, wie auch für die Zuhörer in so wenig Worten! Welch ein reichhaltiger Quell ist doch die Offenbarung Johannis vom Anfange bis zum Ende! Kap. 1, 1—3. Pf. 19, 8—11.

V. 11—21. Hier folgt epilogische Wiederholung des Sieges über die antichristischen Thiermächte. Voraus geht eine der lieblichsten Visionen in der Apokalypse, nämlich die tröstliche und für die Gläubigen entzückende visionäre Erscheinung des siegenden und die Welt richtenden zweiten Adam auf weißem Rosse, viele Kronen auf dem Haupte und hinter ihm ein unzähliges himmlisches Gefolge. Von dieser Vision hat man eine sehr geschickte Abbildung. — Möchten geschickte Künstlerhände, deren Besitzer dem johanneischen Geiste und Thema nicht gegenüberstehen, auch andere Visionen der Apokalypse im Bilde und im Einklange mit ihrem Sinne und mit dem Thema darzustellen suchen.

So erhalten wir V. 11—16 auch in epilogischer Kürze eine herrliche Parallele zu der Siegelvision im 6. Kap., nachträglich zu desto größerer Befriedigung eine tröstliche Aufhellung jener dunkeln Partien beim 2., 3., 4. und 5. Siegel. Hier im 19. Kap. sieht Johannes im Geiste statt jenes ersten in Unglück gerathenen Adam (Kap. 6, 2) Christum, den zweiten Adam, den „Herwiederbringer" der verlorenen und zu errettenden Menschen und des verlorenen Paradieses, das A und O als Erchomenos, wieder auf weißem Rosse, aber mit anderem Gefolge wie der erste Adam Kap. 6 und mit anderen, seine Würde und seinen Sieg bezeichnenden Insignien. Als einen solchen Erchomenos sollen wir mit Johannes ihn im Geiste vor Augen und im Herzen behalten. Er sagt ja: ich will euch nicht Waisen lassen, ich komme zu euch. Kommt er, so kann er nicht anders kommen, als wie er hier V. 11—16 bezeichnet wird. Die Vergleichung mit Matth. 21 paßt hier nicht her, weil dort das Reiten Christi auf dem Esel im Stande seiner Erniedrigung ein Symbol seiner großen herzlichen Demuth sein sollte. Hier aber handelt es sich nicht um die Demuth, sondern um die Siegsgewalt und Treue, diese sollten hier abgebildet werden. Christi Hoheit und Würde wird hier in größter Kürze nach mehreren Seiten abgebildet: 1) seine Natur, welche ist Heiligkeit des Sohnes Gottes, worauf die weiße Farbe des Rosses und die Beiwörter hindeuten. 2) seine Treue im Gegensatze zum Falle des ersten Adam, worauf die vielen Kronen hindeuten. 3) sein dreifaches Heilandsamt, als das prophetische, indem er heißt treu, wahrhaftig und welcher richtet und streitet mit Gerechtigkeit, vorläufig stets und zuerst immer mit seinem Worte; das hohepriesterliche in V. 13 und 15 (vergl. Jes. 63); das königliche, angedeutet durch die vielen Kronen, durch das erhabene Gefolge und durch das scharfe Schwert. V. 12. 14. 15. Die vielen Kronen sind ihm nicht gegeben, verabreicht, wie dort die eine Krone dem ersten Adam (Kap. 6, 2), sondern er hat sie schon von selbst von Ewigkeit.

V. 12. **Er hatte einen Namen, den Niemand wußte, denn er selbst.** Dieser Name, der uns verkündigt ist, lautet: Sohn Gottes, oder Logos, das Wort. Er mußte selbst diesen Namen uns Menschen sagen. Die Juden wußten nichts davon, trotz der Weissagungen Psalm 2. 110. Ja sie ließen ihn um dieses Namens willen kreuzigen und selbst bei den Aposteln und wohl bei allen Gläubigen dauert es eine Zeit, ehe sie sich dieses Namens ihres Herrn recht bemächtigen. Mancher Christ mag sein, der freiwillig in der Anbetung diesen Namen zeitlebens nicht über seine Lippen bringen kann. Vergl. Matth. 16, 13—20. 26, 63. 64. — Wo Johannes diesen Namen geschrieben gesehen hat, ist hier nicht angegeben. Johannes denkt sich wohl eine Art schriftliches Certifikat; und dies als Bild von dem, was nach Joh. 1, 14 Christum schon als Sohn Gottes dokumentirte.

V. 13. Das blutige Kleid ist ein Bild seiner bis in den Tod treuen erlösenden Liebe, nach Jes. 63. Johannes nennt hier nun den geheimnißvollen Namen, weil er ihn von Christo, wie die andern Apostel, erfahren hatte und wie er ihn auf eine recht tiefe Weise am Anfange seines Evangeliums und seines ersten Briefes wiederzugeben gesucht hatte: **Wort Gottes.** Sein Name heißet, diese Worte sollen nach einer bewährtern Lesart lauten: sein Name ward genannt. Das Wort: sein Name, bezieht sich nicht aufs Kleid, sondern auf den Herrn zurück. Nicht sein Kleid, nicht sein Bild ist die Hauptsache, sondern seine Glorie und die ist nach Joh. 1, 14 die des eingebornen Sohnes vom Vater, voller Gnade und Wahrheit. So ist also auch in der Bezeichnung Logos, oder Wort noch etwas Visionäres, oder Bildliches und näher zur Erfassung seines geheimnißvollen Namens und Seins führt der Name Sohn Gottes, Jesus Christus und der Glaube an ihn; wie Christus selbst es bezeugt Matth. 16, 13—20.

V. 14. Hier wird das Gefolge des zweiten Adam beschrieben, ein Heer auf weißen Pferden, angethan mit weißer und reiner Seide, während im 6. Kapitel das Gefolge des ersten Adam waren: Sünde, Fluch, Tod und Verderben. Weil die Seide ist die Gerechtigkeit der Heiligen, wie es V. 8 hieß, und diese Gerechtigkeit die Gläubigen des Herrn auch hienieden schon durch ihn erlangen, wie z. B. an Paulus Röm. 8, 31—34 zu ersehen, so gehören demnach zu diesem Gefolge des Erchomenos in V. 14 nicht blos die Auserwählten im Himmel, sondern auch alle künftigen Auserwählten und Treuen auf Erden. — Ganz gewiß! Lasset uns nur mit Jesu ziehen, welcher selber ruft: Kommt her zu mir, folget mir nach, und wo ich bin, soll mein Diener auch sein. Das Wort: im Himmel, bedeutet in der Vision nicht ausschließlich das selige Jenseits, sondern die Geisterwelt, besonders die Gott zugethanen Geister im Himmel und auf Erden. Unter diesen soll nicht eine Scheidung, sondern eine Verbrüderung und Gemeinschaft im Herrn sein.

V. 15. Hier finden wir eine Enthüllung dessen, was im 2. Psalm geweissagt ist. Das scharfe Schwert ist sein Wort als des Weltrichters. Denn so er gebeut, so steht's da. Die Heiden hier bedeuten alle Ungläubige und die sind schon gerichtet durch sein Wort. Joh. 3, 18. So ist also für den Sohn Gottes das Endgericht leicht zu halten. Die Ungläubigen machen es ihm selber leicht, und dies Gericht hat der Vater dem Sohne übergeben. Joh. 5, 22—24. Pf. 2.

V. 16. Wo sonst das Schwert hängt auf dem Kleide auf der Hüfte, hat er einen Namen geschrieben: Dies und der Name soll ein Bild der siegenden, richtenden Thätigkeit sein. Er ist und bleibt ein König aller Könige, ein Herr aller Herren. Pf. 45, 4. 5.

V. 17. Hier beginnt eine neue Vision: Ein Engel erscheint in der Sonne, welcher im Namen desselben Gottes, der die Liebe und Erbarmung ist gegen die Bußfertigen und Gläubigen (Kap. 12, 1), jetzt Sieg und Gericht über die beiden Thiere, über die zehn Könige und über ihr Gefolge ankündigt. Bild dieser Ankündigung ist hier die grausige Einladung an die Vögel. Vergl. Jes. 34.

V. 18. Folgerichtig im rückläufigen Wiederholen werden nun zuerst die zehn Könige erwähnt und ihr Heer und Volk, nachher im 20. Verse die beiden Thiere. Ihr Untergang wird hier in der Kürze vermeldet. Wer der Vision ihr Recht, das sie hat, einräumt, den wird es nicht im Mindesten befremden, daß die epilogische Wiederholung rückläufig die Reihenfolge der zu überwindenden Feinde nimmt, daß sie die Zukunft als Gegenwart sieht und daß hier die beiden Thiere noch einmal und zwar nach den zehn Königen abgethan werden, während das Auftreten derselben in der Weltgeschichte doch vor den zehn Königen stattfindet.

V. 20. 21. Hier ist eine bildliche Verkündigung von der Verurtheilung und Hinrichtung der beiden antichristischen Weltmächte, der physischen und der geistigen, und zwar kommen zu unterst in den feurigen Pfuhl die Verführer, darüber „die Andern," die, welche sich haben mit Fleiß und Luft verführen lassen und vom guten Hirten sich nicht haben zurückbringen lassen. Sie sättigen die Vögel, d. h., sie füllen den Höllenrachen. Es giebt zwar auf unserer Erde je und je grausige Würge- und Schlachtfelder, enorme Todtenfelder, aber sie alle zusammen sind nur Bilder und Vorspiele von der Erfüllung, die der Prophet hier im Auge gehabt hat.

Da in diesem Kapitel, wie auch vorher, davon die Rede war, daß die gott- und christusfeindlichen Mächte werden vernichtet werden (vergl. Kap. 17, 14), so könnte man hier nun die Frage thun, in wieweit dies Alles oder Eins und das Andre schon in Erfüllung gegangen und vorüber ist. Manche Ausleger, die von dem Rückläufigen im Epiloge keine Notiz nehmen, behaupten, daß im 20. Kap. lauter neue und Endbegebenheiten angekündigt werden, die dann erst eintreten, wenn vorher die beiden Thiere mit sammt den zehn Königen und der Hure werden vernichtet sein. Ferner behaupten sie, diese Vernichtung der Feinde sei eben vorüber und nunmehr sei das zu erwarten, was im 20. Kapitel Neues verkündigt sei vom Binden des Satans u. s. w. Allein erstlich steht im 20. Kapitel nicht das Mindeste davon, daß hier Kap. 20 eine ganz neue Sache gemeint sei, die erst zuletzt gegen das Weltende eintreten werde und dann sieht man nicht ein, warum, wenn die Vernichtung der Hure und der beiden Thiere im 19. Kapitel wiederholt erwähnt werden, nicht auch schließlich die Ueberwindung des Satans noch einmal erwähnt werden konnte. Er war der Hauptfeind, daher folgt bezüglich seiner in der Rekapitulation noch eine ganz besondere imposante Vision. In der Apokalypse sind einmal Wiederholungen in anderer Form ganz gewöhnlich und immer ganz gemäß der Disposition. Wollte man aus der Reihenfolge der Kapitel und Tableaux ganz einfach auf die Zeitfolge schließen, so könnte man auch behaupten, daß schon Kap. 12 eine künftige Begebenheit vermeldet werde, weil im 11. Kapitel zu Ende das jüngste Gericht, das Ende der Welt und die Arche der Seligen im Himmel vorkommen. Da würde gar daraus folgen, daß im 12. Kapitel etwas verkündigt wird, was in der künftigen Welt sich ereignen würde. Ist aber hier ein Zurückgreifen gar bis in die vorchristliche Zeit, hier im 12. Kapitel, warum soll durchaus beim 20. Kapitel ein solches Zurückgreifen nicht stattgefunden haben? **Die Reihenfolge der Gemälde und Kapitel in der Apokalypse beweist nirgends die Zeitfolge der geweissagten Begebenheiten.**

Wir wissen alle, es giebt noch Sünde und Sündendiener auf Erden, ferner, es giebt noch allerhand Staatsgewalten und politische Machthaber auf Erden, es giebt auch noch ein falsches Prophetenthum, es giebt auch noch eine gottlose Welt und Hure Babel; demnach, weil diese Mächte immer da gewesen und immer da sein werden, auch unter den Christen, so folgt daraus, daß im 19. und 20. Kapitel nicht so ein Nacheinander gemeint ist, wie manche annehmen. Die Apokalypse bleibt ein Zukunftsbuch und Trostbuch auch ohne das. Die Siege des Herrn über den Antichrist ereignen sich unzählige Mal, aber den Endsieg hier Kap. 20 dürfen wir nicht in der Zeit und in der Geschichte suchen, um einen terminus a quo für unsere Zukunftsberechnungen zu bekommen. Bis zum jüngsten Tage gilt die Weissagung über Christum: „**Herrsche unter deinen Feinden!**" Ps. 110, 2. 1. Kor. 15, 25. Luk. 19, 27. Wird der Satan nicht völlig getödtet, so wird er auch bis zum jüngsten Tage immer Menschen, die ihm mit ihrem Gemüthe nahen, verführen und zu „verschlingen" suchen, ob er auch ein gerichteter und gebundener und im Allgemeinen unschädlich gemachter Satan und Fürst dieser Welt ist. Da es nun aber an solchen nicht fehlt, die sich ihm geflissentlich nähern und seine Gehülfen werden, so hat auch Christus immer Feinde hienieden, auch feindliche Mächte, welche er zu besiegen und niederzukämpfen hat. Laß mich dein sein und bleiben, du treuer Gott und Herr!

Kap. 20, 1—3. Hier bekommen wir demnach eine epilogische Wiederholung des Sieges Christi über den Satan als Menschenverführer. Als solcher heißt er der Drache. Wer könnte es unlogisch finden, daß die Apokalypse nach der Abhandlung der Haupttheile im Epiloge eine kurze Wiederholung der Hauptsachen anbringt? Ferner, daß der Hauptfeind, der bei der speziellen Aufführung der feindlichen Mächte zuerst an die Reihe kommt, im Epiloge mittelst rückläufiger Folge zuletzt noch einmal in Betracht gezogen wird? Ist doch sogar im 4. 5. 6. Verse dieses Kapitels ein epilogischer Rückblick auf die sieben Gemeinden in Kleinasien zu entdecken, also noch weiter Rückläufiges, indem hier die ideale Märthrergemeinde des Herrn, welche in der ganzen Kirchenzeit nicht ausstirbt, sondern um ihr A und O fortbesteht, gegenüber steht jener realen Christenheit, wie sie durch die sieben Sendschreiben abgebildet wird und in der allgemeinen christlichen Kirche sich vorfindet. Die Siegel= und Posaunenvisionen ließen sich deshalb nicht gut epilogisch rekapituliren, weil sie, obwohl den ersten Haupttheil der Ausführung ausmachend, doch, wie aus der Kürze dieses Theiles auch hervorgeht, selbst nur eine gewisse göttliche epilogische Rekapitulation der ganzen Geschichte von der Welt und vom Reiche Gottes vorstellen. Bei den Siegeln und Posaunen ist nur Alles kurz angedeutet, während im zweiten Haupttheile die Besiegung der von den Christen so sehr gefürchteten feindlichen Mächte ausführlicher geschildert wird.

Daß B. 8 und 9 aber der Gog und Magog nach dem Satan noch auf den Plan kommt, ist nur scheinbar im Vergleich zur erkannten Disposition unlogisch. Vom höhern Standpunkte aus aber nicht blos sehr logisch und tröstlich, sondern auch von großer Wichtigkeit und vielsagend. Dadurch nämlich sagt die Apokalypse, daß auch dieses zu fürchtende künftige „Loswerden des Satans und Verführers" doch im Ganzen ein viel zu unmächtiger und wahnsinniger verzweifelter letzter Versuch des Satans sei, als daß er werth sei, unter die früher ausführlich geschilderten Kämpfe mit eingereiht und weitläufig beschrieben zu werden. Von der Vision darf angenommen werden, daß sie sogar durch ein bezügliches Nichtssagen im Stande ist, Etwas zu sagen, wie z. E. hier beim Gog und Magog, der früher höchstens nur angedeutet worden.

Also, obgleich jene im zweiten Haupttheile erwähnten und in der Vision schon als vernichtet dargestellten Feinde Christi und seiner Kirche zur Zeit alle noch leben und sich regen, der Satan, die heimliche antichristische Machthaberschaft (die 10 Könige), das falsche Prophetenthum und die Welt, die Hure Babel, wohlan! so verzagen wir nun doch nicht, die wir Christum das A und O haben und an seinem Zeugnisse fest halten, denn unser Glaube ist der Sieg, der die Welt überwindet, und ob die Welt voll Teufel wär', wir triumphiren dennoch im Geiste schon, nehmen sie uns den Leib, laß fahren dahin, sie haben's keinen Gewinn, das Reich Gottes muß uns bleiben, wir sehen durch das Fernrohr der Apokalypse im Geiste schon das Gericht und Verderben über jene alle. Was oder wer macht mich so getrost? Jesus Christus, das A und O, welcher den Hauptfeind unserer ewigen Seligkeit, den Teufel auf Golgatha bereits kräftigst überwunden, folglich auch gebunden hat. Getödtet wird der Teufel nicht. Dies wäre wohl der kürzere und leichtere, aber minder gotteswürdige Weg. Er, der Satan muß wider seinen Willen durch seine auf Golgatha erfolgte Besiegung und durch seine weitere und einstige letzte Besiegung zur Beförderung der Ehre Gottes vor der gesammten Schöpfung und für die Erlösten Christi zur Erlangung eines desto höhern himmlischen Erbes, der Miterbschaft Jesu Christi dienen. Der Teufel war und ist noch ein „Verführer." Jetzt aber ist sein Verhältniß zur Menschheit anders, als vor Christo. Jesus Christus, der gute und rechte, der himmlische und stärkere Führer mußte jenen Verführer, da er eben nicht zu tödten war, überwinden und binden, d. h., aus seinem früheren uneingeschränkteren Zustande in einen eingeschränkten Zustand versetzen, d. h., der Schlange den Kopf zertreten. Nun ist er den Erlösten des Herrn unschädlich, denn er reicht nicht hinan an sie, als höchstens durch seine abprallenden feurigen Pfeile, Christus der gute Hirte wehrt den Wolf ab.

Jesus Christus das A und O ist der Sündentilger und Sünderheiland und das starke, siegreiche Haupt der Kirche und der Gemeinde Gottes. Ihm feindlich gegenüber steht nun ein anderes Haupt, Satan, das Haupt, oder die Spitze aller gefallenen Geister. Weiter stehen Christo dem Sündentilger feindlich gegenüber zwei Genossenschaften unter Menschen, welche systematisch Christum den Sündentilger verfolgen und welche in den beiden Thiermächten abgebildet werden, die antichristische politische Machthaberschaft und das antichristische falsche Prophetenthum. Eine weitere ungeheuer große christusfeindliche Genossenschaft ist die Welt, die aber nicht systematisch zu Werke geht, sondern blindlings in der Finsterniß und durch die Finsterniß gegen Christum agirt und gleich jenen Mächten die Sünde kolossal häuft, erhebt und fortzüchtet. Gleichsam die letzte Grundsuppe der Welt ist der Gog und Magog. So gestaltet sich denn schon ganz von selbst bei allen diesen Antichristen eine Art Bundesgenossenschaft unter allen antichristischen Menschen, dann zwischen diesen und den bösen Engeln und das Haupt, oder die Spitze aller dieser bösen Menschen- und Engelgeister zusammen findet sich ebenfalls ganz ungesucht, von selbst, es ist der an Kraft und List mächtigste böse Engel, der Satan, welcher durch seine, wenn auch böse Geistesstärke, anderen niederen bösen Geistern imponirt. Darauf lassen schon Analogieen aus der sichtbaren Schöpfung schließen. Alle diejenigen nun, welche, es sei aus wirklichem, oder angenommenen Weisheitsdünkel die Existenz eines persönlichen Teufels und seines Gefolges leugnen und abstreiten und z. B. durch Verwerfung der Entsagungsformel bei der heiligen Taufe ihr Besserwissen geltend machen und hierdurch einen schauerlichen Vorbehalt des zweien Herren Dienens nach Befinden sich und ihrem Täuflinge reserviren, scheinen trotz ihres vermeintlichen höheren Wissens bis auf Weiteres unfähig zu sein, unter Anleitung des Wortes Gottes folgerichtig zu denken und sich körperlose, persönliche geistige Wesen guter und böser Art und von verschiedener Kraft sich zu denken. Eine Unfähigkeit, die von Mangel an christlicher Erkenntniß und von Mangel an christlicher Besserung herrührt. Zweitens scheinen sie durch solches keckes voreiliges Absprechen eo ipso von einer satanischen Eigenschaft, nämlich von der Hochmüthigkeit angehaucht zu sein, denn hochmüthiges Absprechen war Satans erster Akt auf Erden. (1. Mos. 3.)

Kapitel 20.

Drittens erzeigen solche dadurch vorläufig dem Satan den größten Gefallen, gleich wie einem geheimen Diebe in einer Stadt es desto mehr Vorschub leistet, je mehr Stimmen unter den Bewohnern seine Existenz leugnen, besonders von solchen, die selbst schon von ihm bestohlen worden. Viertens sollen sich diese aus der heiligen Schrift gesagt sein lassen, daß eben so gewiß, als der Lügner lügt, auch der Urlügner, der Satan sich bei den Menschen unter andern auch kluger Weise durch die Leugnung seiner Existenz einzuführen sucht, d. h. der Drache kommt als glatte Schlange, oder auch als glatter Gedanke. So ein äußerst glatter Gedanke wäre z. B. die spöttische, verhöhnende Frage. Was? Glauben Sie auch noch an einen Teufel? Sind Sie auch ein Advokat des Teufels? Während doch die Christen nur an Gott und sein Wort glauben, aber den Teufel und seine List fürchten und nicht selten von ihr etwas empfinden, jedoch durch Nüchternsein, Wachen und Beten im Namen Jesu auch Vorkehrungen zu treffen, ja ihn zu schlagen wissen. 1. Petri 5, 8.

Daß aber hier Kap. 20 1—3 nicht von einem neuen Binden des Satan die Rede ist, welches später zu erfolgen hatte, oder noch hat, folgt schon aus dem Worte Christi Matth. 12, 29 und aus seinem Worte am Kreuze: Es ist vollbracht. Ist Christus zur Höllen gefahren und hat er, wie Hebr. 2, 14 es heißt, dem Teufel die Macht genommen, so kann auch das „Binden" des Satan dabei nicht gefehlt haben. — Christus, der Helfer, wäre sonst uns armen Kreaturen eine Hülfe schuldig geblieben. Da hätte er gewiß nicht am Kreuze in der letzten Stunde gerufen: „Es ist vollbracht!". — Es wird auch nirgends in der heil. Schrift gelehrt, daß nach der Besiegung des Satans auf Golgatha und nach Christi Höllenfahrt später noch ein Extrabinden des Satans durch Christum habe erfolgen müssen, etwa 300 oder 800 Jahre nach Christi Geburt. Eher könnte man das Gegentheil annehmen, daß er wieder etwas los gekommen sei, weil der Geschichte zufolge damals die muhamedanische Religion und andere Gräuel so sehr zu wuchern anfingen. Man suche in der Geschichte, wie man wolle, nirgends will sich ein Verschwinden der Thiermächte ergeben zur Basis für eine nachfolgende schönere Zeit, die hier Kap. 20, 1—6 gemeint sein könnte. Man hat aber für eine nachfolgende bessere Zeit keine zuverlässigere Basis, als den Berg Golgatha. Allda, unter dem Kreuze des sterbend siegenden Erlösers hörte sofort das bisherige „Verführen" des Satans auf durch die Bekehrung des Schächers und des Hauptmannes und Anderer. Und, wie blühte seitdem die Mission unter den Heiden auf und ist Gott Lob, jetzt noch nicht suspendirt. Das alttestamentliche Volk Gottes trieb keine Heidenmission, sondern neigte sich selbst bedauerlich zum Heidenthume. Der Teufel war der unberufene Antimissionar der Heiden. Da erbarmte sich Gott und als die Zeit erfüllt war, sandte er selber seinen lieben Sohn als Obermissionar, als den guten Hirten auch dieser Schafe (Joh. 10, 16) und der kehrte erst zu ihm zurück, als er sein Werk vollbracht, also den Satan überwunden und gebunden hatte. Ein vorübergehendes, wenn auch noch so herrliches Niederstrecken des Satans durch Christum konnte der Menschheit nicht

genug helfen. Niedergestreckt und gebunden mußte er werden, dann war
ihm der Kopf zertreten, dann war der Stärkere über ihn erwiesen, der
ihm nun seinen Raub abnehmen konnte bis zum jüngsten Tage. Auch
rückwärts kann man nicht schließen, noch sagen, weil später nach gewissen
Jahrhunderten deutlich ein goldenes Zeitalter gekommen sei, so müsse
auch das ganze siebenköpfige Thier sammt den 10 Hörnern da ganz
vorübergewesen sein, gleichwie hier Kap. 20, 1—6 eine solche goldene
Aera nachfolge nach den Besiegungen der Feinde in den vorhergehenden
Kapiteln. Denn in mancher Beziehung war die erste Zeit goldener, als
die spätere, z. B. in der Mission. Bei den Sachsen wurde um 800
n. Ch. G. das Christenthum mit Feuer und Schwert eingeführt. Dies
war dem lieben Evangelio nichts Goldenes. Dann waren die aus dem
römischen Reiche entstandenen zehn europäischen Königreiche durch ihre
Verchristlichung wohl gewissermaßen besiegt, aber die Apokalypse meint
nicht diese Besiegung der Hörner und des Thieres, sondern die, wo schließlich das ganze Thier, Köpfe, Hörner und Rumpf in den feurigen Pfuhl
geworfen werden, also meint die Apokalypse nicht, daß die Hörner sich
bekehren, der Feindschaft gegen Gott entsagen und das Joch Christi auf
sich nehmen werden. Dabei ist wohl möglich und wird nicht geleugnet,
daß einzelne Individuen aus dieser Genossenschaft sich bekehren und selig
werden können, aber nur nicht die Sippschaft, als Verkörperung der
gottfeindlichen Idee. Ist also von dem Thiere noch Etwas da, so ist
auch, wofern Kap. 20 ein neues Binden des Satans gemeint ist, dieses
Binden bis dato noch nicht erfolgt, wofern dieses erst nach der Thier-
vernichtung erfolgen sollte. Wäre aber der Satan noch nicht gebunden,
so wäre Christus ein beschränktes, gebundenes A und O, dies anzunehmen
streitet mit seiner Würde und mit dem Inhalte und Geiste der ganzen
Apokalypse. Die Vision Kap. 20, 1—3 steht ganz unschuldig als köstliche epilogische Wiederholung des Sieges Christi über den Drachen (Kap.
12) am Ende der Apokalypse und da uns nicht ein einziges Wort dazu
nöthigt, so haben wir hier eben so wenig ein Recht, ein künftiges Extrabinden des Satans daraus zu entnehmen, als wir auch Kap. 19, 1—3
nicht ein Recht haben zu folgern, daß da ein künftiges Extraverurtheilen
der großen Hure gemeint sei, welches vielleicht während unsers Seligseins
im Himmel (V. 1) ergehen werde, weil Kap. 18 das erste Gericht über
sie schon vorüber sei.

V. 1. Der Engel hier ist derselbe, der im 12. Kapitel unter dem
Erzengel Michael gemeint ist, Jesus Christus, der eingeborene Sohn
Gottes. Schon Kap. 1, 18 werden ihm die Schlüssel der Hölle und des
Todes zugeschrieben. Dieser Schlüssel hier V. 1 zum Abgrunde
ist aber sein vollkommener Gehorsam bis zu der Jes. 53 geweissagten
Erniedrigung in die jammervolle Knechtsgestalt, ja bis zum Tode am
Kreuze. Dieser leidende Gehorsam, dieses Opfer und diese Liebe des
guten Hirten bringen eben so durch Mark und Bein, wie auch siegend
bis in den Abgrund der Hölle. Dies ist zugleich der Schlüssel zur Auflösung des größten aller Geheimnisse: Wie kann die Sünderwelt erlöst
und selig werden? Davon handelt der Brief an die Hebräer so ausführlich und erbaulich. Die große Kette in oder auf seiner Hand ist

das heilige theure Verdienst Jesu Christi. Ach, das gleicht einer langen Kette, wo man nicht ein einziges Glied davon missen möchte. Hebr. 2, 14.

V. 2. **Er band ihn tausend Jahr.** Das Binden, welches 2. Petri 2, 4 und Juda 6 gemeint ist, bedeutet das ewige Verstoßensein der bösen Geister in der Hölle. Hier ist es ein anderes Binden. Wie einerseits das Verdienst Christi uns im Glauben und in der Liebe mit ihm verbindet, so wird es andererseits für den Satan zu einer Fessel, denn wo Christus ist, da kann er nicht hinreichen, so gern er wollte. Man hat ihn daher mit einem angebundenen reißenden Thiere verglichen, das nun blos die erreicht, die Christi Hand und das Wachen und Beten verlassen und mit Fleiß durch ihre sündlichen Gelüste und Werke sich ihm nähern. So ist also mit diesem Binden des Satan die Erlösung der Menschen durch Christum von der antimissionirenden Gewalt des Satan, von seinem Verführen gemeint. Manche nehmen an, die tausendjährige gute Periode, wo Satan extra gebunden gewesen sei, sei jetzt vorüber. Allein die Heiden werden ja in unseren Tagen durch die immer mehr aufblühende Mission dem Verführer aus der Hölle vielmehr abgerungen, als früher in der sogenannten tausendjährigen guten Zeit, wenigstens wie es in den letzten Jahrhunderten stand. Dann fiele auch der verdüsternde Rationalismus und früher der schreckliche dreißigjährige Krieg u. s. w. in diese vermeintlichen guten tausend Jahre und die letzte lange Friedensperiode nach ihnen. **Tausend Jahre band er ihn.** Diese Bezeichnung gehört zur Vision, wie das Andere. Es ist gegen alle richtige Hermeneutik, in einer biblischen Vision, mitten inne sogar, Einiges allegorisch, Einiges auf einmal wieder eigentlich zu nehmen. Die Zahl Tausend ist eine runde Zahl und ist eine auf eine neue bildliche, symbolische Weise gegebene Deutung oder Erklärung der früheren allegorischen Zeitangabe 3½ Jahre, 1260 Tage, 42 Monate. Damit wird gesagt, daß die früher gemeinte, von Gott wohl gemessene Kirchenzeit eine für uns unbestimmte lange Zeitdauer haben werde. Eben so lange wird die Siegesgewalt des Christenthums unerschüttert stehen bleiben. Der Herr hat nicht zu viel verheißen. Aus 3½ Jahren sind Jahrhunderte, aus Tausend sind bald Zweitausend geworden und der Durchbrecher aller Bande und Binder des Satans, wie gut hat er sich in der Heidenmission bewährt und sein Reich kommen und sich ausbreiten lassen innerhalb dieser tausendjährigen Zeit, ohne Feuer und Schwert (Matth. 26, 52. Luk. 9, 54—56)!

V. 3. **Und warf ihn in den Abgrund und verschloß und versiegelte ihn.** Dies scheint keine Wiederholung des Kapitel 12, 9 gemeldeten Sieges zu sein, weil im 12. Kapitel der Drache und seine Engel auf die Erde geworfen und die Erdenbewohner darüber bedauert werden. Und dennoch, weil Beides Vision ist, so ist auch Beides Ein und Dasselbe. Kap. 12 sagt die Vision, daß der besiegte und aus Christi Reich, aus den Herzen der Geistlichgesinnten Christi ausgestoßne Satan nun bei den Irdischgesinnten, die von selbst ihm nahe kommen, sich zu entschädigen suchen werde. Daher wird die Erde erwähnt. Im 20. Kapitel wird bei der Wiederholung des Sieges Christi über den Satan zugleich ergänzungsweise betont, daß er seine bisherige Anti=

mission unter den Heiden, die unbeschränkt gewesen, vollständig ein= gebüßt hat, wie auch die Kirchen= und Missionsgeschichte bestätigt. Lang= sam, aber sicher geht es mit Christi Heidenmission vorwärts, denn der Drache ist im Abgrunde verschlossen und versiegelt, sonst wäre auch nicht das Mindeste im Ganzen durch die Heidenmission erreicht worden, bei dem greulichen sündlichen Verderben des natürlichen menschlichen Herzens. **Daß er nicht mehr verführen sollte die Heiden.** Das heißt: 1) Während der Kirchenzeit wird für die verlorene Familie der Heiden durch den guten Hirten gesorgt werden, wie er Joh. 10, 16 in Erbar= mung ihrer gedenkt. Christus wird ihrem bisherigen Verführer als rechter Führer entgegentreten. 2) Während dieser Kirchenzeit wird sich die Kirche des Herrn fast nur aus bekehrten Heiden und deren Nach= kommen erbauen. Röm. 11, 25. Die Juden, wie bekannt, neigen sich zum Antichristenthume und zum neuen Heidenthume, indem sie auch ihrer alttestamentlichen Messiashoffnung immer abholder und folglich der Zehnhörnerschaft immer willkommener werden. **Darnach muß er los werden eine kleine Zeit.** Man könnte einwenden, wo bleibt denn das Ueberwundensein? Antwort: Das Ueberwundensein des Satans durch Christum kommt hier nicht im Allgemeinen in Betracht, sondern in Bezug auf dessen antimissionirende Thätigkeit. Christus bleibt das A und O und behält die Oberdirektion und der Grund kann sein, daß der Satan zu den Seinen recht gelangen soll zu deren Strafe und Züchti= gung, wenn sie es so nach des Herrn heiligen, gerechten Ermessen ver= dient haben. Aber die Gläubigen werden alsdann des nöthigen Schutzes nicht im Geringsten ermangeln. Vergl. zu V. 7.

V. 4—6. Im Rückblicke auf Kap. 6, 9—11 und auf Kap. 2 und 3, wo Reales und Sichtbares in der Kirche Christi in Betracht gekommen war, bringt jetzt die Vision einen Blick auf die ideale Gemeinde Christi und auf die Gemeinde seiner Heiligen und auf ihren gesegneten Fortbe= stand während der ganzen Kirchenzeit, auf das unüberwindliche, nicht zu vertilgende neue Jerusalem, welches hier kurz, nachher im 21. Kapitel ausführlicher beschrieben wird. Es ist dies die im Tode ihrer Märtyrer siegende und im Siege werdende oder wachsende Kirche des Herrn, eine sichtbar=unsichtbare Kirche, welche im Geiste und Gemüthe des Gläubigen zugleich als erfreuliches Resultat aus der ganzen Apokalypse gewonnen werden soll. Daher stehen diese Visionen am Ende des Buches.

V. 4. Die geschauten **Stühle** erinnern an Matth. 19, 28. Dan. 7, 9. 10. Die Stühle sind bildliche Bezeichnung der seligen Erhöhung beim Herrn und zugleich des sicheren Fortbestehens und der Erfüllung jener Verheißung, daß die Seligen mit Christo zusammen die Welt regieren und richten werden. Röm. 8, 17. Ungewiß bleibt, ob hier blos die 24 Aeltesten sich auf die Stühle zum Richten und Seligsprechen der Märtyrer gesetzt haben, oder ob Johannes die Seelen aller Märtyrer so sitz= und stimmfähig geschaut hat. Der Sinn und die Deutung dieses Verses bliebe sich aber gleich. Schon weil hier steht: Seelen der Ent= haupteten, kann hier nicht eine Auferstehung ihrer Leiber gemeint sein. So weit geht weder die Vision, noch die bildliche Redeweise, daß etwa unter der Seele der Leib und unter dem Leibe die Seele bezeichnet würde.

Die Seelen sind ja aber schon bei dem Herrn, die im Herrn geschieden sind. Es ist hier und bleibt eine visionäre Scene im Himmel, d. h. im visionären Himmel, womit in der Apokalypse oft die Geisterwelt gemeint ist (z. B. Kap. 12, 7). Daher steht hier Seelen. Ebenso nun, wie diese Stühle im Himmel keine eigentlichen Seelenstühle sein können, ebenso ist auch die B. 5 erwähnte Auferstehung nicht eine eigentliche leibliche Auferstehung aus dem Grabe, sondern eine visionäre, bildlich gemeinte Auferstehung. Daher kommt dies Wort Auferstehung auch in der Vision da, wo wirklich die Auferstehung gemeint ist, z. B. V. 11—15, gar nicht vor, sondern sie wird auf andere Weise bezeichnet. Die Vision drückt einmal Alles bildlich aus und ihre Worte sind bildlich und nicht eigentlich zu nehmende Worte, sonst kommt man aus einem Labyrinth in's andere und noch in Schlimmeres.

V. 5. Die Worte: Dies ist die erste Auferstehung, besagen: Dieser Vorgang mit den treuen Blutzeugen des Herrn innerhalb der Geisterwelt, da sie selig zum Herrn erhöht sind, Theil nehmen an allen Siegen des Herrn, da ihr mit dem Tode besiegelter Glaube unbesiegt bleibt, auch in's Unendliche Proselyten erzeugt und fortbesteht, da sie in Nachfolgern ihres Glaubens und Muthes unzählig wiederkommen, dies ist auch eine Art Auferstehung, welche jener künftigen leiblichen Auferstehung aller Todten an die Seite gestellt werden muß. Dies soll uns neben der Aussicht auf das himmlische Erbe Muth machen, um Christi und des Glaubens willen willig Verfolgung und selbst den Tod zu leiden, nicht aber die Aussicht auf Ehre vor den Menschen. — Dies ist nun auch zugleich die Antwort auf jenen Schmerzensruf, welcher Kap. 6, 10 von Seiten der getödteten Gerechten in der Vision ergangen war. Dort hieß es, sie sollten eine Zeit lang ruhen, „eine kleine Zeit" (nicht die ganze Kirchenzeit hindurch) und zusehen, da würden sie ihre eigene erste Auferstehung gewahren. — Diese, so bildlich zu nehmende Auferstehung, genannt die erste Auferstehung der Märtyrer, welche ist wie ein Wiederkommen dieser Seelen in anderen Seelen, ist auch Hes. 37, 12—14 deutlich genug gemeint. Folglich geht die Bibel selbst mit einer solchen bildlich zu nehmenden Auferstehung im alten Testament voran und ist demnach diese Deutung keine neue und unerhörte Sache, sondern sie ist biblisch zu nennen. Nur auf einige Beispiele aus der Kirchengeschichte sei hingewiesen: Johannes der Täufer stand wieder auf in seinen Jüngern und in den Jüngern des Herrn. (Vergl. den Gebrauch des Wortes auferstehen Matth. 14, 2. Luk. 9, 7.) Stephanus stand wieder auf im Apostel Paulus und durch diesen in unzähligen Gläubigen. Huß stand wieder auf in Luther und unzähligen evangelischen Gläubigen und Märtyrern. Omne simile claudicat. Man kann nicht jedes Gleichniß in der Anwendung auf die Spitze treiben. Doch könnte man, wenn man wollte, immer noch sagen: Das Gemüth des Saulus war bei der Steinigung des Stephanus gleichsam der Stuhl, auf den sich des letzteren Seele mit Christo zugleich richtend und siegend niederließ und verblieb. Diese sogenannte erste Auferstehung ist der hier zugleich gewährte Schlüssel zur Auflösung des großen Geheimnisses, wie es möglich war, daß trotz Verfolgung und massenhafter Hinrichtungen der Gläubigen die Kirche Christi doch anstatt einzugehen, vielmehr gewachsen ist bis zu ihrer riesigen Größe, obgleich sie nicht, wie Muhamed, mit Feuer und Schwert bekehrt und kein sinnliches Paradies weder hier auf Erden, noch dort verheißt. Das ist ein rechtes Wunder vor unsern Augen und köstlicher Trost für alle Christusfreunde, denen vor der Zukunft bangen und bei Spott und Verfolgung Grauen anwandeln will. Dies ist also neben der seligen Ruhe in Gott gleichsam eine den Märtyrern schon vorläufig vor dem jüngsten Tage gewährte Entschädigung für ihren frühen Märtyrertod. Die Märtyrer dort Offenb. 6 waren damit zufrieden. Irdisch gesinnte Gemüther, die gleichwohl Christo angehören möchten, sind freilich mit solcher Ehre und Auferstehung nicht befriedigt.

Diese Deutung stimmt nun auch auf's Beste mit den Worten: Die andern Todten wurden nicht wieder lebendig. Das heißt: Alle Nachfolger der Sündenmenschen werden dies von selbst und durch Verführung, nicht aber durch die Ansteckungskraft des Todes der Gottlosen, wie der Tod der Märtyrer und der andern Gerechten für die Zuschauer eine gewisse Ansteckungskraft zu beweisen im Stande ist. Gar viele werden ausgesäet, als wären sie verloren; auf ihren Gräbern aber steht: Dies ist die Saat der Mohren! Dieser Vers stimmt auch mit obiger Deutung. [Ingleichen scheint die Legende von den Siebenschläfern als Legende denselben Sinn zu haben, wie hier die erste Auferstehung, dasselbe tertium comparationis, das Wiederkommen, nur noch verborgener.] Seit Augustin wurde es Ansicht und Lehre der Kirche, das tausendjährige Reich sei schon da und diese erste Auferstehung sei nicht eine leibliche, sondern eine visionäre.

V. 6. Hier wird das Glück derer gepriesen, die an dieser und an einer solchen ersten Auferstehung Theil haben 1) durch ihr Sein bei Christo, 2) durch solches Wiederkommen, Fortleben, Fortwirken, Fortsiegen auf Erden. Es ist dieses Wiederkommen ein Wiederkommen im Geiste und nicht als eine heidnische Seelenwanderung zu denken. Ueber jene hat der andere Tod, oder die ewige Verdammniß ihr Recht verloren. Diese Bluttaufe hebt jeden Zweifel über die Seligkeit der Märtyrer, wie die Kindertaufe jeden Zweifel hebt über die Seligkeit der früh verstorbenen Kleinen. Doch bleibt ihre Seligkeit dort immer Gottes Gnadengabe in Christo Jesu, sonst sind es nicht Märtyrer des Glaubens, wenn sie aus ihrem Tode ein Verdienst herleiten wollten, sondern Opfer ihrer Verirrung.

So bleibt es denn dabei, was Joh. 5, 28 Christus gesagt hat, daß am jüngsten Tage alle, die in den Gräbern sind, auferstehen werden. Sonst hätte er all der Mund der Wahrheit und Aufrichtigkeit sagen müssen: Welche noch in den Gräbern sein werden. 1. Thess. 4, 16 werden den Todten in Christo die am jüngsten Tage noch Lebenden entgegengesetzt und nicht die Todten außer Christo. Viel eher als eine leibliche Vorauferstehung könnte man aus dieser Stelle folgern, daß die Todten außer Christo gar nicht, oder für sich ein andermal an einem zweiten jüngsten Gerichtstage auferstehen werden, was doch nirgends in der heil. Schrift gelehrt wird. Sie werden Priester Gottes und Christi sein, diese Märtyrer und Getreuen auch nach ihrem Abschiede aus diesem Leben: 1) in dem sie vor den Augen der später lebenden Menschen auf Erden und vor den Augen der Seligen im Himmel als solche dastehen, welche sich zum Opfer dargebracht haben, wie Röm. 12, 1 verlangt wird. 2) indem sie durch ihr Beispiel andere erwecken und dadurch gewissermaßen versöhnend und augenscheinlich segnend wirken und zwar die ganze Kirchenzeit hindurch (1000 Jahre). Auf diese Weise läßt der Herr sie Theil haben an seiner eigenen Regierung, daher hier der Zusatz: **sie werden mit ihm regieren tausend Jahre.**

V. 7—15. Hier wird die Nachtseite vom Weltende beschrieben, gleichwie im 21. Kapitel die Tagseite. Beides konnte auch im Epiloge der Apokalypse nicht umgangen werden. Sie mußte auf den finis finalis nochmals eingehen. Hier V. 7—10 erfahren wir zunächst, daß unmittelbar vor dem Weltende nicht eine schöne Zeit für die Kirche äußerlich kommen wird. Ganz dieselbe Weissagung läßt sich auch aus den Matth. 24 uns aufbewahrten Worten des Herrn entnehmen. Daß hier V. 7 und 8 im futuro gesprochen wird, thut der Sache keinen Eintrag. Es bleibt doch alles Vision, weil die Figuren dieselben bleiben V. 7 wie in den vorhergehenden Versen.

V. 7. Als sehr auffällig erscheint die Weissagung, **daß der Satan wieder losgegeben werden soll.** Allein man vergesse nicht, daß die Vision ihren Fortgang hat, weshalb das Wort loswerden aus dem Gefängniß ebenfalls nicht so buchstäblich zu nehmen ist. Sonst wäre ja hier geradezu eine Inkonsequenz der erlösenden Liebe und Gnade vorher verkündigt, ein Wiederverlassen der Menschheit, eine Wiedereinsetzung in den vorigen traurigen Zustand von Seiten der Erbarmung Gottes vorherverkündigt, was bei der letzteren absolut unmöglich ist gegen die, welche je noch zu retten gewesen wären. Vielmehr bleibt auch der hier wieder losgewordene Satan, wie auch 1. Petri 5, 8 von Christo überwunden und gerichtet, gleichwie dort im Buche Hiob der scheinbar zu Hiob's Verderben losgelassene Satan doch vor Gottes Augen der Gebundene und Ueberwundene blieb. Sonst, wenn Satan hier nicht relativ, sondern so absolut, wie vor dem Opfer auf Golgatha loskäme, so wäre Christus in dieser Zeit als A und O suspendirt und folglich doch nicht in Wahrheit und vollkommen das A und O, der Erchomenos. Beides, der Sieg Christi über Satan und des Letzteren Wiederloskommen in diesem Kapitel ist nach dem neuen beschränkten Verhältnisse des Satans zu den Heiden in Betracht gezogen und ebenso auch von uns zu betrachten. Während der ganzen Kirchenzeit, während dieses „tausendjährigen Reiches Christi" auf Erden sind, wie wir jetzt aus der Kirchengeschichte wissen, unzählige Schaaren aus früheren heidnischen Völkern in den Himmel gerettet worden. Schon deshalb ist dies sogenannte kurze Loswerden des Satans himmelweit verschieden von dem früheren Lossein vor dem Siege Christi auf Golgatha, wo ihm so zu sagen all überall unter den Heiden sein Weizen blühte und er Seelen erntete, ohne daß, mit Ausnahme der direkten sporadischen Einwirkung des heiligen Geistes (wie z. B. bei Sokrates, Plato, Cicero) die geringste aktive Heidenmission ihm entgegenarbeitete. Matth. 4, 9 rühmt er sich förmlich dessen gegen Christum. Da Gott will, daß allen Menschen geholfen werde und daß alle Jesum Christum seinen Sohn, den guten Hirten angeboten bekommen, ohne dessen Versöhnung und Verdienst kein Mensch selig werden kann, so wird für alle, die hier von Christo nichts gehört haben und doch nicht verloren gehen wollen, oder gar mit Geduld in guten Werken trachteten nach dem ewigen Leben nach dem Maaße ihres inneren Lichtes, dort noch Rath sein und Christus, der für seine Mörder bat, für die künftig Bußfertigen, wird auch für jene eine nicht vergebliche Fürbitte haben. Hören von seinem Namen muß Jeder einmal, um ihn anrufen zu können. Röm. 10, 13. Der Herr will zuletzt auch gegen den Satan insofern gerecht sein, als er ihn zu dem Seinen kommen läßt und den vorhandenen antichristischen Pöbel durch ihn züchtigt, welcher die Sünde gegen den heiligen Geist vollständig trotz der Nähe des jüngsten Tages begangen hat und bei Leibesleben schon verworfen ist. Welch ein Text zu Bußpredigten liegt auch in diesem Theile der Offenbarung. Doch kann mit diesem Loslassen des Satans hier auch darüber noch dies gemeint sein, daß vor dem Weltende ein Aufhören der Heidenmission eintreten werde, bewirkt durch den Gog und Magog, wie etwa, wenn derselbe aus antichristischer Wuth jene allenthalben mit Beschlag belegte.

V. 8. Gog und Magog, diese Namen stammen aus dem alten Testament. Hes. 38 und 39 ist erwähnt Gog, König von Magog, welcher daneben ist Oberherr von Mesech und Tubal. Er ist dem Propheten Repräsentant aller zukünftigen Feinde des Reiches Gottes. Hesekiel bedient sich dieses Namens frei aus 1. Mose 10, 2 und die Apokalypse wieder frei aus Hesekiel. Die Ausleger halten diesen Gog und Magog für das, was Daniel 8, 9 mit dem kleinen Horn angedeutet worden ist, ferner für „den Achten von den Sieben" Offenb. 17, 11, oder für den kopflosen Rumpf des siebenköpfigen Thieres in jener Vision. Damit wäre also ein letzter allgemeiner, großer, aber noch unsinnigerer, eines politischen Oberhauptes, oder Vorstehers entbehrender antichristischer Tumult und Anlauf gegen die Kirche des Herrn zu verstehen. So wäre denn Dieses als die letzte Phase der antichristischen politischen Gewalt wegen des Danielischen kleinen Hornes ein Beweis, daß die oben von den „zehn Hörnern und zehn Königen" gegebene Deutung richtig gewesen. Zu jener Endzeit kann es kommen, daß die christlichen Gotteshäuser vom antichristischen Pöbel, welcher die Gewalt in den Händen haben wird, entweder zum Kultus des jeweiligen Genius oder Schwindelgeistes entweiht, oder gar geschlossen, oder durch Faustrecht zu anderen unheiligen Zwecken veräußert und verwendet werden. Die Prediger wird man mundtodt zu machen wissen. Da wird ein vierfacher Trost die Gläubigen erquicken: 1) die Nähe des lieben jüngsten Tages. 2) Pf. 73. 3) daß Zion die geliebte Stadt Gottes bleibt, wenn sie auch eine Zeit lang mit Angst und Schmerzen zu klagen hat. 4) die Apokalypse mit Jesu Christo dem A und O und mit seiner Arche im Himmel einerseits und mit dem feurigen Pfuhle andererseits.

Gog und Magog ist hier also der Inbegriff aller kurz vor dem Weltende sich noch vorfindenden alten und neuen Heiden. Daraus wäre demnach zu ersehen, daß durch die Heidenmission nicht die Einführung aller Menschen ins Christenthum zu einer absoluten einzigen Heerde

Kapitel 20.

wird bewirkt werden, so daß nur eine Heerde von Christen ohne heidnisches Unkraut da sein werde. Damit stimmt, was der Herr sagt Matth. 24, 14. Folglich ist Röm. 11, 25. 26 die dort erwähnte „**Fülle der Heiden und das ganze Israel**" nicht voreilig und sanguinisch absolut, sondern relativ zu nehmen. Paulus konnte gar nicht meinen, daß vor dem Weltende alle Heiden und nachher auch alle Juden in pleno ohne eine einzige Ausnahme bekehrt sein werden, was ja nur durch ein zwingendes Wunder möglich wäre. Eine Fülle der Heiden ist ja schon in Christi Reich eingegangen, wenn bei allgemein blühender Heidenmission **aus allen Nationen und Ländern** (Joh. 10, 16) unzählige Seelen dem Teufel abgerungen und für Christi Reich gewonnen werden, ob auch eine Unkrautfülle aus eigenem Belieben trotzig zurückbleibt (Matth. 13, 30) und ganz Israel kann man sagen, wenn durch eifrige Judenmissionare **aus ganz Israel aller Orten** Christo Seelen, die wahren Israeliter gewonnen werden, ob auch viel jüdisches Unkraut aus eigenem Belieben trotzig zurückbleibt. Im Redefluß gebraucht man runde Angaben von Größen und Zahlen. Paulus sagt z. B. zwölf statt elf 1. Kor. 15, 5.

In den vier Oertern der Erde, d. h. aus allen Himmelsgegenden der Erde entlang.

V. 9. **Sie umringten das Heerlager der Heiligen und die geliebte Stadt**, d. h. die Kirche des Herrn. Diese Worte sprechen gegen die Annahme eines noch künftigen tausendjährigen irdischen Macht- und Siegsreiches Jesu Christi auf Erden. Was für ein A und O wäre Jesus Christus, wenn sein auf Erden tausend Jahre triumphirendes, alles Böse niederschlagendes, oder wenigstens niederhaltendes Machtreich nach tausend Jahren so wenig ausgerichtet haben sollte, daß Feinde wie der Sand am Meere sich vorfinden? Angesichts dieser beiden hier erwähnten Notizen aus V. 8 und 9 erblaßt doch die vermeintliche tausendjährige künftige Reichsaufrichtung Christi zu einem bloßen Experimentiren und da wäre statt des bisherigen Zusammenhanges (Continuität) im Gog und Magog wie ein Blitz aus heiterem Himmel ein entsetzliches Intermezzo da, welches eben so wie jenes Experimentiren, oder unterbrochene vorläufige Seligmachen und Ruheverschaffen auf Erden sowohl der Apokalypse als der Ehre des, der das A und O, der Erchomenos bleibt, zu widersprechen scheint. — **Es fiel das Feuer von Gott aus dem Himmel**, dies erinnert an 1. Mose 19, an Sodoms Strafe. Damit wird ein unvermutheter, schneller, furchtbarer Untergang als göttliche Rache angekündigt. Lasset uns mit Jesu ziehen!

V. 10. Hier wird das letzte Abthun des Satans, sein letztes Stadium erwähnt. Dies ist, bildlich gesagt, der feurige Schwefelpfuhl, der Feuersee, d. h. er und die Seinen verfallen nun und verbleiben ohne eine weitere Aussicht der Hölle und der ewigen Verdammniß, der Höllenqual. So wären also nach der heiligen Schrift die Stadien des Satans folgende **sechs**: 1) sein eigener Abfall von Gott und seine Verstoßung von Gott auf ewig (denn vorher war er kein Satan, d. h. Widersacher); 2) die Verführung des Menschengeschlechtes im Paradiese und seine neue Verfluchung um deswillen, einschließlich der Androhung des von Gott zu sendenden Schlangentreters; 3) Verführung der Heiden und aller derer aus dem Volke Gottes, die ihm bei seinem, wenn auch durch Christum eingeschränkten Umherschweifen noch entgegenkommen. (Luk. 11, 25. 26); 4) sein Besiegt- und Gebundensein durch Christum „vollbracht" auf Golgatha und durch Christi Niederfahren zur Höllen; 5) sein Gelangen zum Gog und Magog; 6) der feurige Schwefelpfuhl. Sechs Stadien. Ein siebentes Stadium, ein Sabbathsstadium der Erlösung und Ruhe fehlt für den Satan und die Seinen ganz und auf ewig. So wird denn hier in der Vision der Satan selber schließlich abgethan, denn der jüngste Tag ist da und sein Erntefeld unter den Menschen auf Erden hört auf. Im 10. Verse wird des Thieres und des falschen Propheten wieder gedacht, desgleichen des Todes und der Hölle, also des Satans wieder V. 14. Dies sind nicht blos epilogische gelegentliche Wiederholungen, sondern zugleich Bekräftigungen der schon gegebenen Offenbarungen, namentlich der Herrlichkeit Christi als A und O auch über den Satan, Tod und Hölle, zum Heile seiner Gläubigen.

V. 11—15. Hier folgt eine visionäre Beschreibung des Weltgerichtes in Hinsicht darauf, daß nach Joh. 3, 18 nur die Bösen eigentlich gerichtet werden. Wäre es nicht Epilog, so wäre diese Andeutung passender zwischen V. 9 und 10 zu stehen gekommen, so aber im Epiloge, da können die früher schon abgehandelten Sachen an beliebiger Stelle in der Kürze wiederholt oder erwähnt, auch ergänzt werden, wie z. B. hier das jüngste Gericht.

V. 11. **Der auf dem großen weißen Stuhle** saß, ist „Gott in der Einheit seines Wesens" diesmal geschaut. **Die Erde und der Himmel flohen**, d. h.: die durch die Sünde beeinflußte leibliche und geistige Kreatur hörte auf in der sichtbaren Welt.

V. 12. **Ich sah die Todten stehen**, d. h. die leiblich aufer=weckten Todten und nicht die geistlich Todten. Sonst müßte man ja auch eben so im apostolischen Glaubensbekenntnisse die geistlich Todten meinen, wenn man sagt: Christus wird richten die Lebendigen und die Todten. Vergl. 2. Tim. 4, 1. Uebrigens könnte Johannes hier wohl die auferweckten Gerechten dabei gesehen haben, er erwähnt sie aber nicht, weil von ihnen die Schuld im großen Buche mit Jesu Blute durchstrichen ist und dabei geschrieben steht bei ihrem Namen das Wort: Glaube, und das Wort Christi: Wer da glaubet, der wird nicht gerichtet. Joh. 3, 18. Das Bücheraufthun ist eine Anspielung auf Dan. 7, 10.

V. 13. **Das Meer** ist hier Bild des sündlichen Menschengeschlechtes im Allgemeinen. **Tod und Hölle** sind aber hier Bezeichnung solcher Todten, die vornämlich durch Laster dem Tode und der Hölle sich verschrieben haben.

V. 14. Hier stehen Tod und Hölle in derselben Bedeutung, zugleich aber liegt in diesem Verse eine Hindeutung auf V. 10. **Der andere Tod** ist hier eine bildliche Bezeichnung der ewigen Verdammniß. „Wer einmal nur geboren ist auf Erden, muß zweimal sterben. Wer zweimal geboren ist (Joh. 3), wird nur einmal sterben." Somit ist der Tod, der vorher schon im 13. und 14. Verse erwähnt ist, der geistliche Tod, da man geistlich todt ist für Gott, weil diese geistlich todt Bleibenden in die Hölle gehören. Dies ist hier nun der Gegensatz zu dem im 4. Verse gemeinten Wiederkommen der Märtyrer und Gerechten. Der Tod der Bösen, der geistlich Todten hat nichts Erweckliches. V. 5. Hinter: der andere Tod, setzt eine Lesart noch hinzu: der feurige Pfuhl.

Das 21. und 22. Kapitel bringt noch einige der lieblichsten und wichtigsten Visionen zum Schlusse des Ganzen. Es folgt nun ein Blick im Geiste auf die Tagseite des Weltendes, aber wieder nicht direkt, sondern man soll die Herrlichkeit der Kirche Christi auf Erden im Geiste erkennen und gläubig festhalten und selbige nehmen als im Widerscheine vom himmlischen Jerusalem, oder von der oberen triumphirenden Kirche Christi. Johannes sieht und beschreibt hier das Bild von Etwas (von der Kirche Christi auf Erden), das uns wieder ein Bild und Unterpfand von einem anderen Etwas sein soll. Die Vision und das Gleichnißartige hat einmal seinen Fortgang in der Apokalypse. Ein eigentliches Gleichniß ist von der Vision verschieden: 1) weil zur Aufstellung eines Gleichnisses keine Ekstase erforderlich ist, wohl aber zur Vision; 2) weil das Gleichniß einen natürlichen oder geschichtlichen Vorgang u. s. w. aufstellt ohne Vermengung der zeitlichen und räumlichen Verhältnisse, wie es bei der Vision und im Traume der Fall ist; 3) beim Gleichnisse darf man nicht jeden geringsten Zug deuten, denn jede Vergleichung hinkt zuletzt, aber bei der Vision ist jeder einzelne Strich im Gemälde, der angegeben ist, gleichsam dazu gewählt, damit er Etwas bildlich bezeichnen soll. In der Vision wie im Traume herrscht die Bildersprache. — Sehr bezeichnend und für die Deutung von der größten Wichtigkeit ist der Umstand, daß die Apokalypse hier den Ausdruck: das neue Jerusalem gebraucht und nicht sagt: das himmlische Jerusalem, welches ja ebenfalls dem zerstörten jüdischen Jerusalem gegenüber steht. Wäre unter dem neuen Jerusalem ausschließlich der uns beschiedene künftige selige Himmel zu verstehen, so wäre die architektonische Pracht desselben uns hier viel vergeblicher beschrieben, wie die bei Hesekiel vom neuen Tempel (Bild der Kirche Christi). Was einst im Himmel den einzelnen herrlichen Stücken dieses neuen Jerusalems im 21. Kapitel entsprechen wird, bleibt uns verborgen, folglich bliebe eine der schönsten Stellen aus der apokalyptischen Bilderschrift uns unleserlich, ungenießbar. Das kann aber die Apokalypse unmöglich gewollt haben. Jeder Strich auf dem Gemälde vom neuen Jerusalem muß schon hienieden für uns einen tiefen Sinn enthalten, wonach wir zu forschen haben. Das Thema der Apokalypse (V. 6) bewährt sich hier vornämlich, d. h. als lichtgebend, damit wir, wenn wir suchen was droben ist, wie wir auch sollen, doch nicht verkennen, was wir in der Kirche schon hier unten haben durch Christum unser A und O und den beständigen Erchomenos. Eph. 5, 25—27. 32. Matth. 16, 18. Luk. 17, 20. 21. — Aus dem Thema und dem Plane der Apokalypse ersehen wir auch, daß der Hure des Satan, der tollen ungläubigen Welt gegenüber auch eine reine Braut des Lammes in der Apokalypse vorkommen mußte und die erscheint nun hier im 21. Kapitel. Warum erst im Epiloge? Diese zugleich unsichtbare und sichtbare Kirche des Herrn soll in Folge der recht verstandenen apokalyptischen Visionen sein: 1) subjektiv im Geiste des Gläubigen als erkannt, geschaut und gläubig festgehalten das erfreuliche, Siegesfreudigkeit verleihende Resultat der Apokalypse für alle Zeiten der Christenheit; 2) objektiv der Zweck dessen auf Erden, welcher ist das A und O, Jesus Christus, hochgelobet in Ewigkeit. Also welche Planmäßigkeit mag im Ganzen wohl gehen über die der Apokalypse? Und welche Kunst, die nur vom heiligen Geiste stammen kann, liegt in diesem 21. Kapitel verborgen, indem überall in der Beschreibung des neuen Jerusalems auf Erden zugleich die Herrlichkeit des oberen himmlischen Jerusalems durchleuchtet. Schenkst du schon so viel auf Erden: ei, was will im Himmel werden? — Besonders auch V. 2., 3., 9. 10 nöthigen uns, unter dem neuen Jerusalem die Kirche Christi zu verstehen. Auch entspricht diese Deutung der Planmäßigkeit der Apokalypse: In natura sieht Johannes Kapitel 2 und 3 im Ganzen ein schwaches Bild von der Braut Christi, dazu ihre Noth und Drangsale. — Desto herrlicher erscheint ihm die Kirche nun im Geiste, bei gläubigerem und tieferen Geistesblicke.

Johannes sieht voll Entzücken das für die damalige Menschenwelt Unglaubliche, nämlich die Reichsaufrichtung Christi, das Gedeihen und Blühen der Kirche des Herrn auf Erden, welcher auch alle Pforten der Höllen ihr Dasein und ihren Sieg nicht rauben können, das neue Jerusalem, den herrlichen Vorhof des himmlischen Jerusalems. So sieht also der hochbegnadigte Seher Johannes am Schlusse der Offenbarung noch einmal die künftige Erfüllung der Offenbarung, die Zukunft der Kirche als bereits erfüllt und zwar Beides, das glorreiche Werden und Bestehen der Kirche. Nun ist der Blick der Perspektive entlang bei den beiden fernsten und zugleich unvergleichlichsten herrlichen Gesichtspunkten angelangt, diese sind das neue Jerusalem auf Erden und im Himmel, die aber in der Vision, nicht ohne hohe Bedeutung, zusammenzufallen scheinen.

Wer, wer darf nun auftreten und behaupten, diese Vision sei nicht in Erfüllung gegangen? Ja auf diese Vision am allergewissesten zielten schon die Verse zu Anfange der Apokalypse, wo es hieß, daß ohne Verzug das Geschaute anheben werde in Erfüllung zu gehen. Im Geiste hat Johannes die Erfüllung gesehen, gewiß auch außerhalb der Ekstase, als äußerlich fast noch Nichts zu sehen war. (Vergl. die Sendschreiben.) Folglich dürfen wir um so weniger behaupten, es sei nichts mehr mit der Kirche, wenn wir durch Lästerung uns nicht wollen an der Kirche und Braut des Herrn schwer versündigen, oder wenn wir uns selbst nicht dadurch die geistige Sehkraft absprechen wollen, mag auch äußerlich in der Erscheinung der Kirche vor gewöhnlichen Menschenaugen nicht viel Herrliches in die Augen springen. Möchten doch dieses alle Sektirer zu allen Zeiten wohl bedenken, welche gleich zur Secession, wenn auch aus frommen Gründen, sich aufgelegt fühlen, besonders wegen Mangel an bekehrten Christen. Mag auch viel Unkraut und wenig Weizen da sein, draußen oder gar auch noch drinnen im Herzen, wie beim heiligen Johannes 1. Joh. 1, 8. 9, so ist doch eine Gemeinde der Heiligen und eine Braut Christi da, und, was die Hauptsache ist, der Herr ist bei der Kirche mit seinem theueren Verdienste (Perle), Wort, Sakrament,

Geist und Gaben und in dem Allen sieht das sehende Auge eines Christen mit Johannes die Kirche und das neue Jerusalem. Wer an den wahren dreieinigen Gott und an seine verborgene sittliche Weltordnung wahrhaft glaubt, wenn er sie auch nicht immer mit den Sinnen fassen kann, der wird auch an die wirkliche daseiende, wenn auch verborgene Herrlichkeit der Kirche Christi glauben. Vergl. Joh. 10, 11. Hebr. 12, 18—24. Paulus und Petrus stimmen hierin ganz mit Johannes. Kol. 3, 3. Eph. 5, 25—27. 32. 1. Petri 2, 9. 10. Also muß auch jeder Christ aus Ehrfurcht vor der Kirche und im Glauben einer Partikularkirche angehören und nicht einer Sekte, weil Gott zugelassen hat, daß die Kirche Jesu Christi, die eigentlich an sich eine Gesammtheit ist, in Wirklichkeit in Partikularkirchen zur äußerlichen Erscheinung kommt, so daß also Derjenige auch der Kirche als solcher nicht angehört, welcher sie dadurch verläugnet, ja schmäht, daß er die von Gott zugelassene Erscheinung verachtet und die Nothwendigkeit einer größtmöglichen Gesammtheit, also die Idee der Kirche nach dem neuen Testament und besonders nach der Apokalypse thatsächlich leugnet. — Mit obiger Deutung des neuen Jerusalems stimmt auch ganz die Stelle Hebr. 13,? 22: „Ihr seid gekommen" und das Lied: Gott sei Dank durch alle Welt.

Kap. 21, V. 1. Der neue Himmel, den Johannes hier sah, ist im Einklange mit Jes. 65, 17. 18. 66, 22 nicht buchstäblich zu deuten auf eine zweite verbesserte Herstellung der bisherigen Schöpfung und Naturreiche, wie manche sich's gedacht und im Geiste paradiesisch ausgemalt haben; sondern dieser neue Himmel ist der Inbegriff der wiedergeborenen, himmlisch gesinnten Christen, die Geister der getauften und gläubigen Christen. Die neue Erde ist der Inbegriff aller noch zur Zeit der Kirche zu bekehrenden Menschen. Sie hängen im Herzen noch der Erde an, sind aber nicht mehr sich selbst überlassen, sondern werden vom guten Hirten gesucht und stehen in Seelenpflege, in Zucht, in Aufsicht, wenigstens in seelsorgerlicher Fürbitte der Christenheit, was alles vor Christo nie der Fall gewesen. Höchstens daß die Propheten davon geweissagt haben. Das Meer ist nicht mehr, d. h.: das Menschengeschlecht als eine verlassene Sündenwüste oder wie ein ödes Meer in seinen Sünden und Verderben ungestört, nach Art der Ebbe und Fluth auf- und abwogend. Dem geschieht seit Christo Einhalt. In Christo wird Alles neu. 2. Kor. 5, 17. Ueberall, wo die Kinder Gottes aufkommen, da hat es auch die übrige vernunftlose Kreatur besser als früher. Röm. 8, 19. Sprüchw. 12, 10.

V. 2. Das Herabfahren des neuen Jerusalems von Gott aus dem Himmel ist ein Bild vom allmäligen Erscheinen. Bei aller Ekstase, wie nüchtern und besonnen, wie fern von allzu sanguinischer Hoffnung und Verheißung! Als eine geschmückte Braut ihrem Manne sieht Johannes die Kirche. Johannes sieht das neue Jerusalem als eine geschmückte Braut und V. 9 und 10 die Braut des Lammes als eine wunderbare, große und herrliche Stadt. Diese Bilder und ihre Vertauschung gründen sich auf alttestamentlichen Sprachgebrauch und Stellen wie Jes. 62, 11: „Saget der Tochter Zion", d. h.: der Gottesgemeinde auf Zion: siehe dein Heil kommt. Sach. 9, 9. Ps.

45, 14. (Des Königs Tochter ist ganz herrlich inwendig.) Pf. 137, 8. Jef. 47, 1. Jef. 1, 8. So verkommen auch die Kirche im Ganzen oder Einzelnen (Ephesus, Pergamus, Thyatira, Laodicäa,) manchem scharfen Auge dünken mag, so ist in ihr dennoch ein Häuflein armer, durch Christum erlöster Sünder, eine Gemeinde der Heiligen, folglich auch die geschmückte Braut vorhanden. Durch den gläubigen Gebrauch der Gnadenmittel, Gottes Wort und Sakrament, lassen sich doch hier und da früher verlorene Schäflein auf den Achseln des guten Hirten immer näher zu dessen Heerde tragen. So verkommen auch manche einzelne christliche Parochie ihrem treuen Seelsorger dünken mag, er soll in ihr dennoch eine Braut Christi haben, die er mit ihrem Manne vertrauen soll. Der Herr wird ihm beistehen und für den zunehmenden Schmuck sorgen. Er wird das Seine thun, mag nur der Seelenhirte der Gemeinde immer weiter nach Jef. 55, 8—13 das Seine an den Seelen thun durch Predigen (Weissagen, Ap.-Gesch. 2, 17. 18), durch Beispiel, Fürbitte, Bitten (2. Kor. 5, 20) und Einladen an Christi Statt.

Das neue Jerusalem ist die Kirche des Herrn. Der Vorhof hienieden und das himmlische Allerheiligste oben hängen beide natürlich zusammen, schon weil in beiden Ein und Derselbe ist das A. und O. Im Wiederscheine des seligen Himmels und im Lichte der Gnade des dreieinigen Gottes nimmt sich das erstere eben so herrlich aus, wie Johannes hier beschreibt. Die Kirche ist also viel mehr als etwa die bloße Summe aller auf Erden lebenden Christen. Der Name: neues Jerusalem, fordert auch auf zur Vergleichung des neuen Jerusalems mit dem alten im jüdischen Lande: Im neuen Jerusalem sind lebendige Bausteine, viele und immer sich vermehrende Gotteshäuser, der Gekreuzigte als liebster Herzensschatz, ein ewig geliebtes Volk Gottes, die Braut des Sohnes Gottes. Im alten war das Gegentheil in diesen Stücken.

Im 2. Verse kommt die Kirche in Betracht als Gemeinde, daher wird sie mit einer Braut verglichen. Der Bräutigam ist der Oberbischof der Gemeinde.

V. 3. Von hier an kommt die Kirche in Betracht als Heilsanstalt, daher wird sie verglichen mit einer Hütte Gottes bei den Menschen und im 10. Verse mit einer großen herrlichen Stadt. Hier haben wir im 3. Verse abermals ein Beispiel davon, daß der Vision eine Deutung gegeben wird, was aber immer wieder in einem neuen Bilde geschieht (Hütte Gottes), weil die Vision weiter geht. — Die Stimme hier und im 5. Verse ist zugleich ein göttliches Zeugniß zu Gunsten der Kirche, wahrlich kein Armuthszeugniß! Anstatt: Stimme von dem Stuhle, setzt eine andere Lesart: vom Himmel. Beides giebt den Sinn: von Oben, also ein zuverlässiges Zeugniß. Siehe da, eine Hütte Gottes bei den Menschen! Eine, d. h. eine wahre Hütte Gottes. Richtiger soll die Uebersetzung sein: die Hütte Gottes, d. h. die einzige Hütte Gottes bei den Menschen, also Verwirklichung des geweissagten Immanuel, Gott mit uns. Wäre unter dem neuen Jerusalem nur der künftige selige Himmel zu verstehen, so hätte doch wohl der Zuruf lauten müssen: Siehe da, eine Hütte bei Gott für die Menschen. Vergl. Joh. 14, 2. — Sie werden sein Volk sein und — d. h. sie und ihr Gott sind einander durch das Bundesblut Christi zugeschrieben und durch dasselbe beim heiligen Abendmahle und durch die Absolution der Kirche immer von Neuem versiegelt und zugesprochen. Daher ist es ein sehr unerbauliches, unersprießliches Gerede, wenn ungeachtet der von selbst kommenden Abnahme der Kirchenbesucher und Kommunikanten viele die Kirche besprechenden oder beklagenden Stimmen statt Jes. 55, 8—13 zu predigen, vielmehr überklug wiederholen: Kirchengehen, große Kommunikantenzahl macht's auch nicht aus. Luther spricht, der Glaube gehorcht der Empfehlung eines Mittels und wenn selbst das Aufheben eines Strohhalmes zu einem Gnadenmittel vom Herrn bestimmt wäre. Der Unglaube fragt geringschätzig: Wie kann mir dies viel helfen? ja sieht den Kirchenbesuch und das zum heiligen Abendmahle gehen lästerlich als „Tändelei" an. Für Frauen passe so was eher, Männer, besonders Gebildete, „hätten die Philosophie." Indeß da solche, obwohl sie einen Teufel leugnen, doch das: „zum Teufel" und „Teufel holen" so nothwendig brauchen und demgemäß auch gewöhnlich auf ihrem Sterbebette sich gebehrden, so kann ihre ganze Philosophie nicht weit her, auch nicht viel werth sein. Davor behüte uns, lieber himmlischer Vater!

V. 4. Das Abwischen der Thränen versieht der Herr verheißener Maßen in der unteren Kirche schon auf die treueste, väterlichste Art, denn er ruft ja unaufhörlich: „Kommet her zu mir alle, die ihr mühselig und beladen seid, ich will euch erquicken!" Oben geschieht's endlich noch ein für alle Mal. Dazwischen paßt nun kein tausendjähriges Reich ohne Thränen. Da wäre ja oben nichts mehr abzutrocknen. Wer zu Christo kommt, entgeht den Thränen, die fern von Christo über ihn gekommen wären und die noch sich findenden Thränen der „seligen Reue", der Liebe, Wehmuth und Rührung mildert und trocknet Christus. Wer Christum nicht hat oder wieder verläßt, geht mit Fleiß in's Gebiet bitterer Thränen hinein, die ihm Niemand abtrocknen wird. Matth. 13, 41. 42. — Der Tod wird nicht mehr sein, hienieden schon nicht, wie wir im 2. Artikel beten und mit Paulus singen: Tod, wo ist dein Stachel, Christus ist mein Leben, Sterben ist mein Gewinn! Jesus meine Zuversicht u. s. w. Nach Leid oder Trauern, d. h. ein solches, das ohne Trost und Hoffnung ist, denn solch eins ist erst ein wahres Leid und Trauern. Darum sprechen die Christen mit dem Apostel: Wir rühmen uns auch der Trübsale. Röm. 5. Denen, die Gott lieben, müssen alle Dinge zum Besten dienen. Mein Herze geht in Springen und kann nicht traurig sein, ist voller Freud' und Singen, sieht lauter Sonnenschein. Die Sonne die mir lachet, ist mein Herr Jesus Christ, das, was mich singen machet, ist, was im Himmel ist. Noch Geschrei: das ist das schauerliche Rufen aus der Tiefe ohne Erhörung, z. B. beim reichen Manne in der Höllenqual. Auch das kennen die Christen nicht, noch viel weniger als jenes kananäische Weib. Noch Schmerzen: Ueber den Schmerz der Verzweiflung, wie bei Judas Ischarioth, geht kein anderer. Des reuigen Petrus Schmerz wurde gehoben. Das Erste ist vergangen. Das Erste ist noch überall, wo Christus nicht missionirt oder nicht angenommen wird. Ap.=Gesch. 17, 30.

158 Auslegung und Deutung der Offenbarung.

V. 5. Hier sagt Gott, daß diejenigen nur, die sich erneuern lassen, Bürger des neuen Jerusalems sind und seiner neuen Herrlichkeit sich erfreuen. Er spricht zu mir, nämlich der die Vision vermittelnde Engel, darum steht das erste Mal: sprach und das zweite Mal: spricht. Diese Worte, nämlich die von der Erneuerung, sind wahrhaftig und gewiß, d. h.: sie sind nicht auf dies und jenes zu deuten und bildlich auszulegen, sondern sollen sich recht eigentlich am Herzen und an der Seele des Menschen verwirklichen, nämlich die neue Kreatur in Christo. 2. Kor. 5, 17.

V. 6. Er sprach zu mir, dies soll anzeigen, daß die visionär-bildliche Redeweise wieder fortfährt. Es ist geschehen. Vergl. zu K. 16, 17. D. h. es ist Alles so gewiß, als sei es schon geschehen. Streng genommen, geht hier V. 6-8 die Vision über in Eingebung (Inspiration). Daher kehrt das Thema der Offenbarung hier wieder, welches in den Visionen buchstäblich nicht wiederholt, sondern nur in Bildern bewiesen, umschrieben, ausgeführt war. Dieser 6. Vers enthält die wichtige Antwort auf die am Schlusse der Offenbarung zu erwartende Frage des Sehers oder Lesers: Ach, wie gelangt man nun zum Besitze dieses Heiles und dieser Herrlichkeit als Miterbe Christi? Die Antwort sagt: Durch herzliches Verlangen mittelst Buße und Glauben. Der Durstige ist der nach Gnade verlangende bußfertige Sünder und das: ich will geben von dem Brunnen des lebendigen Wassers umsonst, das erfordert eitel gläubige Herzen, welche an Christi, des Lammes Gottes vollgiltiges Sühnopfer glauben. Das Wörtchen umsonst ist eine Bezeichnung der Gnadenfülle (Joh. 1, 16), die sich mit eigenen sühnenden Bußwerken des Menschen gar nicht verträgt. Die guten Werke sind erst unausbleibliche Früchte der Buße, des Glaubens, der erlangten Sündenvergebung in Christo. Lebenswasser bekommt man auch schon in der unteren Kirche, wie aus Joh. 4 zu ersehen. Hat man nur erst Christum, den Heilsbrunnen, so wird auch das Lebenswasser, Sündenvergebung und Gnade, die den Menschen neu macht, nicht fehlen. Gal. 2, 20. Es ist zu beachten, daß kein einziges Merkmal vom neuen Jerusalem die Anwendung auf die untere Kirche versagt.

V. 7. Eine Lesart setzt statt: Alles, Dieses: Jenes zeigt mehr nach Oben, als das Wort Dieses. Wer überwindet, d. h.: wer es wagt, sich überwindet und will des Vaters Willen thun und den Sohn Gottes annehmen, der wird inne werden, wie selig man bei Jesu wird, diesseits und auch jenseits, wenn er alles Irdische endlich wird überwunden haben. Ich werde sein Gott sein —, hier wird gesagt, daß das Vorwort Gottes zu den heiligen zehn Geboten: „Ich bin der Herr, dein Gott" an den Erlösten Christi in Zeit und Ewigkeit sich göttlich verwirklichen wird, indem die Seligen Christi einst durch die erlangte Gerechtigkeit des Sohnes Gottes und als seine Miterben im Himmel noch über die guten Engel kommen werden, welche in gleichmäßiger Heiligkeit und Seligkeit verbleiben und keine Gerechtigkeit des Sohnes Gottes geschenkt bekommen. Wie groß ist die Blindheit und das Verderben eines sündhaften Menschen, welcher diese angebotene Gnade vom Herrn als A und O verachtet, ihm den Satan vorzieht und durch jene Verschmähung sich eines Verbrechens schuldig macht, das Satan nicht einmal begangen hat. Auf solche Menschen bezieht sich nun

V. 8. Die Verzagten sind solche, die aus Liebe zur Welt und Sünde sich von Christo und von dem Ernste des Christenthumes abschrecken lassen, als ob bei Christo gar keine Freude zu genießen sei. Aus diesen werden die **Ungläubigen**, die je länger, je mehr mit Vorsatz Mißtrauen gegen Jesum beweisen. Aus diesen werden die **Greulichen**, welche eine Vorliebe zum Abscheulichen beweisen, als wie zum Fluchen, Lästern und anderen Lastern. Aus diesen werden **Todtschläger, Hurer, Zauberer**, die als Verführer andere zur sündlichen Nachfolge reizen und so gleichsam förmlich bezaubern. **Abgöttische** und in summa **Lügner**, das heißt, die es mit der Satans Lüge halten, welcher fort und fort zuflüstert: Versage dir den Genuß der Lust nicht, man gönnt sie dir nur nicht, sie wird dir nicht so viel schaden, wie Gott soll gesagt haben. — Ach bleib' mit deiner Gnade bei uns, Herr Jesu Christ, daß uns hinfort nicht schade des bösen Feindes List.

Die Vision des neuen Jerusalems als Stadt geht von V. 9—22. Die letzten 6 Verse dieses Kapitels gleichen dann mehr einem Bericht als einer Vision.

V. 9. Hier heißt es, daß einer von den sieben Engeln gekommen sei, die die sieben Zornesschalen noch voll hatten. Dies ist doch ein sehr deutlicher Wink, daß die zu betrachtende Braut Christi **vor** Ausgießung der Zornesschalen (der letzten vorläufigen besonderen End= gerichte Gottes) zu sehen ist. Folglich muß auch mit der Braut die untere Kirche zunächst gemeint sein. Wenn aber das 21. Kapitel keine ausdrückliche Endvision enthält, sondern solches, das lange vor dem Ende sich erfüllt, warum soll die Stelle Kap. 20, 1—6 durchaus eine End= vision enthalten?

V. 10. Johannes wird im Geiste auf einen großen und hohen Berg geführt. Einst war er von Christo mit zwei andern der gläubig= sten Jünger auf den Berg Thabor geführt worden, wo ihnen so wohl war, daß sie dort mit ihm bleiben und Hütten bauen wollten. Hier auf dem großen und hohen Berge baut Gott ihnen eine Stadt, seine Hütte bei den Menschen auf. Wie dort die Wüste war eine Be= zeichnung des bußfertigen Herzensstandes, so ist hier der Berg ein Bild der großen, weltüberwindenden, ja Berge versetzenden Kraft des Glaubens (1. Joh. 5, 4. Matth. 17, 20), und von der herrlichen Erkenntniß des Gläubigen (Joh. 6, 69. Hebr. 11), und von der schönen weiten Aussicht des Glaubens. Micha 4, 1. Jes. 2, 2. Hes. 17, 23. Pf. 121, 1. Offenb. 21, 7. Mark. 16, 16. Wer nicht wahrhaft glaubt, der wird nie in der Kirche etwas Herrliches finden. Johannes wird auf den Berg geführt, weil man sich den Glauben nicht selber geben kann. Man bekommt ihn aber, wenn man um ihn bittet und sonst Gottes Rath dazu befolgt und seinen Dünkel aufgibt. Der gläubige Christ sieht in der Kirche Gottes Kind und Jesu Braut. Weil Johannes das neue Jerusalem im Herniederkommen gesehen hat, so ist der Berg nicht ursprünglich der Ort des neuen Jerusalem. Es ist himmlischen Ur= sprunges.

V. 11. „Dieser Vers erinnert an das letzte Wort im Propheten Hesekiel: Jehovah dorthin. So soll die neue Stadt heißen. Damit fängt die Beschreibung hier an, nämlich mit der Gegenwart Gottes und seiner Herrlichkeit. (Vergl. V. 3.) Der Herr spricht: Wo zwei oder drei in meinem Namen versammelt sind, da bin ich mitten unter ihnen." So ist der Herr auch im heiligen Abendmahle auf besondere sakramentliche Weise gegenwärtig. Ihr Licht, d. h. das Licht der Herrlichkeit Gottes. Der Spender ist das Lamm, daher V. 23 es besonders erwähnt wird; hier wird es mit dem alleredelsten aller Edelsteine bezeichnet.

V. 12. Die kolossale Mauer der Kirche ist die reichliche Gnade, die ihr zur Abwehr dient, „die behütende Gnade Gottes." Mauern und Wehre sind Heil, heißt es Jes. 26, 1. Zwölf Thore hat die Kirche, d. h. 1) sie ist für alle Nationen aus allen Himmelsgegenden (vergl. V. 13); 2) die einzelnen christlichen Gemeinden und Kirchspiele, folglich um so mehr die Partikularkirchen sind integrirende Theile der Kirche Christi, aber mit diesen Thoren zu vergleichen (vergl. den zweiten Anhang); 3) diese Thore sollen nur Eingangsthore sein. Nur Judasse gehen wieder aus der Stadt hinaus. — Die zwölf Engel auf den Thoren 1) erinnern an das Wort Christi: Es wird Freude sein vor den Engeln Gottes über einen Sünder, der Buße thut und zu dieser Stadt eingeht; 2) sind Bilder des geistlichen Standes, einschließlich des kirchenregimentlichen Standes und Vorstandes. — Von einem einzigen Oberengel über alle zwölf Engel findet sich hier nichts angegeben. — Namen geschrieben, welche sind die zwölf Geschlechte der Kinder Israel, dies ist eine bildliche Andeutung der Universalität der christlichen Mission: Gehet hin in alle Welt und lehret alle Völker u. s. w.

V. 14. Dieser Vers sagt uns: 1) wie es nur einen Erlöser giebt, so hat die Kirche nur zwölf eigentliche Apostel, zwölf Kanäle der erlösenden, segnenden und behütenden Gnade, indem Matthias (mit menschlicher Beihülfe erwählt) und Paulus (ohne menschliche Beihülfe erwählt) an Judas Stelle für einen gerechnet werden. Alle späteren Apostel sind nur aus Anmaßung sogenannte Apostel; Prediger, Bischöfe, Evangelisten, Lehrer soll die Kirche immer haben, aber Apostel keine mehr; 2) jeder Bote Gottes im geistlichen Stande soll aber ebenso das Bewußtsein von seiner ihm übertragenen Würde oder seines Berufes haben, wie hier Johannes von sich und gleich den Aposteln; 3) die Apostel als solche sind aber nicht der Eckstein, sondern vom Eckstein abhängig und uns zugleich Vorbilder in der Demuth, Liebe und Treue.

V. 15. Diese Messung der Stadt erinnert an die Messung des Tempels Kap. 11, 1. 2. Der Tempel wurde von Johannes gemessen, die Stadt wird vom Engel gemessen. Dort beim Messen des Tempels wird dem Sinne nach gesagt, daß die menschliche Statistik bezüglich der Missionserfolge zur Befriedigung der Gläubigen ausfallen wird. Hier wird der Blick erweitert. Hier wird gesagt, daß sogar, wenn die Engel eine kirchliche Statistik führen wollten, bezüglich der unteren und oberen Kirche, diese auch zur Befriedigung der Himmelsbewohner ausfallen werde.

Kapitel 21.

Wenn die obere Kirche dazu in Betracht kommt, können Menschen nicht mehr messen. — Das goldene Meßrohr des Engels ist auch hier das durch Christi Blut und Sieg verherrlichte, erweiterte göttliche Verheißungswort: „Ich bin ein guter Hirte." — Daß die Stadt gemessen werden soll, das ist eine Hinweisung auf die noch zu erwartenden Schaaren aller Erretteten in der unteren Kirche für die obere, folglich auch eine Verheißung für die Zukunft der Kirche. — Daß die Thore gemessen werden sollen, die Partikularkirchen, gleichsam die Zugänge zum neuen Jerusalem, besagt, daß sie weit genug sind und daß sie offenstehen für jeden bußfertigen Sünder. Durch sie kommt man zum Herrn. Diebe und Mörder klettern wo anders hinein. Joh. 10, 1. Der Herr spricht: „Wer zu mir kommt, den werde ich nicht hinausstoßen." — Daß die Mauern sollen gemessen werden, besagt, daß die Gnade und das Heil für Alle hinreicht und alle rechten Bürger befriedigt. Joh. 10, 11. — Kurz das Messen ist eine Bezeichnung des guten Bestandes, des Hinreichenden und der Fülle.

V. 16. Viereckig ist die Stadt. Dies ist ein Bild des Festen, d. h. es wird keine bessere Religion kommen, als die christliche und keine bessere Religionsgemeinschaft als die Kirche Christi, die mit seinem Blute gegründet ist (Ap.-Gesch. 4, 12) und unter ihm dem rechten A und O, dem Erchomenos, feststeht in alle Ewigkeit. Die 12000 Stadien (300 Meilen) erinnern an Christi Wort: „In meines Vaters Hause sind viele Wohnungen." Die Länge, Breite, Höhe sind gleich, d. h. der Kirche Christi selber fehlt es an nichts, sie hat keinen Fehler. Alles Fehlerhafte rührt nur von Menschen her, die es bald so, bald anders an sich fehlen lassen.

V. 17 besagt, daß Gott mit seiner Gnade in Christo und in der Kirche vor Menschen und Engeln wohl bestehen wird, so gut und wohl ist Alles angelegt und daß die Kirche, die Rettungsanstalt armer fluchbeladener Sünder dennoch ist der Engel Lust und Wonne.

V. 18—21. Der Sinn dieser architektonischen Pracht und ihrer Beschreibung ist hauptsächlich: die Herrlichkeit der Kirche Christi ist in Gottes Augen und in des Johannes Augen, und in den Augen jedes gläubigen Christen so groß, daß sie, wenn auch viel Mühe darauf verwendet wird, dennoch mit Worten gar nicht zu beschreiben ist. Daher werden Bilder von Gold, Perlen und Edelsteinen zu Hülfe genommen und Einzelnheiten vorgebracht. Da V. 11 der Jaspis eine bildliche Bezeichnung Christi war, so haben wir diese übrigen Edelsteine hier als Bilder der Boten Christi und der christlichen Lehrer in Kirchen, Schulen und auf Universitäten, wie auch in den Familien zu nehmen. Diesen soll ihr Beruf recht ideal und wichtig sein und sie sollen, ohne Ehrgeiz zu haben, glänzen durch ihre Lehre wie durch ihren Wandel, denn der Edelstein glänzt auch, ohne ehrgeizig zu sein. Die Perle in jedem Thore ist die, welche Matth. 13, 45. 46 gemeint ist: Die Begnadigung des armen Sünders bei Gott durch das theure blutige Verdienst Jesu Christi. Diese Perle darf in keinem Thore fehlen.

V. 22. Hier wird gesagt, daß eine Herrlichkeit der Kirche darin besteht, daß in ihr nicht das Monopol eines Tempels vorkommt, wie einst im alten jüdischen Jerusalem, sondern, wo irgend zwei oder drei im Namen des Herrn versammelt sind, da ist sein Tempel, ja, jedes gläubige Christenherz ist ein Gottestempel. 1. Kor. 3, 16. Oder vielmehr die Gnadengegenwart Gottes und das Gedächtniß Jesu Christi (2. Tim. 2, 8. Luk. 22, 19) ist wie ein umgebender heiliger Tempel, der das Gemüth heiligt und zum Himmel erhebt und im christlichen Herzen Heimweh erweckt. Luk. 2, 49.

V. 23. Dieser Vers erinnert an Jes. 60, 11—20. 24, 23. Sonne und Mond kann man hier auf die Weltweisheit und auf die weltliche Staats- und Polizeigewalt deuten. Dieser Dinge sind die wahren Christen unter einander nicht mehr benöthigt. 1. Kor. 6.

V. 24. Das Wandeln der Heiden, das hier erwähnt ist, beweist, daß im 21. Kapitel die untere Kirche mit gemeint ist. Sonst müßte es heißen: die Heiden, die da selig werden, genießen dasselbe Licht, oder: sind auf Erden gewandelt in demselben Lichte. Das Licht geht über die Heiden durch die Kirche auf und nun erheben sie sich und fangen an im Lichte zu wandeln, „die Lahmen gehen." Die Könige werden ihre Herrlichkeit in die Kirche bringen, d. h. sie werden nach ihrer Bekehrung ihre irdische Herrlichkeit in's richtige Verhältniß zum Christenthume setzen und seinem Dienste weihen.

V. 25. Hier wird angedeutet, daß in der Kirche nach Befinden bei Tag und Nacht wird gepredigt, gerufen, gebetet, gesungen, Trost und das heilige Abendmahl gespendet werden, wozu Christi Diener unermüdlich bereit sein sollen.

V. 26. Die Herrlichkeit und die Ehre der Heiden hier ist die herrliche Ehre Christi, die er hat von der Bekehrung der Heiden und die ihm gebührt für ihre Bekehrung.

V. 27. Hierin liegt eine Verwahrung, daß zur wahren Kirche vor Gott im Himmel nicht die falschen Glieder hinzugerechnet werden, wonach ein Jeder sich zu achten hat.

So wird die Kirche Christi, die Hütte Gottes bei den Menschen, von der Apokalypse erhoben, wozu in den ersten Versen des folgenden letzten Kapitels noch eine Erhebung beigefügt wird. Leider entspricht die Wirklichkeit in der äußeren Erscheinung nicht diesem Ideale, denn fast Alles ist ganz anders, als es sein sollte, Lehrer und Hörer, Prediger und Zuhörer. Statt Märthrer des Glaubens haben wir überall häufig Verächter des Glaubens und der Kirche, auch freche Sünder und Lasterknechte, daß es scheint, als werde der Rest des guten Weizens auch noch vom Unkraute erstickt werden. Bloßes Namenchristenthum ist eine Unehre für die Kirche, doch wie viele Christen mögen sein, denen auch der Name Christen ganz gleichgültig geworden, oder die gar schon in Antichristen sich verwandelt haben. — Immer größer wird die Kluft zwischen der Kirche im engeren Sinne und zwischen dem christlichen Volke, weil die Geringschätzung der Gnaden- und Heilsmittel der Kirche immer größer wird. — Man hat daher verschiedene Maßregeln und Mittel zur Abwendung dieses traurigen Uebels empfohlen, unter andern auch größere Betheiligung des christlichen Volkes und dessen Herbeiziehung durch Vertreter bei kirchlichen Gemeindeangelegenheiten. Die Auf-

Kapitel 22.

Auflösung des Räthsels wird aber gewiß nirgends gelingen, noch sich bewähren, wo nicht die Apokalypse, namentlich das Thema, die sieben Sendschreiben und die Beschreibung des neuen Jerusalems zu Rathe gezogen werden. Und der beste Trost einstweilen für alle bekümmerten Ziousfreunde, die noch ihr Jerusalem sich lassen im Herzen sein, ist Jesus Christus, das A und O und die Hütte Gottes bei den Menschen, die er nicht wegnehmen wird noch will (Offenb. 12, 6. 14) und die auch die Pforten der Hölle nicht überwältigen werden (Matth. 16, 18). Vergl. den 7. Art. d. Augsb. Konf. — Mögen Menschen noch so sehr zur Unzierde der Kirche gereichen, wir suchen den Schmuck der Braut nicht bei Menschen, sondern in der Hütte Gottes bei den Menschen und bei dem Haupte der Kirche, bei Christo, ihrem A und O, an dem der Vater sein Wohlgefallen hat und dem er doch immer auch treue Glieder verleiht zum Lohne. —

Kap. 22, 1—7. Hier folgt noch eine Vision des Johannes von der Kirche, wo sie unter einem neuen Bilde in ihrer Herrlichkeit gezeigt wird, sie wird hier mit dem Strome oder Quelle des Lebens verglichen. Der ersten Vergleichung mit einer Braut lag zum Grunde der Begriff der Gemeinde (2. Kor. 11, 2. Eph. 5, 32) und da sollte vor Christo die Gemeinde Israel der Typus sein. Der zweiten Vergleichung lag der Begriff einer Heils- und Versöhnungsanstalt zum Grunde, daher wird sie mit einer großen zweckmäßig ausgestatteten Stadt verglichen und da wird die Stadt Jerusalem, wie sie vor Christo mit dem Tempel eine Heilsanstalt darstellte, als Typus angesehen. Auch die schöne goldene Jordansaue im gelobten Lande konnte als Typus der Kirche genommen werden und dies geschieht hier im 22. Kapitel. — Auch hier ist dem heiligen Seher die obere und untere Kirche eine, nämlich eine im Zusammenhange stehende Gemeinde Christi. — Der Aufbau des unteren Theiles hatte damals seit 60 Jahren seinen Anfang genommen. Vor den Augen der Welt war es ein kärglicher, wenig versprechender Anfang. Noch weniger wußte sie, die Welt, von der großen Herrlichkeit, welche die Kirche, diese neue Schöpfung Gottes, in sich verbarg. Vor den Geistesaugen des heiligen Johannes lag aber dieses Verborgene als enthüllt zu Tage. In einer dreifachen Vision bekommt er die Herrlichkeit der Kirche zu sehen und diese Vision hat er ja mit für uns alle bekommen. — Alle drei Hauptfaktoren des vorbildlichen Kanaan, Volk, Stadt, Jordansaue (das Gegentheil der Wasserflüsse Babylons) wiederholen sich geistlich in diesen Visionen und in der Kirche, allegorisch, in einer höheren geistlichen Potenz: Es ist ein Volk Gottes vorhanden, das nicht mehr verstoßen wird, daher sieht Johannes die Kirche als geschmückte Braut des Lammes; es ist ein neuer Tempel und noch mehr, es ist eine große Tempelstadt in der Kirche da, daher erscheint ihm die Kirche als neues Jerusalem; hier giebt es auch eine neue goldene Jordansaue, daher gleicht die Kirche einem Strome des Lebens. Das Wasser daraus hat noch größere Heilskräfte, als das wirkliche Jordanswasser dort beim Naemann bewies, 2. Kön. 5, 14, denn jenes entquillt vom Throne Gottes und des Lammes und geht in's ewige Leben. Daß übrigens hier im 2. Vers das dritte Gleichniß in das zweite überschlägt, kommt auf Rechnung der Vision als solcher. So folgt auch Kap. 21 V. 3 und V. 9. 10 plötzlich auf das erste Bild das zweite. Daraus sieht man, daß wir hier nicht gemachte Gleichnisse haben, sondern wirkliche Visionen, die nicht gemacht, sondern von Gott dem Johannes und uns Allen mit gegeben sind.

V. 1. Das Wasser bedeutet das Leben, das Heil, die Seligkeit. Also ist der Strom der Kanal dieses Wassers, folglich ein Bild der Kirche. O würde doch die Kirche Christi überall dafür anerkannt, als Kanal für's Wasser des ewigen Lebens, das jedem armen Sünderherzen zu Theil werden, in dasselbe hineinfließen soll. Dieser Strom hier erinnert an Hes. 47. — Schon der Prophet Hesekiel hatte Etwas davon im Geiste gesehen und gehabt, was Johannes hier als zukünftig und doch auch als vorhanden schon sieht. Somit ist der Vorwurf, daß die Offenbarung fast nur das Jenseits im Auge hat und das Evangelium nur das Diesseits, ganz ungerecht. Johannes sieht und zeigt das Diesseits in der Kirche im Verklärungsschein von Oben und im Lichte der in der Kirche anwesenden verborgenen Herrlichkeit Gottes. Der Strom als Bild sagt zugleich, daß das Lebenswasser für unzählige ausreicht, daß es die Mühseligen erquickt, sie nicht blos tröstet, sondern auch lebendig macht, kräftigt, d. h. heiligt. Lebendiges Wasser ist hier so viel wie Wasser des Lebens. Das Beiwort lauter fehlt in einer Lesart. Es steckt dieser Begriff auch schon im Worte Krystall. Also im Christenthume giebts durch Christum den Versöhner und durch sein Blut und durch seine Fürbitte eine reine Gottesverehrung, eine reine Buße, einen reinen Glauben, eine reine Liebe, ein reines Herz (Matth. 5), eine reine Rechnung vor Gott beim letzten Hinscheiden, eine reine Seligkeit bei Christo im Himmel. Der Strom ging von dem Stuhle Gottes und des Lammes. Vergl. Kap. 7. 17., d. h. er hat göttlichen Ursprung. Und des Lammes, das soll nicht eine Zweifachheit bedeuten, sondern Johannes sah jedenfalls das Lamm mitten im Stuhle. Es ist Vision.

V. 2. Dieser Vers ist ähnlich dem 7. und 12. Verse beim Propheten Hesekiel Kap. 47. Daß hier der Strom mitten in der Gasse des neuen Jerusalem dahin fließt und an beiden Ufern Holz des Lebens, also viel solches Holz trägt, während im Paradiese nur von einem Baume des Lebens die Rede war, dies Alles ist Andeutung einer in der Kirche Christi vorhandenen Herrlichkeit nämlich der vielfachen Gelegenheit, wo unermüdet von Christo gepredigt, gesungen und in seinem Namen gebetet und damit das ewige Leben gleichsam verabreicht und eingesogen wird. Das Leben selber ist ein und dasselbe, wenn auch die Gelegenheit verschieden ist. Zwölferlei, oder wie andere übersetzen, zwölf Früchte, dies deutet hin auf die reichliche Heilsverkündigung und Austheilung ohne Mangel, ohne Unterbrechung, einen Segen nach dem andern nach sich ziehend. Z. B. das ganze Kirchenjahr hindurch wird immer den Christen mehr dargeboten, als von den meisten begehrt und angenommen wird. Zwölf Missionsstunden werden im Laufe des Jahres in manchen Gemeinden als Zugabe zu den bestehenden Gottesdiensten gehalten und die Wenigsten kommen. So ist's auch mit den Bibelstunden. Die aber kommen, wie gesegnet gehen sie nach ihrem eigenen Bekenntnisse, welches schon darin liegt, daß sie wieder kommen. Die Blätter des Holzes dienten zur Gesundheit der Heiden. Dies erinnert an die Missionare, an die Missionsgaben, Missionsgebete, an die Verbreitung der Bibel und christlicher Schriften. Also: „Man wird hier nur an das Diesseits denken dürfen.". (H.) Die Heiden werden gesund und die Folge davon ist, daß sie zu den Thoren eingehen. Für den Himmel ist auch die prophylaktische Arznei unnöthig, dort ist alle Gefahr vorüber. Gleichwohl sagen diese beiden Verse auch Etwas vom Jenseits, wenn man sie im Widerschein des himmlischen Jerusalems und im Lichte des Themas betrachtet, nämlich: Wir werden dahin gelangen, von wo der lautere Strom ursprünglich ausging, zum Throne Gottes und des Lammes, wir werden nach der irdischen Thränensaat, die zuweilen äußerlich kommen muß, dort eine ewige Freudenernte halten von Früchten, die wir nicht selbst gepflanzt haben, wir werden dort ewig heil und gesund sein an der Seele und später auch am Leibe.

V. 3—5. Hier geht die Vision über in allegorische Belehrung, oder in prophetischen Bericht. Kein Verbanntes, oder kein Bann wird mehr drinn sein, dies erinnert an Jos. 7, 12. Die folgenden Worte zeigen an, „daß das Verbannte hier hauptsächlich ist das Heidnische in der Gottesverehrung. Der christliche Kultus soll sich blos um den Stuhl Gottes und Christi bewegen."

V. 4. Sie sehen sein Angesicht. Diese Worte entsprechen dem Segensspruche: Der Herr erleuchte sein Angesicht über dir und sei dir gnädig, der Herr erhebe sein Angesicht auf dich und gebe dir Friede. Sie erfreuen sich also der göttlichen Gnade in Christo, diese ist ihr tägliches Seelenmanna, ohne das sie nicht mehr bestehen können und dies zeigt sich unter andern an ihnen auch dadurch, daß sie aus der gottesdienstlichen Versammlung nicht vor dem ertheilten Segen Gottes davonlaufen und bei dem gegenseitigen Beschenken mit dem Herrn, bei dem Introitussegen: Der Herr sei mit Euch! Und mit deinem Geiste! auch schon da sind. Die sehen darin und in Anderm schon hier Gottes Angesicht, so gut es hienieden geht (Joh. 14, 8. 9) und können nicht mehr davon lassen (Joh. 6, 67—69). Sein Name wird an ihren Stirnen sein, indem sie mit dem Taufwasser auch der Taufgnade des dreieinigen Gottes theilhaftig und gleichsam an den Stirnen damit versiegelt werden. Der recht volle Name Gottes ist seine Anbetung in drei Personen laut der Taufformel und vom Erhalten der Taufgnade her. Wohl dem, der diesen Gott zum Freunde hat, schon vor der Bekehrung. Dieser gnadenreiche, mit seiner Gnade zuvorkommende Gott wird unfehlbar auch nach meiner geschehenen Bekehrung Geduld mit mir haben, „reichlich und täglich mir vergeben" und treu bleiben, wenn auch dies Eine fort und fort bekümmert mich, daß ich mit solcher Inbrunst dich noch nicht liebe wie ich sollte und so gern wollte. Ach, bleib mit deiner Treue, bei uns Herr, unser Gott, Beständigkeit verleihe, hilf uns aus aller Noth.

V. 5. Keine Nacht wird mehr sein. Weil dort oben keine Nacht mehr sein wird, so muß auch hienieden ein Widerschein davon sich finden und ist auch da, insofern hier keine Unterbrechung der Heilsspendung, der Gnade Gottes in Christo Statt findet. Es sind hier fort und fort lauter „Gnadenjahre", kein babylonisches Exil unterbricht dieselben. Vergl. K. 21, 5. Regieren: das jenseitige Mitregieren in Ewigkeit muß auch hier schon seinen Abglanz haben und dieser besteht in dem Beten im Namen Jesu, welches allemal erhört wird und wodurch die Gläubigen einen gewissen „Antheil an der Weltregierung Gottes" aus Gnaden eingeräumt bekommen haben; ferner besteht jenes Regieren im Glauben (2. Kor. 10, 5), im Beherrschen des Fleisches durch den Geist, in der Selbstverleugnung, in der Verachtung der Welt, in Ueberwindung der Anläufe des Teufels, im fröhlichen, seligen Sterben. Dies eben, hier in der zweiten Hälfte des 5. Verses ist das, was die Predigt (Weissagung) der Apokalypse an uns erreichen will und was zugleich bei den Leiden und Kämpfen der Kirche und des Einzelnen trösten und den Frieden Gottes herstellen helfen soll. Darauf deuten nun auch die V. 6—16 folgenden Schlußermahnungen hin. Hier will nun die Apokalypse ihren doppelten Endzweck bei dir erreicht haben: 1) das neue Jerusalem, die geschmückte Braut Christi, die herrliche Hütte Gottes bei den Menschen sammt ihrem Haupte, dem A und O, dem allzeitigen Erchomenos soll dir erschienen sein, für dich da sein; 2) Trost und Friede von Gott, dem Vater, Sohn und heiligem Geiste soll in Folge der Weissagung der Apokalypse reichlich, ja überschwänglich bei dir wohnen. Wohl dir alsdann, du hast es gut! spricht der Herr.

V. 6. Hier wird gesagt, daß dieses Mitregieren und dies Guthaben und Haben des neuen Jerusalems nicht figürlich, sondern recht eigentlichst zu verstehen sei. Die zweite Hälfte dieses Verses knüpft den Schluß der Apokalypse wieder an ihren Anfang Kap. 1, 1. Gott, der Herr der heiligen Propheten, diese Worte lauten nach einer andern Lesart: Der Gott der Geister der Propheten, d. h.: es ist nur ein und derselbe heilige Geist bei allen Propheten. 1. Petri 1, 11. 2. Petri 1, 21. Dies soll zugleich eine Hinweisung sein auf die Wichtigkeit dieser Offenbarung, welche ebenfalls von demselben heiligen Geiste stammt. Was bald geschehen muß, d. h.: was nun sofort Eins nach dem Andern kommen muß, weil ja die Kirche schon da ist. Vornämlich das sieghafte und siegsfreudige Hervortreten, oder doch Dasein der Kirche soll unverzüglich sich beurkunden. Dies ist die Hauptsache und das vorläufige weitere Kommen des, der das A und O ist, zum Heil der Gläubigen und zum Gericht der Welt, das meint die Apokalypse, nicht aber, daß auf eine ganz besondere und neue, auffällige Weise Hungersnoth, Tod, Teufel, Hölle und Heuschrecken und skorpionartige Kriegsheere nächster Tage auf Erden erscheinen würden.

V. 7. Der Sinn dieses Verses ist: Ich lasse es an mir nicht fehlen, laßt auch ihr, meine Gläubigen, es an euch nicht fehlen, laßt euch von der Weissagung leiten, damit ich euch zum Segen kommen, euch zum Heile Alles in Erfüllung gehen lassen kann. Vergl. V. 12. 20.

V. 8. Wie im Evangelio, so betheuert auch hier Johannes am Schlusse die Wahrheit und Zuverlässigkeit seiner Schrift. Der Inhalt der ganzen Offenbarung und die Entzückung darüber übernimmt den

Johannes so, daß er abermals voll von heiliger Anbetungslust sich fühlt und diesem Drange vor dem Engel genügen will. (Vergl. zu Kapitel 19, 10.)

V. 9. Hier am Schlusse der Offenbarung und zugleich der ganzen Bibel wird nochmals die reine Anbetung Gottes, des alleinigen Gottes zur Pflicht gemacht. So schließt sich das Ende der heiligen Schrift an die Anfangsworte derselben an, denn die Worte: Am Anfang schuf Gott Himmel und Erde, schließen eben so rein wie die Apokalypse jeden gnostischen Dualismus von zwei ursprünglichen Urwesen aus und enthalten in sich dieselbe Anweisung zur alleinigen Anbetung Gottes als des Schöpfers und Versorgers der Welt. Dies können im Geiste und in der Wahrheit nur thun, die durch den Sohn Gottes erlöst sind und durch den heiligen Geist fort und fort geheiligt werden. Joh. 17, 3. Joh. 3. Sogar der Satan muß sich Matth. 4, 10 Etwas von der alleinigen Anbetung Gottes gesagt sein lassen, wenn er auch dem nicht Gehorsam leistet.

V. 10. **Und er spricht zu mir.** Dieser Sprechende hier ist Jesus Christus, denn die Rede geht dann ohne Unterbrechung fort und V. 13 sagt der Sprechende: Ich bin das A und O, woraus folgt, daß der Engel V. 9 aufgehört hatte zu zeigen und zu sprechen. Versiegele nicht die Worte der Weissagung in diesem Buche. Dies ist fast wörtliche Wiederholung von Kap. 1, 3. Hier wird abermals durch das Wort Weissagung die predigende Tendenz der Apokalypse betont und nicht die Gesichte und Bilder, die Einkleidung, die „Hülse," sagt Herder. Dies Buch will eine Bußpredigt und Trostpredigt mittelst der Zukunftsenthüllungen sein und nicht der Neugierde, der Zukunftssucht oder andern ungeistlichen Gelüsten Vorschub leisten. — **Die Zeit ist nahe** (vergl. zu V. 6), d. h. die Kirche Christi ist bereits da, nun muß sofort Eins nach dem Andern kommen, was durch sie bewirkt oder indirekt herbeigeführt wird, oder sie betrifft. Bildlich: die neue Weltenuhr vermöge des Christenthums ist in ihrem unaufhaltsamen Gange. Wohl Jedem, der nicht zerstörend eingreift, sondern von ihr sich leiten läßt zur rechten Erkenntniß: Jetzt ist die angenehme Zeit, jetzt ist der Tag des Heils, da gerufen wird: Kommt, es ist alles bereit!

V. 11. Die erste Hälfte dieses Verses außer dem Zusammenhange genommen, klingt mißverständlich, ja unverträglich mit der Liebe des guten Hirten zu den verlorenen Schafen. Hier aber, am Ende der Offenbarung und des ganzen Bibelbuches, ist dieser Vers so zu sagen ein rechter Bußkeil in's menschliche Gemüth, um es zur Besinnung zu bringen. Da ist dann der Sinn folgender: Wer nach der empfangenen gesammten Heilsoffenbarung und nach allen diesen Buß- und Gnadenmitteln alles Anklopfen seines Erlösers und Seligmachers verschmäht und dafür fortfährt, ihn in's Gesicht zu lästern und zu schlagen, der muß ganz böse sein und die Sünde gegen den heiligen Geist begangen haben, für die keine Vergebung mehr ist; dieser möge noch so trotzig, böse, unrein zu sein fortfahren, „der im Himmel spottet ihrer" (Ps. 2). Darum fürchtet euch nicht ihr Gläubigen, sondern bleibt fromm und heilig. — Zu dieser Deutung des 11. Verses stimmen auch nun ganz die folgenden beiden Verse, der 12. und 13.

V. 13. Diese Wiederholung des Thema's der ganzen Offenbarung sagt zugleich: Nicht das Böse, sondern das Gute behält den Sieg. Das Böse trägt den Keim der Selbstvernichtung in sich, der Tod ist der Sünde Sold. Dazu kommt die heilige und gerechte Rache des Herrn. Gott kann nicht anders sein als gut, heilig, gerecht; alles Gute ist von Gott, von dem Gott in Christo, darum ist dem Guten der Sieg gewiß und eine gnadenreiche Vergeltung dazu.

V. 14 sagt Jesus: Selig sind, die seine Gebote halten, nämlich des Vaters Gebote, weil Johannes die Art hat, bald den Vater und Sohn zu unterscheiden, bald als Eins mit einander darzustellen. Im Christenthume stellt der Vater das Gebot an uns oben an: „Den (meinen Sohn) sollt ihr hören!" (liegt auch schon in der Ueberschrift Gottes zu den heiligen zehn Geboten) und der Sohn fügt hinzu: „Kommt her zu mir Alle, die ihr mühselig und beladen seid!" Die es nun thun, dürfen vom Holze des Lebens, vom Kreuze Christi und aus seinen heiligen Sakramenten Vergebung der Sünden, Heiligungskräfte vom heiligen Geiste, ewiges Leben genießen. Also stehen sie bereits wieder in neuem Paradiese und essen vom Baume des Lebens, sind schon Jesu Tischgäste und er spricht zu dem Demüthigen, in sich Kleinen: „Freund, rücke hinauf!" Und sie folgen dem Rathe ihres Herrn und gehen seine Pfade, gehen ein durch die Thore seiner Stadt. So ist's drinnen im Reiche Gottes und Christi.

V. 15. Hier ist gesagt, wie es draußen ist: Draußen sind die Hunde u. s. w. Die Hunde sind nicht blos ein Bild des Unreinen und Boshaften, sondern hier zugleich ein Bild des Ausgeschlossenseins. Viele Boshaften sind vom Satan bereits wie Hunde so dressirt, daß sie schon von selbst, wie wohl dressirte Hunde, aus allen Versammlungen der Kinder Gottes zurückbleiben und dadurch anzeigen, zu welcher Gattung sie gehören, ohne daß sie erst von der Kirche namhaft gemacht werden. Die Hunde geben ihre Bosheit durch Bellen, Knurren und Beißen kund. Aehnlich verfahren jene, die sich selbst excommunicirt haben. Ohne persönlich genannt zu werden, sind sie doch nachträglich schon von der Kirche alle durch diesen Vers deutlich gekennzeichnet, ja von Gott, dem Schöpfer, selbst durch die allbekannte Analogie an den armen Hundegeschöpfen, an den bösen. Möchten nur alle, die drinnen im Reiche Christi sein wollen, alles derartige Analogische sorgfältigst vermeiden und alles davon im Herzen Restirende durch des Herrn Gnade auszurotten suchen. Die Zauberer sind auch draußen. Nach 1. Sam. 15, 23 ist der Ungehorsam gegen Gott eine Zaubereisünde. Die Ungehorsamen werden von ihrer Sünde wie bezaubert und ihr böses Beispiel steckt auch andere an. Zuletzt werden die Lügner genannt. Dies sind hier die der Welt anhangenden Ungläubigen. Die Welt ist eine Verkörperung der Satanslüge: „Thue das Verbotene, glaube nicht dem Worte Gottes, in welchem es dir verboten wird, man mißgönnt dir nur das Süße." — Draußen sind, d. h.: so wie hienieden außerhalb der Gemeinde der Heiligen, so auch dort einst außerhalb des himmlischen Jerusalems.

V. 16. Dieser Vers ist der von Christo selbst der Apokalypse beigefügte Schlußvers und stimmt ganz mit dem ersten Verse des Buches überein. Wer wollte nicht zugestehen, daß in der Apokalypse eine große Planmäßigkeit und eine gehalte Disposition zum Grunde liegt, nach welcher die Auslegung durchaus zu forschen hat? Die Worte: zu zeugen an die Gemeinden, beweisen, daß, was auch nach den sieben Sendschreiben folgt, jenen sieben Gemeinden und zugleich der ganzen Christenheit bestimmt war. — Ich bin die Wurzel Davids, d. h. der vor David war, dem Geschlechte Davids verheißen und von den Propheten vielfach verkündigt und im Voraus näher beschrieben. Auch in dieser Beziehung ist es absolut unmöglich, daß ein Anderer kommen und dem Herrn, dem Erchomenos seine Stelle streitig machen kann. Darum suche Jesum und sein Licht! Er ist ein heller Morgenstern, der in dir aufgehen und dir den Morgen des ewigen Lebens hier bringen und dort oben den vollen Tag gewähren muß. Denk', o Mensch, an deinen Tod, säume nicht, denn Eins ist Noth!

Die Rede des Herrn schweigt nun. Mittelbar aber geht sie noch fort durch die Predigt seines Wortes in der Kirche und durch seine vorläufigen Gerichte, durch das Erchomenossein. Unmittelbar wird sie erst wieder bei seiner Zukunft zum letzten Gerichte zu hören sein.

Nun folgen noch einige Schlußwünsche des heiligen Johannes.

V. 17. Hier antwortet Johannes im Namen der ganzen gläubigen Christenheit auf diese erhaltenen Offenbarungen und vernommenen Reden Jesu, ihres lieben Herrn. Er faßt die ganze Antwort und den ganzen Dank vorläufig in eine einzige Bitte, in die zweite des Vaterunsers: Komm! und fügt sofort eine gläubige und liebende Aufforderung an die Mitmenschen hinzu: Wen dürstet, der komme und wer da will, der nehme das Wasser des Lebens umsonst! Der gesagt hat: „Kommt her zu mir alle, die ihr mühselig und beladen seid, ich will euch erquicken," den darf man getrost bitten: Komm, Herr Jesu, du mußt zuerst kommen und mir aufhelfen, daß ich recht zu dir kommen, so recht an dich gelangen kann, ich will ja so gern zu dir. Ich glaube. Lieber Herr, hilf meinem Unglauben! Vergl. Jes. 55, 1. — Der Geist, hier erwähnt neben der Braut des Herrn (d. h. der Kirche), muß hier die Gesammtheit der gläubigen evangelischen Prediger bedeuten, in wie fern sie den Geist der Weissagung haben. Es kann auch ungläubige, unbekehrte Prediger geben, die ihr Amt äußerlich verwalten, ihre Reden mit Mühe studiren und halten, ohne sonderlich den Herrn zu Hilfe zu rufen.

V. 18. 19. Diese Verse erinnern an 5. Mose 4, 2. Gal. 1, 8. 9. Darum hat diese hier ausgesprochene Warnung gegen Fälschung und Verstümmelung der „Weissagung in diesem Buche" eine allgemeinere und weitere Beziehung, nämlich auf die ganze Bibel, und nicht blos auf die Vision der Apokalypse und ihren Sinn. So ein hier verbotener, über die in der Apokalypse und in der ganzen Bibel geoffenbarten göttlichen Heilslehren hinausgehender Zusatz wäre z. B. die Apokatastasis oder die Meinung von einer in der Ewigkeit noch bevorstehenden Wiederbringung (Wiederherstellung) aller Dinge, wo Einige, die sonst bibelgläubig sein wollen, eine Erlösung und Rückkehr auch der verdammten Geister, sogar des Teufels zu Gott erwarten. Durch diesen Zusatz wird die absolute Ewigkeit der Höllenstrafen geleugnet, welche als unendlich doch in der heiligen Schrift viel schärfer und öfterer betont werden, als die Ewigkeit der Himmelsfreuden. 1. Kor. 15, 27. 28 steht wohl Etwas von der künftigen allgemeinen Unterthänigkeit aller Dinge unter Gott, aber nichts von der Rückkehr oder gar vom Rückflusse zu Gott, wie die buddhaistischen Heiden in Ostindien so Etwas träumen von einem künftigen Aufgehen der Menschenseelen in Gott. Dagegen und gegen andere Zusätze zur Bibellehre protestirt die Apokalypse selbst im 18. Verse auf's Feierlichste. Die Behauptung, daß Gott z. B. einen Menschen, der früher gottesfürchtig gelebt, aber zuletzt aus Schwermuth sich entleibt habe, wenn keine Apokatastasis wäre, ewig in der Verdammniß lassen müsse, beruht auf der irrigen Voraussetzung, daß Gott die im unzurechnungsfähigen Zustande ausgeführte Unthat eines Menschen ebenso strafen werde, wie die im zurechnungsfähigen Zustande verübte. Und die Befürchtung, daß man nicht recht selig werde sein können, wenn man einst im Himmel nicht die Hoffnung haben werde, daß alle Verdammten oder gewisse noch nachkommen können, diese Befürchtung ist ganz unnöthig, weil ja sonst der liebevollste himmlische Vater selbst schon jetzt nicht recht selig wäre, wenn jene Befürchtung Recht hätte, indem er ja seit Adams Zeiten, ja seit dem Falle der bösen Engel schon eine Hölle sieht und die darin Verdammten. Denn auch eine endlich=ewige Zeit bliebe doch eine Störung, folglich Unvollkommenheit der Seligkeit. Nein, gerade umgekehrt, der Teufel, die Hölle und alle auf ewig Verdammten werden gerade zur Erhöhung der ewigen, himmlischen, seligen Freuden wider Willen beitragen müssen und so wird es kommen, und zwar aus dem Hauptgrunde, weil Jesus Christus, der Sohn Gottes ist das A und O, der Erchomenos auch in dieser wichtigen Beziehung und als das ewig preiswürdige Lamm Gottes, das geduldig und gehorsam war bis in den Tod am Kreuze, als der Sohn Gottes mit seinem Verdienste, mit seiner Liebe, mit seiner Treue und mit seinen erretteten Schaaren eine tausendfach ersetzende Genüge dem Vater und den Seligen leistet für den ewigen Verlust der Bösen, so viel ihrer auch von der Hölle nach ihrem eigenen Belieben verschlungen sein werden. Auch diese Frage und dieses Räthsel löst das Lamm mit der Todeswunde, das das versiegelte Buch Gottes geöffnet hat. Warum wollen nur Viele nicht hineinsehen, ob sie nun gleich dürfen? Vergl. den 17. Artikel der Augsburger Konfession.

Und wenn nun der Chiliasmus anderseits, wenn auch zum Theil unschuldigerweise wegen verlornen Zusammenhanges bei Offenb. 20, 1—6, die herrliche Braut Christi, die Hütte Gottes bei den Menschen, das neue Jerusalem als jetzt schon vorhanden leugnet und in eine letzte glänzende tausendjährige Periode des Reiches Christi hinaussetzt, so nimmt sich dies ganz aus wie ein Davonthun, wie ein Armuthszeugniß, welches kein Mensch Macht hat der Kirche Christi, auch wie sie bisher gewesen, auszustellen. Solch Bekenntniß giebt, erzeugt nicht Zeugenmuth, sondern Zeugenunmuth, mehr als recht ist. Wären die Reformatoren Chiliasten gewesen, so hätten sie ganz geduldig oder muthlos die Reformation bis auf die vermeintliche erste sichtbare Wiederkunft des Erchomenos anstehen lassen und nie gesungen: Und wenn die Welt voll Teufel wär' u. s. w. Haben ja doch Chiliasten der Christenheit bereits gerathen, jetzt vor der

vielleicht nahen ersten Zukunft Christi, nicht erst mit eifrigem Menschen=
werk zur Besserung der Kirche ihm viel vorzugreifen. Du arme Kirche
des Herrn, und doch in deinem A und O allzeit so herrliche Kirche
des Herrn! Ich bin ihr hold, und wenn ich sollt' groß Unglück han,
da liegt nichts an, sie will mich deß ergötzen mit ihrer Lieb' und Treu'
an mir, die sie zu mir will setzen und thun all' mein' Begier. Sie
trägt von Gold so rein eine Kron'! (Luther im Liede: Sie ist mir
lieb u. s. w.)

V. 20. Hier findet sich ein liturgisches Responsorium, oder eine
liturgische Intonation, dergleichen beim christlichen Gottesdienste zwischen
der Gemeinde und ihrem Geistlichen vor dem Altare sonst üblich. Hier
findet es Statt zum Schlusse der Offenbarung und der auf Christum
zielenden ganzen Bibel zwischen der Braut Christi und dem Herrn, zwischen
Jesu und dem gläubigen Christen. Beide sind zu denken als ein Herz
und eine Seele in der Liebe zu einander. Die gläubige Christenseele hat
schon zu viel von ihm, ihrem Heilande, als daß je die Sehnsucht nach
ihm aufhören könnte (Joh. 6, 67—69). Wo Christus, das A und O
kommt, da ist der Sieg, und die Herrlichkeit, und das Herrschen über
seine Feinde so gut wie schon da, nach Psalm 110. Christi Heilige,
(d. h. die sich heiligen lassen), sind seine Miterben, sie werden nicht ge=
richtet, sondern sie richten mit ihm die Welt (1. Kor. 6, 2), regieren
und herrschen mit ihm über die Welt. Sie sind in ihm und durch ihn
das Salz der Erde, um dessen willen das Sodom noch verschont wird,
das Licht der Welt; sie sind schon hier selig in ihm, kraft des Namens
Jesu (Seligmacher) und seiner Würde als A und O. Wer hier wegen
beharrlichen Unglaubens nie in dem Herrn selig war, obgleich er Zeit
und Gelegenheit dazu hatte, der kann's auch dort nicht sein. Wenn also
der himmlische Bischof unserer Seelen uns zuruft: „Ja, ich komme bald!"
so antworten wir mit gläubigem, seligen Herzen ihm darauf: Amen, ja
komm Herr Jesu! Amen. Laß, Liebster, mich erblicken dein freundlich
Angesicht, mein Herze zu erquicken, komm, komm, mein Freudenlicht!
denn ohne dich zu leben ist lauter Herzeleid, vor deinen Augen schweben,
ist wahre Seligkeit.

V. 21. Hier nehmen mit einem Segenswunsche von uns Abschied,
jedoch auf Wiedersehen dort vor Christo, dem A und O, der Apostel
Johannes, die Apokalypse als Sendschreiben und die ganze Bibel als
Brief Gottes. Nach einer anderen Lesart heißt es statt: mit euch, mit
allen Heiligen, d. h. Christen. Vergl. Kap. 11, 18. 13, 7. 20, 6.

Ja, die Gnade unseres Herrn Jesu Christi sei mit uns allen,
so haben wir das Beste, was ein Mensch, ein armer sündiger Mensch
erlangen und haben kann hier zeitlich und dort ewiglich. Amen. Amen.

> Wenn Christus, der Herr, zum Menschen sich neigt,
> Wenn er sich als Hort dem Flehenden zeigt:
> Mag schwinden das Leben, mag nahen der Tod,
> Wir können nicht sinken, denn Helfer ist Gott.

Mit Weglassung alles Bildlichen ergiebt sich nun aus der vorhergehenden Auslegung folgende

Disposition der Apokalypse.

Text der Apokalypse als Erweckungs-, Buß- und Trostpredigt: die ganze heilige Schrift.

Thema: Jesus Christus von Ewigkeit zu Ewigkeit der Herr zur Ehre Gottes des Vaters. Oder: Jesus Christus als der Kommende, der Erste und der Letzte. Kap. 1.

Hauptgesichtspunkt: die Zukunft der Kirche. Im Thema liegt zugleich die Verheißung, daß er an seiner Kirche sich in Zeit und Ewigkeit als ihr treuester Beschützer und als ihr bester Trost sich verherrlichen wird. Kap. 1, 13—19.

Art der Ausführung: durchweg in Bildern oder in Beschreibung visionärer Scenen, welche die Wahrheit des Thema's durchscheinen lassen und bestätigen.

Gang der Ausführung: im ersten Haupttheile synthetisch, im zweiten Haupttheile analytisch, der Epilog wieder synthetisch.

Tendenz: Erbauung, Erzeugung und Belebung des Glaubens, der mit Christo Alles getrost überwindet und siegesfreudig in die Zukunft blickt. Hierin sollen christliche Prediger ihren Gemeinden vorangehen, und Letztere sollen durch diesen Glauben eine weithin sich kundgebende Herrlichkeit gewinnen im Leben und im Kämpfen gegen Fleisch und Blut, Welt und Teufel, damit Jesus Christus, das A und O, an ihnen und durch sie verherrlicht werde. Kap. 1. Besonders V. 3. 20. Kap. 1 enthält die Einleitung.

I. (Erster Haupttheil.) Nach Innen will der Herr sich an der Christenheit als ihr Haupt und Seligmacher so verherrlichen, wie Kap. 2 und 3 in den Sendschreiben gelehrt wird. Auch später erfolgte partikulare Kirchengestaltungen finden dort ihren Bußspiegel.

II. (Zweiter Haupttheil.) Nach Außen hat der Herr als das A und O vielfach das Seine bereits gethan und will es ferner thun.

A. Im Allgemeinen nämlich hat der Heilsplan Gottes in Christo durch Christum seinen unaufhaltsamen Fortgang und wird ihn behalten. Grund dieser Hoffnung:

1) die anbetungswürdige Herrlichkeit Gottes des Vaters, Sohnes und heiligen Geistes. Kap. 4.

2) namentlich das A- und O-Sein des Logos, des Sohnes Gottes, ohne dessen künftige Erlöserliebe und Erlöserthätigkeit keine Menschen hätten geschaffen werden können. Kap. 5. — Aber

   a) weil durch den Logos für einen Heiland der Menschen gesorgt war, so wurde der erste Adam geschaffen, im Stande der Unschuld (Kap. 6, 1. 2), obwohl er seine Unschuld nicht bewahrte und durch seinen Sündenfall das sündliche Verderben über die Menschheit brachte. Kap. 6, 3 ff.

   b) weil ein künftiger Erlöser schon da war, so tödtete Gott nicht den gefallenen Adam, sondern ertrug in göttlicher Langmuth den Sündenfall. Kap. 6, 3. 4.

Disposition der Apokalypse.

c) weil Christus vom Fluche der Sünde erlösen sollte, so kam der gerechte Fluch über die Erde, der aber der erlösenden Gnade und Erbarmung keinen Abbruch thut. Kap. 5, 5. 6.
d) weil Christus ein Erlöser vom Tode und Teufel sein sollte, so fingen Tod und Teufel als Sündensold ihre Ernte an. Sterben und Umkommen der Menschen, besonders durch Unglücksfälle, kam vor. Sterben war lauter Unglück. Kap. 6, 7. 8.
e) weil Christus ist die Auferstehung und das Leben und die Gerechtigkeit, die vor Gott gilt, so können Märtyrer getrost ihr Leben dahingeben. Ihr Sterben ist Glück. Kap. 6, 9—11.
f) weil Christus seine Feinde und die Feinde seiner Gläubigen einst richten wird, so gehen schon auf Erden verschiedene Strafgerichte vorläufig voraus. Kap. 6, 12—17. Jedoch soll der jüngste Tag selbst noch aufgeschoben werden, Kap. 7, 1. 2, bis durch die Mission eine dem Herrn bewußte hinlängliche Schaar aus allen Nationen gerettet sein wird, Kap. 7, 3—8, welche die Errettung durch Jesum im Himmel preisen und selig sein werden. Kap. 7, 9—17.
g) weil Christus durch die Mission die Sünder zur Buße rufen lassen will, so werden den Strafgerichten und schreckenden Zulassungen Gottes auch immer Bußprediger und Heilsverkünder beigegeben werden, ja die Strafgerichte Gottes selbst sind Weckrufe zur Buße, welche immer stärker kommen müssen, da sie wenig beachtet werden. Gott selbst bleibt dabei heilig, gerecht, anbetungswürdig. Kap. 8, 1—5. Folgende Zulassungen Gottes sind theils Weckrufe Gottes, theils Gelegenheiten für zu haltende Bußpredigten:
aa) Krieg und Blutvergießen. Kap. 8, 7.
bb) der äußerlich zwar friedliche, innerlich aber durch die Sünde verpestete Menschen- und Weltverkehr. Kap. 8, 8. 9.
cc) Irrlehrer im Allgemeinen. Kap. 8, 10. 11.
dd) im Besonderen ungläubige, unbekehrte Lehrer und Vorgesetzte in der Kirche. Kap. 8, 12.
ee) die durch den Fall Satans und seiner Engel in Folge der Verführung der ersten Menschen erzeugten Sünden- und Lasterheere, incl. der Selbstmorde unter den Menschen. Kap. 9, 1—11. Der Fall Satans und sein Einfluß auf die Menschheit, der Sündenfall insbesondere ist das erste große Wehe. Kap. 9, 11. 12.
ff) der Tod überall in seinem verschiedenen, oft kolossalen Auftreten, als Sündensold und als steter Verkündiger und Hauptrepräsentant des Fluches, der auf der Sünde ruht: das zweite große Wehe. Kap. 9, 13—21.
1) mittlerweile soll neben dem zweiten Wehe die Christenheit aus dem Evangelio süßen Trost genießen und in der Buße und im Kampfe des Glaubens fortfahren. Kap. 10, 1—10.
2) verheißen wird, daß die Missionsberichte, ausschließlich der Juden, Erfreuliches mitzutheilen haben werden. Kap. 11, 1. 2.

3) das Wort Gottes und das Predigtamt werden die zwei Hauptfaktoren der aktiven Mission sein. Kap. 11, 3—13.
4) sie werden verfolgt und scheinbar getödtet und doch nicht ertödtet werden. Kap. 11, 7—13.
5) sie werden von Gott an der ungläubigen Welt gerächt werden. Kap. 11, 12. 13.
gg) das Weltgericht. **Es ist das dritte große Wehe.** Die Geretteten sind im Himmel dann geborgen. Kap. 11, 14—19.

B. Im Besondern bekämpft der Herr selbst, der das A und O ist, zum Troste und Heile der Seinen gewisse Feinde, welche zum Theil schon erlegen sind, zum Theil auch künftig erliegen und endlich ganz vernichtet werden sollen.
1) der Hauptfeind ist der Satan, gegenüber hauptsächlich der erlösenden Liebe Gottes in Christo. Dies sind die beiden Hauptspitzen der sich feindlichen Heerlager. Kap. 12. Der Satan hat bereits durch Christi Werk auf Golgatha den Kürzeren gezogen. Aber er hat noch Gehilfenschaft.
2) die gott- und christusfeindliche Gehilfenschaft sind:
  a) die antichristische, früher monarchische, zuletzt ochlokratische politische Machthaberschaft. Kap. 13.
  b) das antichristische falsche Prophetenthum. Kap. 13, 11—18. Der Christ darf siegesfreudig seinen Blick zum Himmel erheben. Kap. 14, 1—5. Sein Blick wird emporgerichtet:
    aa) durch die Mission und Reformation der Kirche. Kap. 14, 6. 7.
    bb) durch die Geschichte des Reiches Gottes, welche lehrt, daß die Welt vergeht mit ihrer Lust und mit ihrem Trotz. Kap. 14, 8.
    cc) durch das geistliche Predigt- und Hirtenamt in der Kirche,
      1) mit der doppelten Perspektive in die Ewigkeit. Kap. 14, 9-13.
      2) besonders mit der Ankündigung des jüngsten Gerichtes (Kap. 14, 14-20) dem aber vom heiligen, gerechten Gott (Kap. 15) gesandte Endkatastrophen vorausgehen werden. Kap. 16.
  c) die Welt. Sie hält's mit dem Satan und jenen beiden satanischen Gehilfen, obgleich sie von allen Dreien nur ausgebeutet wird. Kap. 17. Ihr Untergang steht gewiß bevor und hat unzählige Vorbildungen. Kap. 17. 18.

III. Epilog. Kap. 19—22. Enthält theils Lobpreisungen Gottes für die kurz, wiederholt angegebenen Christo und der Kirche gewährten Siege, theils Angabe der Resultate, die aus den Siegen und Visionen hervorgehen, nämlich die Herrlichkeit der Kirche, ihrer rechten Vorsteher, Lehrer und aller rechten Glieder. Daher werden hier erwähnt (rückläufig):
a) kurz:
1) der Untergang der Welt, Kap. 19, 1—4,
2) der Sieg der Kirche, Kap. 19, 5—8,
3) das vollkommene Seligsein der Gläubigen, Kap. 19, 9. 10,
4) der Sieg über jene beiden Gehülfen des Satans, Kap. 19, 11—21.
5) der Sieg Christi über den Satan, Kap. 20, 1—3,

6) der Sieg der Märtyrer, Kap. 20, 4—6,
7) der Sieg über den letzten Sturm gegen die Kirche, Kap. 20, 7-9,
8) das letzte Abthun des Satans, Kap. 20, 10,
9) das letzte Gericht, Kap. 20, 11—15.
b) ausführlicher: die Herrlichkeit der Kirche,
1) als Gemeinde des Herrn, Kap. 21, 1. 2,
2) als Heilsanstalt, Kap. 21, 3—27,
3) als Inhaberin und Gewährerin des ewigen Lebens, Kap. 22, 1-5.
IV. Schlußermahnungen, Kap. 22, 6-16, Schlußwünsche, Kap. 22, 17-21.

Erster Anhang,
betreffend die Uebereinstimmung der Endweissagungen des Herrn im Evangelium Matthäi mit der Offenbarung Sct. Johannis.

Im 24. und 25. Kapitel des Ev. Matthäi haben wir ziemlich ausführliche Weissagungen unsers Herrn Jesu Christi über das Ende der Welt. In der heiligen Schrift wird gelehrt, daß dem künftigen sichtbaren Kommen des Herrn zum letzten Gerichte schon während der Zeit der Kirche Christi auf Erden ein vielfältiges vorläufiges unsichtbares Kommen des Herrn zum Segen für die Seinen und zum Gericht für die Welt mittelst Strafzüchtigungen vorausgehen werde. Daher wird in der heiligen Schrift die Kirchenzeit schon mit zur Endzeit gerechnet, um so mehr, weil keine neue Kirchenverfassung nach der des neuen Testamentes zu erwarten ist, auch der Eintritt des jüngsten Tages, ob nahe oder nicht verborgen bleiben soll. Daher wird auch in der heiligen Schrift abwechselnd bald von allerletzten, bald von länger vorausgehenden Dingen gesprochen, wo von der Zukunft die Rede ist. Diese scheinbare Vermischung sind wir nicht befugt zu recensiren, als ob auf unsere, durch die Weltgeschichte erleichterte Scheidung und Auseinanderziehung jener geweissagten Dinge so sehr viel ankäme, und als ob man durch Hülfe der Offenbarung Johannis jetzt schärfer in die Zwischenzeiten der Zukunft hineinschauen könnte, als der Herr selbst im Stande der Erniedrigung. Nein, das vielmehr, daß wir alle und immer schon in der Endzeit leben, soll allen Christen und der Welt wichtig und des Erwägens werth sein, wenn wir auch unversehens ein Wort des Herrn auf das Weltende beziehen, was er vielleicht von der Zerstörung Jerusalems gesagt hat.

Beim letzten wehmüthigen Abschiede des Herrn vom Tempel zu Jerusalem in der Marterwoche vermehren die Jünger noch unschuldigerweise seine Wehmuth, indem sie ihn auf das erhabene Tempelgebäude aufmerksam machen, gleich als wollten sie eine Fürbitte dadurch einlegen. Beim Weggehen sagt der Herr ihnen unumwunden voraus, daß über ein Kleines die Zeit des Tempels und des mit ihm verknüpften jüdischen Landes abgelaufen sein werde. Auf ihre Bitte redet er zu ihnen nun ausführlich über die Zukunft als Endzeit.

Matth. 24, 5—14 spricht er davon, daß in der Endzeit falsche Messiasse sich aufwerfen werden. Das non plus ultra eines falschen Messias wäre Einer, welcher seine davidische Abstammung nachweisen könnte, auch die übrigen messianischen Weissagungen des alten Testamentes scheinbar für sich hätte, als Beglücker der ganzen Menschheit auftreten und Jesum von Nazareth verdrängen wollte. Jeder sieht, daß dies unmöglich ist, weil ein solcher Schwärmer und Betrüger an der messianischen Weissagung Jes. 53 unfehlbar scheitern müßte. Also können von Christo dort im Allgemeinen blos Volksverführer gemeint sein, welche das eigentliche biblische Messiasthum des alten Testamentes aufgegeben und nur den Namen Messias, oder eine Art Messias zu sein sich anmaßen, das Volk von der Seligkeit im Reiche Gottes durch Vergebung der Sünden mittelst ihrer Vorspiegelungen abziehen und an sich locken. Solcher, theils Schwärmer, theils direkter Betrüger, die die Religion als Deckmantel gebrauchten, hat es auch, seit die Kirche besteht, viele gegeben, als da waren: Theudas, Dositheus, Simon Magus, Manes, Muhamed, Sct. Simon u. a. m.

Alle diese finden sich in der Apokalypse ebenfalls geweissagt unter der Vision vom siebenten Kopfe des siebenköpfigen Thieres und vom zweiten dem Lamme ähnlichen Thiere.

Matth. 24, 9 meint der Herr nicht, daß die Jünger dies Alles erleben werden, sondern, in dem er sie anredet, betrachtet er sie als Repräsentanten der Christenheit aller Zeiten.

Matth. 24, 14 stimmt auf's Beste mit der Apokalypse z. B. Kap. 7, 9. 20, 8. Sind aus allen Völkern Selige im Himmel, so ist auch das Evangelium überall verkündigt. Gleichwohl bleibt noch für den Gog und Magog bis zuletzt genug Unkraut unter Christen, Heiden und Juden.

Matth. 24, 15—22 redet der Herr zu seinen Jüngern davon, daß das Weltgericht seine Einleitung in großen vorläufigen göttlichen Strafgerichten haben werde, zu welchen namentlich die Zerstörung Jerusalems zu rechnen sei. Doch findet allezeit eine gewisse Abkürzung dieses vorläufigen Gerichtes statt mittelst des zur Seite gehenden Evangeliums, sonst würden Alle dem Gerichte verfallen und Keiner der Heimgesuchten würde selig werden. Damit stimmt ganz die Apokalypse, denn sie hat neben den Bußposaunen und Strafgerichten im 8. und 9. Kapitel die Mission im 10. und 11. Kapitel.

Matth. 24, 23—28 vermahnt der Herr, daß Jeder dem Gnadenrufe Gottes folgen soll und nicht der Lockstimme der falschen Propheten. Dem entsprechen die Visionen in der Apokalypse Kap. 8, 10. 9, 3. 12, 9. 13, 17. Besonders auch Kap. 2, 14—25. 3, 17—19.

Matth. 24, 29—44 redet der Herr vom Weltende selbst. Ihm unmittelbar werden vorangehen gerechte, göttliche Zorngerichte und der Engel mit der hellen Posaune.

Die Apokalypse hat dafür die Zornesschalen, auch sieben posaunende Engel. Das Augenmerk ist bei dieser Uebereinstimmung darauf zu richten, daß, je mehr Gericht kommen wird, desto mehr Bußpredigt und Heilspredigt wird erschallen. Der Herr selbst predigt durch solche Zulassungen Buße, Wachsamkeit und Treue.

Matth. 24, 34 ist der Sinn: Gleichwie meine Worte nicht vergehen werden, also werden auch meine Jünger (Bekenner und Nachfolger) immer auf Erden vorhanden sein, bis zum jüngsten Tage (vergl. Offenb. 7).

Matth. 24, 45—51 kündigt der Herr den Vorstehern seiner Gemeinden an, daß ihrer insonderheit auch eine Rechenschaft warte. Dasselbe liest sich in der Offenbarung aus den sieben Sendschreiben heraus, besonders auch Kap. 16, 15.

Matth. 25, 1—13 kündigt der Herr auch seiner Gemeinde ein Richten und Sichten an. Die zehn Jungfrauen repräsentiren seine Gemeinde in Bezug auf das Verhalten der einzelnen Glieder. Diese Stelle hat eine Parallele Offenb. 21, 2. 9. Kap. 19, 7. — Der Bräutigam kommt, doch nicht blos zum Seligmachen im Himmel, sondern hier schon zum jeweiligen Selig- und Herrlichmachen. Doch gelangen blos Diejenigen dazu, denen es am Glaubensöle nicht gebricht und deshalb sich aus der Schwäche ermannen. Johannes sieht die Kirche als geschmückte Braut in Bezug auf die von Oben erhaltene Ausstattung, zu ihr kommt der Bräutigam. Wir Einzelnen müssen ihm entgegen gehen mit brennenden Lampen (gute Werke, heiliges Leben, Liebe, Gal. 5, 6) und mit hinreichendem Oele (Glauben), sonst versagen die Lampen. Vergl. Offenb. 1, 20. 2, 5.

Matth. 25, 14—30 verkündigt der Herr ein Endgericht und eine gerechte Vergeltung für jeden Einzelnen vor Gottes Richterstuhle. Vergl. Offenb. 3, 8—11. 22, 12.

Matth. 25, 31—46 predigt der Herr speziell vom jüngsten Gericht. Davon handelt die Apokalypse 12, 18. 20, 11—15. Auch 14, 9—11. 17, 11. 19, 2. 17—21. 22, 15. — In diesen eschatologischen Reden Christi findet sich wenig Material für den Chiliasmus. Eher könnte man im Einschlafen der sämmtlichen zehn Jungfrauen das Gegentheil, nämlich eine unschöne, schwache Zeit des Christenthums im Ganzen vor dem Weltende und vor dem Eingehen zur ewigen Hochzeit des Lammes im Himmel geweissagt finden. Von zwei Abendmahlen des himmlischen Bräutigams, die am Ende nach einander folgen sollen, wovon das erstere tausend Jahre auf Erden dauern soll, findet sich sonst in der heiligen Schrift nirgends Etwas. Vergl. Offenb. 19, 9. 11, 19.

Zweiter Anhang.

Thesen, welche sich aus der oben Kap. 21 gefundenen Deutung der johanneischen Vision von der Kirche ergeben.

1. Gleichwie Johannes war voll der höchsten Ehrfurcht und Liebe gegen den Herrn als den Logos und als das A und O, ebenso war er auch voll Freude und gläubiger Hoffnung über die Kirche als Braut Christi und als neues Jerusalem; auch war er erfüllt vom Bewußtsein seines amtlichen Berufes.

2. Wer in diesen Stücken arm ist, sich arm zeigt, oder fühlt, ist nicht dazu angethan, über die Kirche Christi, in Theorie oder in Praxi mit zu Rathe zu sitzen.

3. Jener Vision zufolge thun alle diejenigen das größte Unrecht dem Herrn selbst an, welche deshalb geringschätzig von der Kirche denken, weil sie nach ihrer Meinung nicht äußerlich herrlich genug sich zeigt.

4. Die Existenz der Kirche Christi ist vor der Welt sichtbar, aber ihre Herrlichkeit ist der Welt unsichtbar, verborgen, unbekannt. (1. Kor. 2, 14). Der Hauptschmuck der Kirche ist die theure Perle und ihre ganze Ausstattung von Oben. Als zweiter Schmuck kommen dann in Betracht die dem Herrn bekannten treuen, gläubigen Christen, über welche als über bußfertige Sünder, sich wenigstens die Engel freuen. Das herrliche Leben der wahren Christen ist mit Christo in Gott verborgen. (Matth. 11, 25. Kol. 3, 3.)

5. Noch mehr wie jene Thes. 3 Genannten, versündigen sich am Herrn alle diejenigen, durch deren Schuld dazu beigetragen wird, daß die Kirche an Achtung bei den Menschen verliert, wie z. B. wenn viele ihren Taufbund brechen, oder ihren Glauben, oder ihr Amt durch ihren Wandel schänden, oder wenn Gotteshäuser entweiht oder immer mehr entleert werden.

6. Treffend und belehrend werden mittelst Deutung die näheren Angaben von dem in der Vision geschauten neuen Jerusalem. Hier folgt ein schwacher Versuch solcher Deutung:

a) die zwölf Thore sollen blos als Eingangsthore von den sich Bekehrenden benutzt werden. (Luk. 15, 32.)

b) Die Thore sind Bilder der einzelnen Kirchengemeinden, folglich auch noch um so mehr Bilder der mit der Zeit durch Gottes Zulassung entstandenen Partikularkirchen und ihres Verhältnisses zur Gesammtkirche des Herrn und ihres Verhältnisses zu einander. Man könnte fortfahren und sagen: Die drei Thore vom Abend sind Vorbilder derjenigen Partikularkirchen, welche das Licht von Oben nicht direkt beziehen, welche neben der heiligen Schrift noch die Tradition zum „Formalprincipe" haben. Die drei Thore vom Morgen bilden ab die protestantischen, evangelischen Kirchen, welche blos die Lehre der heiligen Schrift ihrem Glauben zum Grunde legen und mittelst bischöflicher und konsistorialer Verfassung einen einfachen, stabilen Charakter sich wahren. Die drei Thore von Mitternacht würden diejenigen Kirchenkomplexe abbilden, welche, obwohl sie Christum das A und O sein lassen, mittelst Synodal- und Presbyterialverfassung das Volk in kirchliche Dinge mit hineinreden lassen. Hier streicht mitunter eine rauhe Zugluft. Die drei Thore von Süden sind künftige Kirchengestaltungen, welche etwa die Hitze künftiger Verfolgungen zu Wege bringen wird.

c) So sind denn die einzelnen Partikularkirchen, die Christum ihr A und O sein lassen und die theure Perle sich wahren, Schwester-Kirchen. Keine hat das Recht, zu verlangen, daß die andern zugeschlossen werden. Sie sind integrirende Theile des neuen Jerusalems, keine ist es aber allein und ausschließlich. Johannes hat die Stadt nicht schon auf dem großen und hohen Berge liegend angetroffen, sondern hat sie vom

Himmel hernieder kommen sehen. Die Braut wurde nicht unten erst geschmückt, sondern sie hatte ihren Schmuck von Oben. Also besteht die Herrlichkeit der Kirche nicht in der Verfassung, die sie hienieden durch Menschen erhält, sondern in dem, was sie von Oben hat und in sich birgt und das ist vor Allem die eine theure (durchbohrte) Perle, die jedes Thor enthalten soll und die ist die Versöhnung des Menschen mit Gott durch Christi theures blutiges Verdienst. Außerdem giebt's keine volle Sühnung für unsere Sünden, folglich auch keinen Frieden Gottes. Dies ist unabläßig hervorzuheben. — Diese Perle darf nicht durch Menschensündlein, durch menschliche Ueberschwenglichkeiten und anderen Flitter verunstaltet, auch nicht durch Menschenbesorgniß bekrittelt oder gar durch eine neue Weltreligion auf die Seite geschoben werden. — Solch eine Kirchengestaltung wäre ein falsches Thor, ein falscher Eingang. Joh. 10.

d) Jesaias weissagt vom neuen Jerusalem 26, 1: „Wir haben eine feste Stadt, Mauern und Wehre sind Heil." Vergl. Jes. 60, 18. Demnach sind die Mauern des neuen Jerusalems, welches Johannes sah, das Heil und die Gnade Gottes in Christo, wie oben schon angegeben. Demnach bezeichnen die zwölf Gründe der Mauern mit den Namen der Apostel nicht blos die Apostel, sondern bildlich den gesammten christlichen Lehrstand als Träger und Haushalter des Heils und der Gnade in Christo. Die „Namen der zwölf Apostel" gehören eben zur Vision und müssen gedeutet werden. Es kann wohl keine wichtigere Deutung geben, als die, daß der gesammte christliche Lehrstand, namentlich der Stand der Prediger, als Nachfolgerschaft der Apostel zu betrachten ist und in diesem Glauben das Seine zu thun hat. Daß nachher Johannes die Gründe mit zwölf Edelsteinen geschmückt sieht, das ist erstlich eine weitere Betonung der Herrlichkeit, welche das christliche Lehramt in Kirche, Schule und Haus an sich schon besitzt, dann auch eine bildliche Andeutung, wie lieb und werth dem Herrn alle gläubigen und treuen Lehrer immerdar sind, die durch ihren Wandel und ihre Lehre zugleich leuchten wie die Sterne oder wie funkelnde Edelsteine. Vergl. Dan. 12, 3.

e) Was bedeutet nun der Engel über jedem Thore? Da in den sieben Sendschreiben die sieben „Engel der Gemeinden" erwähnt und mit den Gemeinden zugleich ermahnt werden und diese Engel da nichts Anderes sein können, als die geistliche Vorsteherschaft, es mag ein Bischof oder ein geistliches Kollegium gewesen sein, so werden wir nicht irren, wenn wir hier, wo Johannes die ganze Kirche Christi im Bilde gezeigt bekommt, die Engel über den Thoren nehmen als bildliche Bezeichnung des eigentlichen geistlichen Hirtenamtes in der Kirche, mit Einschluß des zur Ordnung sich nöthig machenden Oberhirtenamtes. — Das geistliche Hirtenamt oder Seelsorgeramt muß als von Christo gewollte Gehilfenschaft Christi, des guten Hirten, in jeder einzelnen Kirchgemeinde und in allen Partikularkirchen da sein. Amt und Stand der Seelsorger ist gleichsam eine fortgehende Verkörperung des Erhomenus, des guten Hirten. Werden auch die Personen von Menschen im Namen des Herrn gewählt und eingesetzt, so ist doch die Idee, das Amt und der Stand nicht von menschlicher Erfindung und Einsetzung. Zwar sind alle Christen Priester Gottes, dazu wenigstens berufen und mit Seelsorge betraut, aber der Herr hat durch die Wahl und Aussendung der zwölf Apostel, die doch nicht bis zum jüngsten Tage leben, auch nicht alle Völker, auch die künftigen (z. B. die amerikanischen) bekehren oder besuchen konnten, klar und deutlich gezeigt, daß er in der Kirche, obschon Inhaberin der göttlichen Heilsmittel, gleichsam eine Konzentration oder spezifische Haushalterschaft und Vorsteherschaft des neutestamentlichen Priesterthums und der pastoralen Seelsorge haben und fortbestehen lassen wollte. Dies wird in der Apokalypse so schön durch die Vision der Engel ü b e r den Thoren angedeutet. Die Engel haben diesen erhabenen Standpunkt nicht zum Herrschen (Luk. 22, 24—30), nicht zur Korrektion der Gemeinden mittelst eines hofmeisterlichen Tones beim Predigen oder mittelst jäher Anwendung äußerlicher Strafgewalt (2. Kor. 5, 20), sondern den christlichen Seelenhirten ist aufgetragen: „H a b t A c h t auf euch selbst und auf die ganze Heerde. (Ap.-Gesch. 20, 28). Weidet die Heerde Christi, so euch befohlen ist und sehet wohl zu!" (1. Petri 5, 2). Das geistliche Amt mit Einschluß des nöthigen Kirchenregimentes ist die Spitze des christlichen Lehrstandes. Darum steht der Engel in dieser Vision über dem Thore und kein Theil des christlichen Volkes ist von dem Einflusse dieses geistlichen Standes emancipirt. Wie unwillkürlich hat sich diese Deutung der Vision im Verlaufe der Kirchenzeit im christlichen Kirchenbaustile geltend gemacht. Die Thürme sind wieder Bilder jener Engel, der Haupteingang ist gewöhnlich von der Thurmseite, und die Glocken im Thurme sind mit ihren weithin schallenden Stimmen Bilder der Verkündigung, daß die theure Perle noch vorhanden, zu welcher sie im Namen des Seelenhirtenamtes und der allgemeinen christlichen Priesterschaft einladen. Weiter besagt dieser Engel über dem Thore, daß jeder Träger eines geistlichen Amtes in der Kirche in dreifacher Beziehung einem Engel ähnlich sein soll. Siehe die Erklärung zu Kap. 1, 20. Auch die Oberbischöfe in der Kirche können von diesem Engel lernen, wie sie ihr Amt zu verwalten haben. Sie können nach Außen, im Verhältnisse zum Staate von Rechtswegen als Repräsentanten eines Kirchenkörpers scheinbar ein kirchliches Suprematinne haben, aber wenn sie Letzteres nach Innen und nach Unten für sich wollten geltend machen, so würden sie aufhören Engel und dienstbare Geister Gottes zu sein, und gebietenden, gnädigen oder ungnädigen Herren gleichen. Alle nach unten geübte Zucht und alle neuen kirchlichen Verordnungen müssen den Charakter des Achthabens und des Wohlzusehens an sich tragen, nicht des Herrschens. Im Kirchlichen muß überhaupt das Gesetzgeben und Neues Einführen so viel als irgend möglich vermieden werden, weil es nie ganz ohne allen Zwiespalt und Verlust abläuft.

7. Diejenige Partikularkirche wird der im 21. Kap. bezeichneten Idee am meisten entsprechen, welche durch eifrige Seelenpflege und Heidenmission recht viel Seelen in's Innere des neuen Jerusalems einführt, d. h. in die Gemeinde der Heiligen, und welche den von Oben erhaltenen Schmuck, vor Allem die theure Perle sich wahret, nicht blos aus lebendigen Steinen (1. Petri 2, 5—10) sich aufbaut, sondern auch

Edelsteine einbauen will, solche Prediger, Professoren der Theologie und Schullehrer, deren Lehren dem Golde gleichen und deren christlicher Wandel und Beispiel wie Edelsteine glänzen.

8. Auch die Frage über anzustrebende Kirchenunionen läßt das 21. Kapitel nicht ohne Antwort.

Die beste und nöthigste Union aller Kirchen ist die, welche vom Herrn selbst hier im Bilde gezeigt wird: Erst soll jede Konfessionskirche für die Seelen der Menschen mittelst der theuern Perle ein rechter Eingang zum neuen Jerusalem sein, dann soll eine die andere im Herrn als solches Eingangsthor achten, besonders die Nachbarthore. Nur wo die theure Perle geflissentlich abgethan werden sollte, wäre eo ipso ein Feld für Missionsthätigkeit eröffnet. Die Engel über den Thoren werden zwar wahren und halten, was sie haben, doch aber, da sie keine Cherubim sind mit feurigem Schwerte, werden sie in christlich geordneter Weise aus Noth und Liebe gestatten, daß Gewissen, die nicht anders zur Ruhe kommen können, durch ein anderes Thor als bisher ihren Einzug halten. Die es nicht um des Gewissens willen, sondern aus irdischer Spekulation begehren, gehören ja so schon zu den faulen Fischen im Kirchennetze.

Nicht jede vorgenommene leichte Baulichkeit am Eingangsthore (Agende, Gesangbuch, Perikopenbuch, Gemeindeverfassung) wird der Herr verwerfen, wenn nur vor allen Dingen die theure Perle stehen bleibt, auf welche wir im 21. Kapitel zwölffache Hindeutung bekommen und wenn nur der Umbau nicht zum Einsturze führt, wie wenn der Umbau ungeistliche Bauleute aus der unkirchlichen, religionslosen Menge herbeilockt, die den Eingang immer weiter und breiter machen, bis die theure Perle ganz umgangen werden kann und der Bogen seine vom Herrn ihm gegebene Spannung verliert. Also ein breites Thor, welches Menschen errichten aus guter Meinung vor zwei Nachbarthoren, würde weniger schaden, wenn die alten nur bleiben, wiewohl man immer die Kosten und den Nutzen vergleichen könnte. Ein praktischer büreaukratischer Verstand nimmt in Verwaltungssachen gern Bedacht auf expeditionelle Vereinfachung und thut ganz wohl daran. Auch unser Dampfzeitalter erheischt diese Bedachtnahme. — Jedoch die Braut Christi bleibt es immer werth, daß man mit ihr so behutsam und säuberlich als möglich verfährt und für sie ein anderes Maß führt, als für irdische Größen.

Dritter Anhang.
Ueber Chiliasmus.

1. Die Frage ist, ob, wenn man das Wort Gottes nicht ungläubig auffassen und behandeln will, besonders auf Grund der Stelle Offenb. Joh. 20, 1—6 nicht anzunehmen ist, daß Jesus Christus etwa tausend Jahre vor seinem Kommen zum letzten Gericht schon vorher sichtbar kommen, den Satan binden, eine Auswahl seiner Gläubigen aus den Gräbern erwecken und mit ihnen ein tausendjähriges Reich auf Erden

errichtet werde, in welchem seine Kirche auf Erden ein sichtbar triumphirendes und herrliches Reich darstellen werde, während es gegenwärtig und bis dahin nur ein im Verborgenen herrliches Reich sei.

2. Die Antwort auf diese Frage lautet von den Chiliasten bejahend, von Antichiliasten verneinend, welche letztere aber in allen übrigen Stücken der christlichen Glaubenslehre, wenn sie sonst gläubig sind, mit jenen übereinstimmen, namentlich in der biblischen Christologie.

3. Der Chiliasmus zerfällt laut der Kirchengeschichte in unzählige Abstufungen oder Ausmalungen dieses tausendjährigen Reiches (Millenniums). Fast jeder Chiliast trägt ein anderes Bild davon in sich herum. Im Allgemeinen giebt es drei Hauptstufen des Chiliasmus.

a) Die allergelindesten Chiliasten entnehmen mittelst Deutung aus dieser Vision nur so viel, daß hier ohne ein vorläufiges sichtbares Kommen Christi, ohne eine eigentliche vorläufige partielle Auferstehung der Todten ein künftiger blühender Zustand, eine goldene Aera der Kirche Christi auf Erden geweissagt sei, worauf auch andere prophetische Stellen der heiligen Schrift hinzudeuten scheinen.

Gegen diesen Chiliasmus wäre wohl nur das zu bemerken, daß die ihm anhängen, zu verhüten haben, daß durch sie der Kirche nicht gewisse sanguinische Hoffnungen eingeimpft werden, welche ihre Verwirklichung zuletzt nicht ohne eine rechte menschliche Hierarchie mit „zwei" Schwertern" finden oder durch deren Nichterfüllung Schwache im Glauben irre gemacht werden könnten.

b) Der ausgeprägte Chiliasmus nimmt an, daß Jesus Christus mittelst eines vorläufigen sichtbaren Kommens den Satan binden, die Gerechten aus den Gräbern auferwecken und mit ihnen ein tausendjähriges sichtbares herrliches Christenreich herstellen werde und daß dieser Vorgang schon naturgemäß erfolgen müsse, wegen der für alle Dinge unausbleiblichen Entwicklung und weil für die Kirche eine Uebergangsstufe kommen müsse aus ihrer Knechtsgestalt auf Erden in die eines himmlischen Jerusalems.

c) Der extreme Chiliasmus ist wieder doppelter Art. Der krasseste verbindet mit seinen chiliastischen Erwartungen noch die Irrlehre der Apokatastasis. Vergl. zu Kap. 22, 18. Diese macht aus der Erlösung einen gewissen Immanatismus (Rückfluß in die Gottheit). Der andere, ebenfalls ziemlich krasse Chiliasmus schweigt zwar vorläufig über die Apokatastasis und erwartet vom künftigen tausendjährigen Reiche, daß darin das bekehrte Judenvolk die Hauptrolle haben, Jerusalem wieder mit dem vom Propheten Hesekiel geweissagten Tempel buchstäblich besitzen, auch den alttestamentlichen Opferkultus in christlichem Sinne und Geiste wieder üben werde. Vergl. Gal. 3, 27—30. Luk. 24, 47. Eph. 2, 19—22.

4. Gegen den Chiliasmus sub b und c bleiben aber folgende Bedenken:

a) Gegen jenes erwartete erste und vorläufige sichtbare Kommen des Herrn sprechen hauptsächlich folgende Stellen der heiligen Schrift: Matth. 16, 27. 28. Hier weissagt der Herr ein doppeltes Erscheinen seiner Reichsherrlichkeit, einst am jüngsten Tage und innerhalb der Kirchenzeit im Kreise der Seinen, kein Wort von jenem sichtbaren

Kommen zur Gründung eines tausendjährigen Macht- und Freudenreiches für die Christen und auferweckten Gerechten. — Ferner 2. Petri 3, 4. Beim Kommen des Herrn soll Alles von irdischen Elementen in Feuer zerschmelzen, folglich wird für ein irdisches Reich Christi und der Christen kein Raum mehr sein. — Ferner Offenb. 20, 12. Matth. 25, 31. 13, 41. 1. Theſſ. 3, 13. 2. Tim. 4, 1. Röm. 8, 19. Matth. 5, 12. Diese Stellen stimmen alle mit einander und mit einem einmaligen Auferstehen der Todten und mit dem einmaligen Kommen des Herrn zum allgemeinen Gericht, aber nicht mit einem chiliastischen vorläufigen Kommen des Herrn.

b) Es bleibt auffällig, daß in der Offenb. Johannes so viel zu lesen ist über das, was vor und nach dem vermeinten Millennio sein wird, während der Bericht über das tausendjährige Reich selbst so äußerst kurz sich herausstellt, auch sonst im neuen Testament darüber nichts mitgetheilt wird.

c) Die Beweisstellen, die man aus den Worten der anderen Apostel und Jesu Christi für den Chiliasmus aufgestellt hat, haben sämmtlich als solche den Charakter nur verstohlener Andeutungen und lassen sich auch anders nach dem Zusammenhange deuten.

d) Die Hoffnung eines rechten chiliastischen Christen thut Eintrag der Ehre der uns in Aussicht gestellten, von Christo theuer erworbenen himmlischen Ehrenkrone. Freue ich mich auf den chiliastischen Gnadenlohn, so tritt eo ipso die Freude auf den himmlischen Gnadenlohn etwas in den Hintergrund, gleichwie, je mehr Ehre der heiligen Maria als Mittlerin erwiesen wird, desto mehr Ehre entzogen wird dem Herrn als dem einzigen Mittler nach der Schrift (Ap.-Gesch. 4, 12. Joh. 3, 13—16.) Wir Christen sind nur auf einen himmlischen Gnadenlohn angewiesen (Matth. 5, 12. 25, 34. Phil. 1, 21. 23), von dem alle diejenigen einen hinreichenden Vorgeschmack auf Erden haben, mit dem sie zufrieden sein können, welche je mit in den Gesang selig einstimmten: Jesus meine Zuversicht, oder: Auf, auf mein Herz mit Freuden, oder: Schatz über alle Schätze, oder: Wie wohl ist mir o Freund der Seelen, oder: Mein Heiland nimmt die Sünder an. Die chiliastische Hoffnung sieht aber theils nach Oben theils nach Unten. Sie stimmt nicht recht mit der Reinheit des sittlichen Reiches Jesu, welches von allem irdischen Beigeschmacke ganz absolut frei ist. Eben darum bleibt sie auch im Gegensatze gegen Sklaventhum, Kaste, Polygamie, willkürliche Ehescheidung und dergl. — Alles was gemischt ist, das ist nicht mehr lauter und rein. Jeder Christ kann froh und zufrieden sein, wenn er mit Simeon in Frieden, den er durch Christum erlangt hat, zur Ruhe in Gott (Offenb. 14, 13) eingehen kann, sollte er im seligen Himmel auch nur, so zu sagen, im äußersten Winkelchen eine Stätte finden, ohne vorher begehrtermaßen im Millennio auf einem der angenommenen Ehrenstühle mitgesessen zu haben. „Eins ist Noth."

e) Es ist auch kein rechter praktischer Gewinn von dieser Lehre vor dem Volke abzusehen. Der unbekehrte und ungläubige Pöbel wird durch die schöne chiliastische Verheißung, deren Erlangung nur den ganz Gerechten in Aussicht steht, schwerlich sich gereizt fühlen, aus seinem

Taumel zu erwachen, auch wird er durch die Drohung des Nichtauferstehens bei der ersten Auferstehung der Gerechten sich nicht sonderlich erschreckt fühlen, wenn die Drohung des Gerichtes und der Hölle und die Verheißung der ewigen himmlischen Seligkeit nichts über ihn vermögen. Alle, welche Mission zu üben haben, innere oder äußere, werden schwerlich durch chiliastische Erweckungspredigten viel ausrichten, wenn sie mit Erweckungspredigten nichts ausgerichtet haben, welche Lehren wie Offenb. 14, 9—13 zu Texten hatten.

f) Die Stelle Offenb. 20, 1—6 kann ja geradezu antichiliastische Tendenz haben. Wenn noch das Wort Auferstehen an der Spitze des vierten Verses stünde, so würde daraus folgen, daß es vom Apostel betont worden sei. Da es aber, wie recht bezeichnend, erst am Ende des fünften Verses als Refrain oder Deutung nachfolgt, so geht daraus hervor, daß die Apokalypse mit dem peremtorischen Satze: Dies ist die (gehoffte) erste Auferstehung, auf eine schon damals schwebende Frage habe hindeuten wollen und den Accent auf das Vorhergehende gelegt hat. Auch ist V. 4 nicht von Leibern, sondern von Seelen die Rede und von ihrem Wiederkommen. Wenn im Volksmunde oft von einem Wiederkommen mancher abgeschiedenen Geister ohne leibliche Auferstehung abergläubisch die Rede ist, warum soll die Offenbarung nicht von einem anderen besseren Wiederkommen der Seelen, von dahingeschiedenen Gerechten sprechen dürfen, nachdem Hes. 37, 12—14 von einer Auferstehung in diesem Sinne deutlich genug die Rede gewesen? Ist aber die Auferstehung bildlich zu nehmen und ein Theil des Bildes und der Vision, so auch das Uebrige, einschließlich des tausendjährigen Reiches, welches eben schon immer in Wirklichkeit, wenn auch je und je sehr verborgen dagewesen und nicht an's Ende der Welt zu verlegen ist.

g) Gleich wie dort beim Siegelerbrechen nicht eine nach Weltgeschmack ausfallende Ehre Christi gemeint ist, sondern etwas viel Erhabeneres, so auch hier. Da hier aus dem, was gleich nach V. 6 folgt, zu ersehen ist, daß auch kein allmäliger chiliastischer Uebergang der Kirche in's Himmlische gemeint ist, weil gleich nach dem vermeinten tausendjährigen Machtreiche wieder eine furchtbare feindliche Macht sich erhebt und die Kirche anfällt, so nimmt sich jenes tausendjährige Machtreich nur aus wie ein vorübergehender Versuch, wie ein Experimentiren, das unterbrochen wird. Dies Alles läßt sich nicht mit dem heiligen konsequenten A= und O=Sein des Herrn vereinigen. Thema, Disposition und Zusammenhang lassen auch eine andere Auslegung dieser Stelle zu. Vergl. zu Kap. 20, 1—6.

h) Christus siegte leidend und sterbend, durch seinen treuen Gehorsam bis in den Tod und mit ihm Stephanus und alle nachfolgenden Märtyrer; folglich braucht auch seine Kirche es nicht tausend Jahre auf Erden golden zu haben, sondern kann eine Kreuzkirche bleiben bis zum jüngsten Tage, ohne ihre Macht und ihren Sieg zu verlieren. Vergl. Matth. 16, 21—28.

i) Durch den Chiliasmus wird die Bereicherung der kirchlichen Glaubenslehre um einen Artikel angestrebt, denn sonst würde er sich durch Inkonsequenz das Urtheil selbst sprechen. Schon im apo=

stolischen Glaubensbekenntnisse müßte der Satz: von bannen er kommen wird, zu richten die Lebendigen und die Todten, in ein zweimaliges Kommen geschieden werden. Aber dann wäre mit der einen Hand gleichsam Etwas gegeben, mit der andern genommen und die Gabe würde den Verlust wohl nicht ersetzen. Nämlich das Leben und Regieren, Siegen und Herrschen mit Christo, welches die leidende, kämpfende, scheinbar unterliegende Kirche auf Erden doch immer gehabt und behalten zu haben glaubte, das müßte sie dann in jene zu erwartenden tausend Jahre verlegen lassen. Dann müßte man strenggenommen aufhören zu singen: „Das Reich Gottes muß uns bleiben", es müßte dann heißen, das Reich Gottes wird uns nicht entgehen, sondern im Millennio zu Theil werden. Daher schreibt ein konsequenter Chiliast also: „Jesus hat das angenehme Neujahr nicht gebracht, sondern nur gepredigt und wir predigen es ihm und allen seinen heiligen Propheten nach, daß es gewißlich kommt (im Millennio). Clöter, eine Heerde unter einem Hirten. 3. Auflage. Stuttgart 1861. S. 97. — Dazu behaupten viele Chiliasten, oder wohl alle, daß 2. Theff. 2, 3 eine höchste antichristische Persönlichkeit geweissagt sei, daß der rechte Antichrist noch gar nicht erschienen sei. Indem so der Sieg und die Herrlichkeit der Kirche in die Zukunft verlegt wird, auch der Antichrist noch gar nicht da sein soll, da scheint der Chiliasmus wenig Beruf und Lust zu fühlen, zum Besten der Kirche muthig aufzutreten und nach dem Spruche zu handeln: „Kämpfe den guten Kampf des Glaubens!" Vergl. Offenb. 2, 10. 3, 2. Alle verzagten, schlaffen und muthlosen Gemüther, die den Chiliasmus annehmen, werden wohl aus dieser Gemüthsverfassung bezüglich der kirchlichen Uebelstände nicht sehr herauskommen. Wie verträgt sich aber dies mit dem Glauben, daß Jesus Christus das A und O alle Tage bei uns bleibt, folglich auch sein neues Jerusalem, bis an der Welt Ende? Wie können die Hochzeitleute Leid tragen, so lange der Bräutigam bei ihnen ist? Matth. 9, 15. Unser Hauptsieg als Christen auf Erden stammt nicht aus dem Aktivum, sondern aus dem Passivum. 2. Tim. 2, 11. 12 heißt es daher: „Sterben wir mit, so werden wir mit leben. Dulden wir, so werden wir mit herrschen." Die unter Henkershand sterbenden treuen Christen siegen schon dadurch, daß sie nicht zum Wanken gebracht werden konnten, sie waren und bleiben in ihrer Treue selig durch Christum und kamen zu Christo, während die Henker und Verfolger in einer im Ganzen doch ohnmächtigen Wuth sich befinden, welche vom Teufel stammt, zuletzt den Kürzeren zieht und zum Teufel führt. Salbe deine Augen mit Augensalbe, daß du sehen mögest! Offenb. 3, 18. — Pf. 118.

k) Christus spricht: „Mein Reich ist nicht von dieser Welt. Seid fröhlich und getrost, es soll euch im Himmel wohl belohnt werden. Das Reich Gottes kommt nicht mit äußerlichen Geberden. Unkraut und Weizen sollen in der Kirche nebeneinander gelassen werden bis zum letzten großen Erntetage." Diese Worte widersprechen der Behauptung: „Jesus Christus war ein Chiliast." Ap.-Gesch. 1, 6—8 erhalten die Jünger auf ihre chiliastische Frage kein Ja zur Antwort. Er sagte weder Ja, noch Nein, weil die Wahrheit in der

Mitte liegt: Wenn des Vaters Zeit und Stunde da ist, so kommt auch je und je (nicht tausend Jahre hintereinander) auch äußerlich Etwas von der Herrlichkeit des Reiches Gottes zur Erscheinung, z. B. vom Wachsthum der Kirche zur Zeit des größten Märtyrerthums, von großer Opferwilligkeit für's Reich Gottes, von unermüdlichem Missionseifer im Namen des guten Hirten, vom Eindringen des Christenthums in Länder, welche bisher starr verschlossen waren u. s. w. — Christi Reichsherrlichkeit leidet keinen irdischen Beigeschmack.

l) Unter den kirchlichen Glaubensartikeln und in den Bekenntnißschriften der Katholiken, Lutheraner und Reformirten, also der Gesammtkirche hat der Chiliasmus nirgends Aufnahme gefunden. Natürlich, denn das neue Jerusalem, das sich seiner Herrlichkeit, als Hütte Gottes bei den Menschen bewußt ist, kann sich nicht selbst ein Armuthszeugniß ausstellen durch das Bekenntniß, sie wäre nicht das Reich Jesu, sondern nur eine Predigerin des im tausendjährigen Reiche bevorstehenden Reiches Jesu. Wer eine heilige, allgemeine christliche Kirche glaubt, und in ihr eine Gemeinde der Heiligen und eine Hütte Gottes bei den Menschen und eine Anwesenheit (Ubiquität) Christi, des himmlischen Bräutigams, der seine Braut schmückt und bereitet, der wird sich freuen, ein Sohn dieser Kirche sein zu können und wird lieber den ausgeprägten Chiliasmus, diese Privatansicht, aufgeben, als, der Sohn dieser herrlichen Kirche Christi zu sein, die zugleich das Reich Jesu auf Erden in sich birgt. Würde es wirklich ein Gewinn für die Christen zum ewigen Leben und zum Seligsein im Herrn sein, wenn alle christlichen Katechismen chiliastisch geändert und statt der alten triumphirenden Osterlieder, chiliastisch geänderte Osterlieder und auch specifische chiliastische Gesangbuchslieder in unseren gottesdienstlichen Versammlungen gesungen würden? — Vergl. confess. Aug. 17. — Confess. Helvet. 11.

m) Das gläubige Herz und das exegetische Gewissen und die ehrerbietige Rücksichtnahme auf gewisse Vorgänger zwingen Keinen, bei der Stelle Offenb. 20, 1—6 die Pietät zu treiben bis zur Verwechslung der Begriffe Vision und klare Lehre und bis zur voreiligen Annahme des exegetisch leichter sich Ergebenden und Gefundenen. Der innere Zusammenhang und Einklang im Worte Gottes liegt zuweilen tiefer und ist schwerer herauszubringen, ist aber doch vorhanden. So auch z. B. zwischen dem Briefe Jakobi und den paulinischen Briefen. Niemals sind ja Vision und Lehre zwei gleiche und kongruente Begriffe. Läßt man dort 20, 1—6 der Vision ihr Recht, und der klaren Lehre Christi und seiner Apostel ihr Recht, wie auch dem Thema und Plane der Apokalypse sein Recht, so wird sich uns der eigentliche Zusammenhang ergeben, ohne für nöthig zu finden, daß die Zahl der christlichen Glaubensartikel um jener Stelle willen um einen recht sonderbaren vermehrt werde. Und wenn einmal damit angefangen ist, in der Apokalypse mitten aus einer Vision heraus einige Worte zur Erlangung eines neuen Dogmas buchstäblich zu nehmen, wer steht dafür, daß diese dogmatisirenden Entdeckungen nicht weiter fortgesetzt werden? Z. B. Kap. 20, 14 steht: Das ist der andere Tod. Warum soll ich nun dies gerade und, was nächst vorangeht, nicht buchstäblich nehmen? Ist's doch ganz eine Parallele zu den Worten: Dies ist die erste Auferstehung. („Die Vision liebt es, Alles mit Fleisch und Blut zu bekleiden und in bildnerischer Anschaulichkeit vorzuführen. Es ist verkehrt, wenn Manche die Apokalypse nicht anders lesen, als wenn sie ein Compendium der Dogmatik vor sich hätten." H.)

11) Das Allerbedenklichste aber beim Chiliasmus ist, daß passionirte Anhänger desselben bereits Miene gemacht haben, diese Lehre der theuern Perle, deren Besitz schon jetzt jeden Gläubigen vor Gott herrlich macht, vorzuziehen und jene Lehre als evangelischen Hauptlehrsatz über die Rechtfertigung des armen bußfertigen Sünders vor Gott aus Gnaden durch Jesum Christum zu setzen. Wenn man aber weiß, was man in Christo bereits hat, nach dem Worte Gottes: „Alles ist Euer," so ist besser, man hält, was man hat und läßt, was uns fast wie ein veränderliches kaleidoscopisches Gebilde vorgehalten wird. Was kann auf Erden über die Hütte Gottes gehen? Diese wird nur dann noch schöner sein, wenn das letzte Gericht alles Unkraut auf ewig vom guten Weizen wird geschieden haben.

Wenn die Chiliasten ohne ihre Privatansicht vom tausendjährigen Reiche Christi nun einmal nicht gläubig sein können, so haben sie nach dem Gebote: Traget die Schwachen, allerdings Anspruch darauf, daß man sie in Ruhe läßt, aber der Herr der Kirche wird und kann nie die ganze Kirche und die gesammte Christenheit auf Erden dieser schwärmerischen Richtung preisgeben, bei welcher die Einbildungskraft und sublimirte irdische Wünsche bekehrter und unbekehrter Herzen freien Spielraum suchen und mit dem reinen evangelischen Glauben jeden Augenblick durchgehen können.

Geschichtliches über den Chiliasmus.

Die Weisheit des himmlischen Vaters wollte, daß wir in Ungewißheit über die Zeit und Stunde bleiben sollten, wann das eine sichtbare herrliche Wiederkommen seines lieben Sohnes zum letzten Gericht erfolgen werde. Dasselbe wollte auch der Sohn Gottes. Wir sollen nie auf den Gedanken kommen: „Mein Herr kommt noch lange nicht." Mark. 13, 33—37. Luk. 12, 35—46. Wir sollen immer bereit sein, gleichwie auf unsern Todestag, so auch auf den jüngsten Tag.

Da nun bei der Zerstörung Jerusalems der jüngste Tag noch ausgeblieben war, so war es kein Wunder, daß, unter dem damaligen äußeren Drucke, der auf der Kirche Christi lastete, auf Grund einiger Worte der Apostel, die Sehnsucht der Christen sie auf den Gedanken brachte, daß es so nicht lange bleiben könne, daß der Herr schon vorher einmal sichtbar kommen, den Teufel vollends binden und sein Reich auf Erden recht sichtbar aufrichten werde. Einige der ersten Kirchenväter haben dies geglaubt und ausgesprochen, wie Lactanz, Tertullian, Justin. Aus jener Zeit waren aber doch schon gegen den Chiliasmus Cajus und Origenes. Als die Kirche in den Schutz des römischen Kaiserthums gelangt war und der Herr ihr augenscheinlich von einem Siege zum andern verhalf, da lernte die Kirche an ein unsichtbares vorläufiges siegendes Kommen des Erchomenos glauben und der Herr stillte darin ihre gläubige Sehnsucht nach seiner Wiederkunft einstweilen und stärkte ihre Siegesfreudigkeit und ihre Hoffnung auf ihn und seine bevorstehende Zukunft zum Gericht. — Da ein siegendes und sich vergrößerndes Reich Christi auf Erden vorhanden war, erwartete die Kirche nun nicht ein neues irdisches Machtreich Christi, sondern bat im Vaterunser mit den Worten: Zu uns komme dein Reich, um weitere Erhaltung und Ausbreitung der Kirche und um Befreiung der Kirche von irdischen Schlacken. Zu den letzteren hat man in der Christenheit niemals den Schutz der Kirche von Seiten des Staates an und für sich gerechnet, was doch wohl eine Ungerechtigkeit wäre, wenn auch durch den Staatsschutz manches Schlackenartige in die Kirche mag gekommen sein. — Vom vierten Jahrhundert an wurde der Chiliasmus unter die Kategorie der Privatansichten versetzt. Hieronymus und Augustinus wirkten für Beseitigung desselben. Seitdem lehrte die Kirche, daß die „tausend Jahre" mit der Erscheinung Christi angegangen seien. Man nahm die Zahl Tausend aber noch buchstäblich und erwartete daher um's Jahr Tausend das Eintreffen des jüngsten Tages. Der Herr zeigte, daß diese Zahl als symbolische Zahl zu nehmen sei. Im Mittelalter und durch die Reformation blieb der Chiliasmus verworfen, um so mehr, weil man mit den Wiedertäufern nichts gemein haben wollte, welche ein sichtbares, leiblich-herrliches Reich Jesu aufrichten wollten. Gleichwohl pflanzte sich der Chiliasmus fort. Besonders alle Sektirer, die mit der Kirche und ihrem sichtbaren Zustande unzufrieden waren, neigten sich ihm zu. Vorschub mochte es wohl auch leisten, daß unter den Kirchenlehrern manche, die Zahl Tausend wieder buchstäblich nehmend, den Anfang des tausendjährigen Reiches erst von der Bekehrung des römischen Kaiserthums an datirten, so daß nach den verflossenen dreizehn Jahrhunderten nun statt des Gog und Magog die siegende und gesegnete Kirchenreformation allmälig kam und es schien, als ob die Kirchenlehre die Stelle Offenb. 20, 1—6 unrichtig auslegte und sich verrechnet habe. In der lutherischen Kirche blieb man dem Chiliasmus abhold, bis Spener und Bengel sich für denselben aussprachen, hauptsächlich, wie es scheint, um nach ihrer Meinung jener Stelle in der Offenbarung keine Gewalt anzuthun. Die Autorität dieser beiden Gottesgelehrten hat seitdem zum größeren Hervortreten des Chiliasmus viel beigetragen, unter Theologen noch mehr, als unter den Laien. Was jene anlangt, so scheint es fast, als ob es unter ihnen keinen edlen kräftigen Pietismus mehr ohne Chiliasmus geben könne. Ja viele sind ihm so zugethan, daß sie es als einen bedauerlichen Rückschritt ansehen, wenn, was allerdings in der letzten Zeit seltener geschah, vom Standpunkte derer aus, die von der schon gegenwärtigen Siegesherrlichkeit des Erchomenos und seiner Kirche überzeugt und begeistert sich fühlen, so ein Zeugniß für die Kirchenlehre gegen den Chiliasmus abgelegt wird, wie es in dem Dr. Hengstenberg'schen Kommentar geschehen. Wenn aber der Chiliasmus von allen Gläubigen in der Christenheit angenommen und zum Schiboleth der Gläubigkeit erhoben würde, dann wäre die Kirche in den Chiliasmus aufgegangen, denn sie wäre dann als das Neue, als das neue Jerusalem,

Dritter Anhang.

als das neue Testament, wenigstens subjektiv noch gar nicht vorhanden, sondern zukünftig, und doch heißt es im Worte Gottes von der christlichen Kirche 2. Kor. 5, 17: „Das alte ist vergangen, siehe es ist alles neu worden." Indem er sagt, ein Neues, macht er das Erste alt. Was aber alt und überjahret ist, das ist nahe bei seinem Ende. Hebr. 8, 13. Die gegenwärtige kirchliche Verfassung des Reiches Gottes auf Erden durch das Blut des neuen Testamentes (Jerem. 31, 31) wird aber erst dann überjahret sein, wenn es auf Erden keine Menschen mehr geben und das neue Jerusalem nur im Himmel zu finden sein wird. — Schon ein flüchtiger Ueberblick der chiliastischen Hoffnungen läßt uns gewahren, daß hier mehr Phantasie und ungedeutete, mißverstandene und fortgesponnene Vision, als Positives und Zuverlässiges zu Hause ist.

Cerynth, ein gnostischer Irrlehrer, ein Zeit- und Landesgenosse des Apostels Johannes in dessen letzter Zeit, deutet aus Offenb. 19, 7 ff. heraus, daß die Herrlichkeit des tausendjährigen Reiches für die Gläubigen die Lust eines täglich erneuten Hochzeitmahles sein werde. — Die Ebioniten hatten eine noch ausschweifendere Hoffnung. Lactantius († 325) sagt: „Die alsdann noch am Leben sind, werden eine unzählige Menge dem Herrn geheiligter Kinder zeugen und die Auferweckten zu Vorstehern haben. Dann wird eine neue Stadt gebaut werden in der Mitte der Erde, wo der Herr mit den Seinigen wohnt. Der Mond wird leuchten, wie die Sonne und die Sonne sieben Mal so groß als jetzt glänzen. Die Erde wird ohne Bearbeitung die herrlichsten Früchte tragen, die Felsen werden Honig ausschwitzen und die Thiere zahm sein." Tertullianus sagt: (g. M. 3, 25) „Wir bekennen, daß auf Erden uns ein Reich verheißen sei, ehe wir in den Himmel kommen zu einem neuen Zustand, nämlich tausend Jahre hindurch nach der Auferstehung, in der von Gott geschaffnen Stadt Jerusalem, welche sich vom Himmel herabsenken wird." Justinus sagt, daß die Frommen die tausend Jahre in Jerusalem zubringen, welches auferbaut, geschmückt und erweitert wird. — Ferner, daß viele auch unter den gottesfürchtigen und rechtgläubigen Christen dieser chiliastischen Ansicht nicht beipflichten. — Augustinus († 420) sagt (d. c. D. 20, 7), daß auch er einstmals solcher Meinung gewesen sei, später aber sei er zu besserer Erkenntniß gekommen und bezeichnet die chiliastischen Ansichten in ihrer groben Gestalt als lächerliche Fabeln. Er datirte das tausendjährige Reich von Constantin d. Gr. her.

Bei den Lutheranern waren im 16. und 17. Jahrhunderte nur Irrlehrer dem Chiliasmus zugethan, z. B. der arianische Joh. Erasmo, der trübselige Schwärmer Ezechiel Meth und die Rosenkreuzer.

Bei den Reformirten im 16. Jahrhunderte Johann Piscator.

Die Camisarden in Frankreich um 1700 hofften im tausendjährigen Reiche auf den Sieg des Protestantismus über das Papstthum.

Spener († 1705) behauptete nur, daß die tausend Jahre der Apokalypse noch zukünftig seien und daß ein herrlicher Zustand der Kirche zu hoffen sei und sagte, daß er nicht wisse, was es für eine Auferstehung sei, Offenb. 20, 1—6. Die tausend Jahre seien unbestimmte Bezeichnung einer langen Zeitdauer. Eine großartige Erweckung stehe in Aussicht. — Petersen, weiland Superintendent in Lüneburg

(† 1727), vertrat den extremen und krassen Chiliasmus sammt Apokatastasis und zwar so leidenschaftlich, daß er seines Amtes entsetzt wurde. Er lehrte eine doppelte Zukunft Christi, ein doppeltes Gericht und ein doppeltes Auferstehen. Er meinte, im tausendjährigen Reiche würden die Verklärten Engelsbrot genießen. — Um jene Zeit war ein frommer Gegner des Pietismus und Chiliasmus der Superintendent Löscher in Dresden in seinem „Timotheus Verinus" († 1741).

Prälat Bengel in Würtemberg († 1752) charakterisirt das Millennium so: „Der Krieg des Drachen, den er mit den Uebrigen von dem Samen des Weibes geführt hat (Kap. 12, 17), hört auf, das Weib ist selbst nicht mehr in der Wüste eingeschlossen, sondern es hat den Erdboden vor sich offen, der männliche Sohn weidet alle Nationen und diese werden nicht mehr von dem Satan verführt, sondern sie erkennen ihren Hirten, sind ihm unterthan, lassen von den Verfolgungen ab."

Oetinger, ebenfalls in Würtemberg († 1782), hoffte, daß im tausendjährigen Reiche an die Stelle selbstsüchtiger Besonderung Gleichheit und Gemeinschaft der Güter treten werde.

Lavater († 1801) und seine Schule hofften auf größere Allgemeinheit der Wundergaben, der Eingebung und Gotteserscheinung.

Von den Chiliasten der neuesten Zeit sind folgende Vermuthungen bekannt geworden: Die sinnliche Naturordnung bei der das tausendjährige Reich bildenden Menschheit ist aufgehoben. Die subtilsten unter den Chiliasten nehmen den Grundcharakter des vermeintlichen tausendjährigen Reiches an als ähnlich dem verklärten Leben Christi, einen geistleiblichen, ein festliches ewiges Wirken in ewiger Ruhe. — Weiter sagt man: „Hiermit ist die Menschen- und auch die Naturwelt von einem schrecklichen Banne befreit. So lange der Teufel noch in der Finsterniß dieser Welt herrscht, leben wir alle in einer vergifteten, mit tödtlichen Stoffen geschwängerten Luft. Durch Christi Zukunft wird eine gewaltige Luftreinigung geschehen, es wird wie ein Alp von der Menschheit genommen werden." (A.) Ferner: Das Reich Christi und der Sitz der auferstandenen Gemeinde werde auf Erden sein und zwar in Kanaan, welches ebenfalls verklärt sein werde, so daß ein Gegensatz des verklärten und unverklärten Menschen- und Naturlebens stattfinde. Man beruft sich auf Sach. 14, 16—19, obwohl diese Stelle, gleichwie Micha 4, 1. 2 doch wohl einfach auf den Erfolg der christlichen Mission von Christi Zeit an zu deuten sind. (v. H.) Nach einer anderen Deutung soll die Aufrichtung des tausendjährigen Reiches erst nach der Auferstehung der Todten (?) stattfinden. (F.) Eine Grundvorstellung des Chiliasmus ist die persönliche Gegenwart des Erlösers in der Mitte der um ihn versammelten Gemeinde. Ueber den Ort dieses gehofften künftigen Machtreiches Christi sind die Chiliasten nicht einig. Einige versetzen es in den Himmel, andere nach Offenb. 5, 10 auf die Erde. „Die Montanisten hatten dazu ihr Pepuza, die Irvingiten ihre sieben Gemeinden, die Mormonen ihr Salzseethal; die nicht zu den Sektirern gehören denken an Jerusalem." Der Eintrittspunkt in der Zeit ist ebenfalls von manchen Chiliasten bestimmt worden und zwar sehr verschieden. Alle, welche ihn auf jetzt vergangene Jahre setzten, haben sich verrechnet, folglich wohl auch die andern. Besonders sind folgende Jahre als so vorausberechnete für die vermeinte erste sichtbare Wiederkunft Christi genannt worden: 365, 500, 1785, 1816, 1836, 1847, 1879—1887.

Luk. 10, 41. 42. „Martha, Martha! Du hast viel Sorge und Mühe! Eins aber ist Noth! —

Alle Knechte des Herrn besonders, welche die Anweisung ihres Herrn vor Augen haben, wie Matth. 10, 16. 24. 25. 2. Tim. 2, 5. Hes. 13, 5 und welche Märtyrerthum nicht scheuen (Matth. 5, 11. 12), müssen an der Seite ihres himmlischen Erchomenos lieber getrost und unverzagt in den Kampf gegen den Antichrist und gegen den Satan sich ihrem Berufe gemäß hineinbegeben, anstatt durch willkürliches Träumen von einem bevorstehenden ersten sichtbaren Erscheinen Christi und vor lauter Erwartung solcher Dinge die Hände zu desto größerer Ehre seines chiliastischen Kommens sinken zu lassen, welches kampfscheuende, wenn auch sieghoffende Zuwarten der Satan und der Antichrist alsbald bemerken und für sich ausbeuten würden und welches auch dem Herrn nicht gefallen kann, der in der Apokalypse zu Thyatira beifällig gesagt hat: „Ich weiß deine Werke und deine Liebe und deinen Dienst und deinen Glauben und deine Geduld und daß du je länger je mehr thust" und welcher will, daß jene Märtyrer unter dem Altare Kap. 6, 11 noch mehr Nachfolger im Kämpfen des guten Kampfes bekommen sollen. Wer will ein Streiter Jesu sein und nicht ein Widerchrist, der stell' sich auf den Kampfplatz ein, wie er berufen ist! Die Kreuzesfahne weht, wohl dem, der bei ihr steht. Drommeten schallet weit und breit. Frisch auf, frisch auf zum Streit! Hie Schwert des Herrn und Gideon! Tönt unser Schlachtgeschrei. Der treubewährte Gottessohn, er steht uns selber bei. Mit ihm des Himmels Heer, der Engel Zeug' und Wehr. Trotz aller Welt! Denn Sieg und Feld behält der starke Held. Gott rüste dich mit Davids Kraft und lehre dich den Krieg, daß in des Kampfes Ritterschaft du werbest um den Sieg! Der Sieg ist nimmer weit. Halt tapfer aus im Streit. Schon winket dir der Ehrenlohn, des ew'gen Lebens Kron'. (K. T.)

Auf, Brüder stimmt ein Loblied an und laßt uns fröhlich singen; der Herr hat viel an uns gethan, wir wollen Dank ihm bringen. Das Gotteslamm ist's wahrlich werth, daß jede Seel' es ewig ehrt. Wir sind vergnügt, denn er, der Herr, ist stets in unsrer Mitte. Er ist um uns, sein Völkchen, her und hört auf unsre Bitte. Und droht die ganze Welt mit Krieg, so bleibt mit ihm uns doch der Sieg. Gar bald wird's überstanden sein, ihr Brüder, fortgerungen! Dann geht's zur ew'gen Freude ein, dann wird das Lamm besungen, das uns von aller Noth befreit, von Angesicht in Ewigkeit. So laßt uns denn dem lieben Herrn mit Leib' und Seel' nachgehen und wohlgemuth, getrost und gern bei ihm in Leiden stehen. Denn wer nicht kämpft, trägt auch die Kron' des ew'gen Lebens nicht davon. 1. Kor. 15, 58.

Die Gnade unsers Herrn Jesu Christi, die Liebe Gottes und die Gemeinschaft des heiligen Geistes sei mit uns allen. Amen.

Berichtigungen

Seite 23, Zeile 5 von oben Mogog lies Magog.
„ 34, „ 31 „ nur l. nun.
„ 37, „ 15 von unten die Visionen alle l. alle Visionen.
„ 75, „ 14 von oben Schöpfung l. keine Schöpfung.
„ 77, „ 6 von unten reichlicher l. richtiger.
„ 87, „ 27 von oben Zwangs= l. Zorn=
„ 97, „ 10 von unten evang. l. Evang.
„ 98, „ 17 „ Ev. l. Luc.
„ 105, „ 7 „ Matth. 2, 4 l. Matth. 2. — 4. —
„ 107, „ 17 von oben bei den Verhandlungen l. bei manchen Verhandlungen.
„ 116, „ 2 „ Zahlen= l. die Zahlen=
„ 121, „ 10 „ Gedanken l. Gedenken.
„ 127, „ 12 „ dennoch l. demnach.
„ 132, „ 9 von unten Conciennität l. Concinnität.
„ 142, „ 15 „ nur l. nun.
„ 157, „ 15 „ Nach l. Noch.
„ 167, „ 29 „ Biblich l. Bildlich.
„ 173, „ 3 „ Kap. 5, 5, 6 l. Kap. 6, 5, 6.

www.ingramcontent.com/pod-product-compliance
Lightning Source LLC
Chambersburg PA
CBHW032139160426
43197CB00008B/703